プルタルコス
モラリア 12

西洋古典叢書

凡例

一、本書の訳出に当たり、『月面に見える顔について』『冷の原理について』『水と火ではどちらがより有益か』は *Plutarch's Moralia* XII（Loeb Classical Library）, tr. by H. Cherniss and W. C. Helmbold, London / Cambridge, Mass., 1957 を、『陸棲動物と水棲動物ではどちらがより賢いか』『もの言えぬ動物が理性を用いることについて』『肉食について』は *Plutarchus: Moralia* VI-1（Bibliotheca Teubneriana）, recensvit et emendavit C. Hubert, additamentum ad editionem correctiorem collegit H. Drexler, Leipzig, 2001 を底本とした。底本と異なる読みを採用した場合は、基本的に註によって示す。

二、ギリシア語をカタカナで表記するに当たっては、

（1）φ, θ, χ を π, τ, κ と区別しない。

（2）母音の長短の区別について、固有名詞は原則として音引きを省いた。

（3）地名・人名等は、慣用に従って表示した場合もある。

三、本文中の改行は必ずしも底本に従わない。本文および註における『 』は書名を表わす（ただし著者名を付していないものはプルタルコスの作品である）。「 」は引用文および重要な語句を表わす。［ ］は訳者による補足である。……は原文における欠損箇所を表わす。

四、訳文の欄外上部の洋数字と英大文字は、ステファヌス版における頁づけと段落を表わす。

五、註において頻出する略符号 DK, *DG*, *SVF* は、それぞれ H. Diels und W. Kranz, *Die Fragmente der Vorsokratiker*, Berlin, 1951-52^{6}, H. Diels, *Doxographi Graeci*, Berlin, 1879, および H. von Arnim, *Stoicorum Veterum Fragmenta*, Stuttgart, 1903-05 を示す。

目次

モラリア 12

三浦要
中村健
和田利博
訳

月面に見える顔について

三浦　要　訳

920B
一　〈……〉[1]スラ[2]は言った、「じっさい、以上のことがらはわたしが語る神話[3]と関係がありますし、まさしくこの神話に由来するものです。しかし、まずは、月の顔について流布し人口に膾炙しているこれらの見解に立ち戻って考える必要が多少なりともあるのかどうか、知ることができればうれしいことだとわたしには思われるのです」。

わたし［ランプリアス[4]］は言った、「どうしてわれわれがそれを望まないことがあったでしょうか。なぜなら、われわれは、これらの流布している説がかかえる諸々の難問のゆえにああいった説へと押しやられてきたのですから。じつのところ、人々が慢性の病にかかっている場合、通常の治療薬や慣れ親しんだ食事療法
C
を断念して、浄めや護符や夢にすがるのと同様に、われわれが理解できず解決もできない難問の場合、一般的で定評がありなじみのある説明が説得力をもたないときには、もっと普通ではない説明を試し、古人のおまじないを軽視するのでなくむしろまさしく自分自身のためにそれを唱えて[5]、そのうえであらゆる手段により真実を吟味にかける必要があるのです。

二　なぜなら、あなたはすぐに分かるでしょうが、月に現われる形象は、視覚がその弱さのために明るさに屈して起こる視覚の受動的状態、つまりわたしたちが眩暈《げんうん》と呼んでいるその状態である、と主張するひとは非常識だからです。こう主張するひとには、当の状態がむしろ、鋭くそして荒々しくわれわれと対顔する

太陽との関係において生起するものでなければならないということが分かっていないのです（それはちょうど、エンペドクレスもどこかで太陽と月の相違について、

　鋭く刺す太陽と、他方、穏やかに輝く月。(6)

と、このように不愉快ではない言い方で示し、月の魅惑的で明朗で憂いのない性質を表現しているとおりです）。さらにまた、この説明は次のことの理由を明らかにしていません。つまり、減衰し弱まった視覚は、
D 月においていかなる形態の差異も見て取ることがないが、その視覚に対して月の球は滑らかで十分すぎるほどの輝きを送り返しているのであり、その一方で、鋭く強烈な視覚をもった人々は、浮き彫りにされた月の顔の諸様相をよりいっそう正確に語りまたこれを判別し、そして様相の差異についてより明白な知覚を有するのはなぜか、ということです。

---

(1) 原テクストにおいて導入部分の欠損がある。最初の一文中の ταῦτ(α) については多くの校訂者とともにスラのことばと解して訳出した。

(2) おそらく『ロムルス伝』二六Cおよび『食卓歓談集』七二七Bで言及されているカルタゴ人のセクスティウス・スラであろう。

(3) 本篇の二六節以降において展開される神話。

(4) 『デルポイのEについて』『食卓歓談集』（六三五A、七二六D―E、七四四C、七四五A、そしておそらく六二六Aも）においてプルタルコスの兄弟として登場する人物。本篇においてはアカデメイア派を擁護しストア派の学説を厳しく批判する。

(5) プラトン『パイドン』七七E、一一四Dおよび『国家』第十巻六〇八A参照。

(6) エンペドクレス「断片」四〇（DK）。

じっさい、わたしの考えるところでは、もしも、圧倒された眼の受動的状態こそがまさに表象を生み出しているのだとすると、事実は逆でなくてはならなかったでしょう。つまり、作用をこうむる視覚が弱ければ弱いほど、視覚に現われるものはそれだけいっそう明白となったはずです。そして月の不均斉な起伏もまた
E この主張を完膚なきまでに論駁するものです。なぜなら、われわれの視覚に見えるものは不連続で混乱した影ではなく、むしろアゲシアナクス[1]が次のように述べて、そう悪くない仕方で表現しているものだからです。

彼女［月］はその周囲全体が火の輝きできらめいているが、
その中心にはラピスラズリより碧い乙女の
瞳と優美な額が現われる。そして前面に顔が見える。

じっさいのところ、ほんとうに、影の諸部分は明るい諸部分を取り巻きつつその下地となりこれを際立たせていると同時に、逆に、明るい部分によって際立たせられて切り取られてもいると言えるのであり、こうし
F て、明るい部分と影の部分は完全に絡み合っており、結果として、表出された形象は絵に似ているのです。また、アリストテレスよ、この議論は、あなた方のところのクレアルコス[2]に対しても語られていますが、説得力のないものとは思われませんでした。じっさい、クレアルコスはあなた方の仲間のひとりなのですから。たとえペリパトス派[3]の学説の多くに変更を加えたにしても、古人のアリストテレスともつきあいのあったひとである以上はね」。

三　するとアポロニデス[4]が話を承けて、クレアルコスの見解とはどのようなものだったのかと尋ねた。そこで、わたしは次のように言った。「どんなひとと比べても、君ほどに、言わば幾何学にその竈[5]をもってい

921 る推論を知らないことがふさわしくないひとはいません。このクレアルコスはつまり、月に現われる顔と呼ばれるものが、鏡像のような像であり月に反映された大海の像であると主張しています。[6] というのも、視覚線は本来、反射されると、多くの場所から直接的には見られないものへと到達し、満月はその均斉性と光輝によりそれ自体があらゆる鏡のなかで最も美しく最も純粋だからであるというのです。したがって、雲――そこでは、湿り気が不動のままに滑らかになるとともに凝結している――のなかで虹が見えるのは、

（1）アレクサンドリアのアゲシアナクス（あるいはヘゲシアナクス）は前二世紀の詩人にして文法家、そして歴史家。『天象譜』と題された天文学的な作品を著わしたとされ、引用はそこからのものと想定されている（「断片」一（Powell））。

（2）キュプロスのソロイ出身で、アリストテレス（前三八四―三二二年）の弟子。この後に言及される「古人のアリストテレス」とは言うまでもなく、プラトンの学園アカデメイアで学び、のちに自らの学園リュケイオンをアテナイに創設したこのアリストテレスのこと。

（3）アリストテレスの学派に関するこの呼称については、『音楽について』一一三一Fおよび『コロテス論駁』一一一五A―B、『スッラ伝』四六八Bを参照。

（4）幾何学者にして天文学者という設定。『食卓歓談集』六五〇Fに登場する同名の人物と同一人とみることはできない。

（5）竈は家の中心に置かれ宗教儀式の行なわれる場でもあり、「核心」や「中心」をも意味する。

（6）ルキアノス『イカロメニッポス』第二十章およびアエティオス『学説誌』第二巻第三十章一（DG）参照。

(921) B 視覚線が太陽のほうへと反射されるからにほかならない[1]、とあなた方が考えるのと同じように、かのクレアルコスにとっても、外海が見えるのは月においてであり、つまり外海が現に存在している場所でなくて、そこからの屈折が視覚線と海との接触を生起させて海の反射像を生み出す、まさにその場所において見えるというわけです。だから、どこかでまたもやアゲシアナクスはこう言っていたのです。

　あるいは、反対側でうねる海の大波が、燃え上がる
鏡のなかの像として現われんことを[2]」。

四　そこで、アポロニデスは喜んで次のように語るのだった。
「この見解のもくろみはなんとも独特であり、またなんともまったく新奇なもので、それは何か大胆不敵さと教養とをそなえた人物の唱える所説ですね。しかし、いったいあなたはどのようにしてこの見解への反論をおし進めようとしたのですか」。

　わたしは言った、「まずは、こんなふうにしてです。すなわち、外海の本性は単一であり、つまり、それは波がまとまって流れる、自らと連続一体となった大海[3]なのですが、黒い斑点からなる月面の外見は単一で
C はなくて、むしろ地峡のようなものを有しており、そこでは輝く部分が影の部分を分割しその限界を定めています。それゆえ、場所の各々は分離され、固有の限界を有しているので、光り輝く部分が影の部分と重なり合うところは高地と窪地の外観を呈し[4]、そうして目と唇にそっくりに見える形象を作り出しているのです。その結果、一定の地峡や大陸で切り離された外海が多くあると考えるべきなのか——まさしくこれは不合理であり誤りですが——、あるいは、もし外海の本性が単一であるなら、それがこのように寸断された像とし

て現われるというのは信じがたいことであるかのいずれかとなるのです。じっさい、あなたが現にいるのですから、このことについては質問をするほうが主張をするよりも無難です。すなわち、たとえひとが居住し
D ている大地が縦幅と横幅をもっているとしても、はたして月から反射されるあらゆる視覚線が——大海そのものを航海する人々の視覚線も、そしてゼウスにかけて、ブレッタニア［ブリテン］人のように大海を住まいとする人々の視覚線も——同じようにして海に到達することは可能でしょうか。そして、あなた方が言っ(5)ているように、大地が月の軌道の中心に位置しているのではないとしても(6)、そうなのでしょうか。たしかに、

(1) 太陽を背にして前方に雲を見る位置に立つとき、雲の中の無数の水滴が構成する鏡から太陽に向かって視覚線が反射されて、虹ができるという見解。反射説については、『イシスとオシリスについて』三五八F、『エロス談義』七六五E—F、『哲学者たちの自然学説誌』八九四C—F（＝アエティオス『学説誌』第三巻第五章三—五（DG））参照。アエティオスにおいてはこの説はアナクサゴラスに帰されている（アナクサゴラス「断片」一九（DK））。なお、アリストテレスが『気象論』第三巻第四章三七三a三二—三七五b一五で反射説を詳述している。また、ポセイドニオスの反射説をディオゲネス・ラエルティオスが『ギリシア哲学者列伝』第七巻一五二で紹介している。

(2) アゲシアナクス（あるいはヘゲシアナクス）「断片」二（Powell）。

(3) ストラボン『地誌』第一巻第一章八参照。

(4) 絵画の技法を想起させることばづかい。ルキアノス『ゼウクシス』五を参照。

(5) すなわち、数学者たち。

(6) ビテュニアのニカイア出身のヒッパルコス（前二世紀の天文学者にして数学者）は月の運行を説明するとき、離心円のモデルを考えた。つまり、月の円軌道の中心は地球を中心とする円ではなく、そこから少し離れたところにあり、これを中心とする離心円上を月が運行すると考えた。

E

まさしくこのことについては」とわたしは言った、「検討することはあなたの仕事ですが、しかし、視覚線の反射については、それが月との関係におけるものであれ、一般的なものであれ、もはやあなたの問題でもなければヒッパルコスの問題でもありません。[1] さらに、彼は仕事熱心なひとではあったとしても、多くの人々が視覚そのものに関するその自然学的説明には満足していなかったのです。つまり、視覚とは、エピクロス[2]が諸々の原子について案出したような一定の打撃と跳ね返りというよりも、受動的状態を同じくするものの混合と合着に関わるものである[3]というほうがもっともらしいのです。また、わたしが思うに、クレアルコスはわれわれ［アカデメイア派］とともに、月が重くて固性を有する物体である[4]と想定する気にはならないだろうし、むしろ彼は、あなた方[5]が述べているように、月はアイテール［天界気］からなっていて光を発する星である、と言うでしょう。しかし、アイテールからなるそのような月は、当然、視覚線を粉砕しその方向をそらすことになり、結果として反射という現象はなくなってしまいます。それでも、もしだれかがわれわれに抗弁するなら、われわれはそのひとに対して、海の反映像は月においてのみ見られる顔であり、数ある星々のほかのどれにおいてもそれが見られないのはどうしてか、と尋ねるでしょう。じっさい、道理は、あらゆる星との関係においてであれ、どの星とも無関係にであれ、ともかく視覚線がこの作用をこうむることを要求するのです。しかし、以上のことはこれで措くとしましょう。そしてあなたは」と、わたしはルキウスを見やりつつ言った、「われわれの見解のどれが最初に述べられたのかわれわれに想い起こさせてください」。

五　そこでルキウス[6]が言った。

F

「いや、こんなふうに一言も触れずにストア派の見解を跨ぎ越すことでパルナケス[7]を完全に侮辱しているなどとわれわれが思われることのないように、さあ、このひとにぜひとも何か言ってくださ い。彼は、月が空気と穏やかな火の混じり合ったものだと想定し、それから、ちょうど細波が凪いだ海の表面を走り抜けるときのように空気が真っ黒になることによって形をもった像が生じると主張しているのです[8]」。

「ルキウスよ」とわたしは言った、「なんともすばらしいことに、あなたは不条理なことを婉曲的なことばづかいでもってすっかりと包み込んでいます。しかし、われわれのこの仲間[9]がしたことはそういうことでは

(1) 数学者は、考察対象を自然的事物から分離し抽象化して研究する点で自然学者とは異なっている。アリストテレス『自然学』第二巻第二章参照。

(2) 原子論者のエピクロス（前三四一―二七〇年）に関しては『コロテス論駁』一一二二Cおよびアエティオス『学説誌』第四巻第十三章一（*DG*）参照。

(3) プラトンの見解。プラトン『ティマイオス』四五Cおよびプルタルコス『哲学者たちの自然学説誌』九〇一A―B（＝アエティオス『学説誌』第四巻第十三章一一（*DG*））参照。

(4) このアカデメイア派の見解については九二三A、九二六C、九二八C、九三一A―B参照。

(5) アポロニデスとアリストテレス、つまりペリパトス派。

(6) アカデメイア派を擁護する人物。

(7) おそらく架空の人物で、ストア派の見解の代弁者の役割を果たしている。

(8)『初期ストア派断片集』II六七三（*SVF*）。月が空気と火の混合体であるというストア派の主張に関しては、『哲学者たちの自然学説誌』八九一B、八九二B（＝アエティオス『学説誌』第二巻第二十五章五、第三十章五（*DG*）、『初期ストア派断片集』II三二一（*SVF*）も参照。また、ストア派による月の相貌の説明については『初期ストア派断片集』II三一―五（*SVF*）参照。なお、ホメロス『イリアス』第七歌六三―六四行では、細波の下で海が黒ずんで見えるという表現が見られる。

(9) 九二九B、F参照。この「仲間」とはこれより前の講話を行なっていた人物であるが、プルタルコス自身を指すものか。『健康のしるべ』一二二Fおよび『食卓歓談集』六四三C参照。

922
なく、むしろ次のように語っていたのであり、しかもそれこそまさしく真実だったのです。つまり、彼によ
ると、ストア派の人々は、月を染みと黒点で満たし、その眼の下に青あざをつけて、アルテミスとアテナの
名で呼び[1]、そして同時にまた、月は、黒ずんだ空気と熾のように黒い火が混ぜ合わされ捏ね合わされたもの
であり、発火することもできなければ固有の光ももたず、むしろ薄暗くて、詩人たちに[2]『火煙を立てる』と
呼ばれている雷電のように、つねに燻され火で焼かれている何か判別困難な物体だと見なしているのです。
しかしながら、ちょうど、彼らによって月がそれから成るものだとされているような、熾のように黒い火は、
もしもそれが、固くて保護してくれると同時にまた養ってもくれる素材を獲得することがないとするなら、
持続性ももたなければ構造さえまったくもたないものということになりますが、このことについて、一部の
B 哲学者たちよりもよほどよく見て取っているとわたしが思う人々というのは、『ヘパイストス[3]は足が不自由
だと言われているが、その理由は、ちょうど、杖がないと足の不自由なひとが前に進めないように、木材の
ない火は事を先に進めることができないからだ』と冗談めかして語る人々なのです。じつのところ、もしも
月が火であるなら、いったいどこからあれほどの空気が月にやってきたというのでしょうか。それというの
も、上方で円を描いて動いているこの領域こそは、空気の領域ではなくて、むしろ、あらゆるものを稀薄に
していっしょに燃え上がらせる本性をもつ、より優れた本質存在の領域だからです。そこで、もし空気がそ
こへと到来したのであれば、いったいどうして、空気が火によってアイテールへと転化させられて[4]別の種類
のものに変わって消滅するなどということにならなくて、むしろ、あたかも鋲でずっと同じ部分にしっかり
と取り付けられ固定されているかのように、あれほどの長い期間にわたり保持されて火とともにあるという

C

のでしょうか。じっさい、微細でまとまった形をもたない空気にとって停留することはふさわしいことではなく、むしろ揺れ動くことのほうがふさわしいのです。そして、もしも空気が火と混合して、湿り気も土も分けもたない場合には、それが凝固してしまうことは不可能なのです。空気は本来、これら湿り気と土によってのみ凝固しうるからです[5]。また、激しい動きは、石のなかの空気や冷たい鉛[6]のなかの空気に点火する

(1) アルテミス（ゼウスの娘にしてアポロンと双子の姉妹で、オリュンポス十二神のひとりであり狩猟と弓術の女神）については『初期ストア派断片集』Ⅱ三八―三九、Ⅲ一二―一三（*SVF*）、『食卓歓談集』六五八F―六五九A、アテナ（ゼウスの娘にしてオリュンポス十二神のひとりで、戦争と技芸の守護神）については『イシスとオシリスについて』三五四C、三七二D、三七六A、本篇九三八B参照。

(2) ホメロス『オデュッセイア』第二十三歌三三〇行、第二十四歌五三九行、ヘシオドス『神統記』五一五行、ピンダロス『ネメア祝勝歌』第十巻七一行、アリストテレス『気象論』第三巻第一章三七一a一七―二四参照。

(3) ゼウスとヘラの子。オリュンポス十二神のひとりで鍛冶と火の神。二人が喧嘩をしたときにヘラの味方をしたため怒ったゼウスに天上から投げ落とされてレムノス島に落ち、その際のけがで足が不自由になったとも、足は生まれつき不自由であったとも伝えられている。

(4)『初期ストア派断片集』Ⅱ二―五（*SVF*）参照。なお、ここでのストア派の言う「アイテール」は一種の火で、アリストテレスの第五の基本要素たる不変のアイテール（天界気）ではない。プルタルコス『冷の原理について』九五一C参照。

(5)『冷の原理について』九五一D、九五二B、九五三D―九五四A参照。ただし、同篇九四九Bで言及されるストア派の見解では、凝結は空気の作用による水の受動的状態であるとされている。

(6)「石」とはたとえば隕石。「冷たい鉛」は判然としないが、投弾機の弾のことか。鉛の冷たさについては『食卓歓談集』九六一B参照。

のですから、あれほどの速さでもって回転している火のなかの空気は言うに及びません。[1] じじつ、彼ら［ストア派］はエンペドクレスに対しても不満を感じているのです。なぜなら、エンペドクレスも、月が火の球によって取り囲まれた、霰のような空気の凝固体だと見なしていますが、[2] 他方、彼ら自身は、火の球である月は、この球のそこここへ撒き散らされている空気を内包しているのであって、月を土の質のものと見なしている人々［アカデメイア派］がまさしく認めている裂け目も奥底や窪みも、月は自らのうちに擁しておらず、むしろ球の凸状の表面上に存している空気を内包しているのは明らかだ、と主張しているからです。しかし

D これは、［月面上の空気の］持続性からすると不合理なことであるし、満月のときに見られることからすると不可能なことでもあるのです。じっさい、黒い空気と暗い空気とは区別されるべきでなかったし、むしろ、空気はそれが隠されるときに暗くさせられるとか、あるいは月が太陽に追いつかれたときに空気はいっしょに輝く、とすべきだったのです。というのも、われわれがいるこちらでもまた、太陽の光輝が差し入ること のない大地の奥底や窪みのなかの空気はずっと陰陰として光がないままで、他方、大地の外側に拡がってい る空気は、光と輝く色彩とをもっているからです。なぜなら、空気はその稀薄さのゆえにあらゆる性質や力

E と十分に混合されうるものであって、とりわけ、光に軽く触れて、あなた方［ストア派］の言うように、ただそれに接するだけのとき、空気は全体にわたって変容し、輝きを放つからです。[3] だから、この同じ現象は、月の空気を何か奥底や裂溝へと押しやる人々にとってもまったくもって見事に援護の手をさしのべてくれるものと思われるのであり、これはまた、月の球を空気と火から混合され合成されたものだとしている——どうしてそうするのかわたしには分からないのですが——あなた方を完膚なきまでに論駁するのです。なぜな

ら、われわれが視覚によって見分けられるかぎりの月の全体を太陽がその光で照らし出すときはいつも、月の表面に影が残るなどということはありえないからなのです」。

六　なおもわたしが語ろうとしていたのに、パルナケスが言った。

F　「これはまた何ともはや、われわれのところに再びアカデメイアでおなじみのあの策略がご登場です(4)。ほかの人々を相手にした議論に携わるたびに彼らは、自分自身が主張している当のことがらについて何の論拠も与えずに、逆にきまって(5)彼らが対話している相手に自己弁護させ、自分たちを糾弾しないようにさせているのです。ところで、今日あなた方がわたしを誘った目的というのは、あなた方から宇宙世界の上下を逆にしていることについて説明を受けるより前に、あなた方がストア派の人々に提起している非難に対してわたしが弁明するためではないのです」。すると、ルキウスも笑いながらこう言った。

(1)アリストテレス『天界について』第二巻第七章二八九a一九—三二、『気象論』第一巻第三章三四一a一七—一九参照。

(2)『ソクラテス以前哲学者断片集』第三十一章A六〇（DK）。

(3)『初期ストア派断片集』Ⅱ五七〇（*SVF*）。プルタルコス『冷の原理について』九五二F、アリストテレス『感覚と感覚されるものについて』第六章四四六b二七—四四七a一〇および『魂について』第二巻第七章四一八b九以下も参照。

(4)ソクラテスに対する対話相手の同様の申し立てについては、たとえばクセノポン『ソクラテス言行録』第四巻第四章九、プラトン『国家』第一巻三三六C、アリストテレス『ソフィスト的論駁について』第三四章一八三b六—八を参照。

(5)写本に基づく底本の δεῖ でなく Lernould, Donini, Lehnus などとともに Wyttenbach の提案に従い ἀεί と読む。

923 「ねえ君、ギリシア人たちはサモスのアリスタルコスを、宇宙世界の竈(1)を動かしたという理由により——というのも、この人物は、天界は静止し大地が自分自身の軸のまわりを回転していると同時に黄道に沿って転回している、と想定することでもって現象を救わんとしたから——不敬神の罪で告訴しなくてはならないのだ、とクレアンテスが考えていたように、あなたもわれわれに対して訴訟を起こすなどということはしないでください(2)。たしかに、われわれ自身は自分の見解というものを語ることはしません(3)。しかし、この上なく優れたひとよ、月が土であると想定する人々が、こちら側の大地を空中に高く定位しているあなた方「ストア派(4)」以上にものごとを上下逆にしているのはいったいどうしてでしょうか。月が蝕という受動的
B 状態にあり大地の影を通過していくときに、月が隠されている時間で月の大きさを数学者たちが算定していることからして、大地は月よりもはるかに大きいというのに(5)。なぜなら、大地の影は、照らし出す光の源が大きければ大きいほど、それによって伸び拡がる影はより小さくなり、また、影そのものの先の部分は薄く細くなる(6)、ということが——人々に言われているとおり——ホメロスの目をも逃れることはなかったからです。彼はじっさい、影の細く尖ったあり方のゆえに、夜を『足早の』と呼んでいたのです(7)。しかしながら、月は蝕のときに影のこの部分によってとらえられると、月自身のほとんど三倍の大きさのところを逃れていきます。そこで、もし大地がすでに影——最も狭いところでも月三個分の幅ですが——を投げかけているとしたら、大地は月何個分の大きさからなるか考えてみなさい(8)。それでもやはり、月については、それが落ち

---

(1) 竈はそれぞれの家の中心に置かれ、宗教的儀式の行なわれる場でもあり、さらには一般に中心的なものや重要なものをも意味

する。ここでは世界の中心にあると想定されていた大地のこと。

(2)『初期ストア派断片集』I五〇〇(*SVF*)。アッソスのクレアンテス(前三三一―二三二年頃)はストア派ゼノンの後継者であり、『アリスタルコスへの反論』という著作が彼に帰されている(ディオゲネス・ラエルティオス『ギリシア哲学者列伝』第七巻一七四)。なお、数学者にして天文学者であるサモスのアリスタルコス(前三一〇頃―二三〇頃)はペリパトス派のストラトンに学び、太陽中心説を唱えた。彼の説については『プラトン哲学に関する諸問題』一〇〇六C、『哲学者たちの自然学説誌』八九一A(=アエティオス『学説誌』第二巻第二十四章八(*DG*))、アルキメデス『砂の計算』第一巻第一章四―七、セクストス・エンペイリコス『学者たちへの論駁』第十巻一七四などを参照。

(3)自らの見解を示さない「われわれ」とはアカデメイアの懐疑派である。ただしじっさいには月は土であると考えていた。

(4)『初期ストア派断片集』II五五五(*SVF*)参照。

(5)月のほうが大地より大きいと考えていたストア派では受け容れられない見解。ただしストア派でもポセイドニオスなど少数のものはこの見解を支持した。アエティオス『学説誌』第二巻第二十六章一参照。なお、この箇所に関しては、クレオメデス『天体の円運動』第二巻第一章八〇(Ziegler)、シンプリキオス『アリストテレス「天界について」註解』四七一・六―一一も参照。

(6)クレオメデス『天体の円運動』第二巻第三章九三―九四(Ziegler)、ポセイドニオス「断片」九および一一六(Edelstein/Kidd)、スミュルナのテオン『天文学』一九七・一以下、プリニウス『博物誌』第二巻一一参照。

(7)『神託の衰微について』四一〇D参照。形容詞 θοός は、同形同音でありながら「足早の」を意味するものと「尖った、鋭い」を意味するものとがある。「足早の夜」という表現は、たとえば、ホメロス『イリアス』第十歌三九四行、『オデュッセイア』第十二歌二八四行などを参照。

(8)『「ティマイオス」における魂の生成について』一〇二八Dでは、プルタルコスは、大地の直径と月の直径の比率を三対一、太陽の直径と大地の直径の比率を一二対一とする幾何学者たちの概算を示しているが、これはヒッパルコスによる比率とおおよそ合致する。しかし、ヒッパルコス(プトレマイオス『天文学大系』第四巻九参照)は、大地から遠点でも近点でもなく中間点にある月の蝕のときの影の幅を月の直径の二つ半と考えていたのに対して、アリスタルコスは、その影の幅が月の直径の二つ分と考えていた(アリスタルコス『太陽と月の大きさと距離について』第五仮定参照)。

C (923) てくるのではないかとあなた方は恐れていますが、大地についてはおそらくアイスキュロスがあなた方に次のように言って説得したのです。つまり、巨人神アトラスは、

天と地の柱を、腕で支えることが容易でない
重荷を、その双肩で支えながら、立っている。[1]

あるいはまた、堅固な塊を担うだけの十分な力のない軽い空気は月の下に伸び拡がっており、一方、大地は、ピンダロスによると、『頑として動かない基礎をもった柱たち[2]』がこれを取り囲んでいるのです。そしてこのことのゆえに、パルナケス自身は大地が落下するのではないかと恐れることがない一方で、月の軌道の下にあって、これほどの重さのものが自分たちの上に落ちてくるのではないかと思っているアイティオピア[エティオピア]人やタプロバネ人[3]のことを彼は哀れに思っているのです。

しかしながら、その運動そのものと音を立てるほどのその回転の速さが加勢してくれて、月は落ちずにすんでいるのであり、それはちょうど、投石具に取り付けられた石がみな、円を描いてぐるぐる回る運動に
D よって落下せずにすんでいるのと同じなのです。なぜなら、何か別のものによって運動の方向を変えられないかぎりは、自然本性にかなった運動が各々のものを導いているからです[4]。だから、月を導いているのは重さではないのです。その重さは、重いことで下に向かおうとしても月の回転運動によって撃退されるのです。じつのところ、もしも月が大地のようにまったくもって静止しており不動であるとしたならば、おそらくそれについての驚嘆に値する理由がもっとあることでしょう。ところで、月は、それがこちらのほうへと動いてくることがないことについて相当の理由をもっているのですが、大地は、別の運動を分けもっているわけ

ではない以上、重さで押し下げる力のみで運動しているというのは筋が通っていました。また、大地は月と比べて大きいからそれだけいっそう重いというだけではなく、月が熱と燃焼の作用によって軽くなってしまったというまさにその理由によっても、なおさらいっそう大地のほうが重いのです。

E　要するに、あなたが述べていることがらからすると、月が火であるとするならば、月は土つまり素材をよりいっそう欠いているように思われます。つまり、月がそれを土台とし、それにしっかりと固着し、それによってひとつに結合していて、そこにおいて月がその力を燃え立たせるような、そういう素材を。なぜなら、素材もなしに火が保持されると考えることはできないからです[5]。ところがあなた方は、大地は土台[6]も根もな

(1)アイスキュロス『縛られたプロメテウス』三五一—三五二行。
(2)ピンダロス「断片」三三d(Snell)。
(3)タプロバネ島は現在のスリランカのこと。擬アリストテレス『宇宙について』三九三b一四参照。ストラボン『地誌』第二巻第一章一四および第十五巻第一章一四、プリニウス『博物誌』第六巻二二参照。
(4)ものの自然本性的運動に関しては、アリストテレス『天界について』第二巻第二章二八四a二四—二六および第十三章二九五a一六—二一参照。また、プルタルコスは『リュサンドロス伝』四三九D(=『ソクラテス以前哲学者断片集』第五十九章A一二(DK))において、回転運動によって天体が落下しないとするアナクサゴラスの見解を紹介している。
(5)セネカ『自然研究』第七巻第一章七参照。
(6)アリストテレス『気象論』第二巻第一章三五三a三四—b五では、「神々に関して物語ることにいそしんでいた人々」が、大地と海に始源と根があることを説明しようとしたと言われている。ヘシオドス『神統記』七二八行、アイスキュロス『縛られたプロメテウス』一〇四六—一〇四七行も参照。また、「大地は無限へとその根を張っている」というクセノパネスの見解(『ソクラテス以前哲学者断片集』第二十一章A四七(DK))も参照。

いままに留まり続けると主張しているのです」。
「たしかにそのとおりで」とパルナケスは言った、「大地は、固有のそして自然本性にかなった場所をもっ
ていますが、大地にとってその場所とはまさしく中央(1)なのです。じっさい、この場所は、すべての重いもの
が、下へと向かう傾向のなかでそれを拠り所として、あらゆる方向からそこへと動いていき集中する、そう
いうところなのです。これに対して上方の領域全体は、何か土の質のものが上へと無理矢理投げられたとき
に、たとえそれを受け止めたとしても、すぐさまこちら側の領域へと押しやるか、あるいはむしろ、それに
F 固有の下への傾向性によって本性的に下降させられていく、その当の場所へとそれを追い立てるのです(2)」。
七　これについて、このわたしは、ルキウスに自分の考えを想起するための時間があったほうがよいと
思ったので、テオンを呼んでこう言った、「テオン、悲劇詩人たちの中のいったいだれが、医者たちは、

　　酸っぱい薬で酸っぱい胆汁を洗い流す(3)

と言っていましたかね」。するとテオンは、それはソポクレスだと答えた。そこでわたしは言った、「そして、
医者たちがそうすることについては必ずこれを認める必要があります。しかし、ちょうど、あの人々が『中
心への運動』という見解を持ち込もうとするように、哲学者たちが、逆説に対して逆説をもって自己弁護す
924 ることを望んだり、また途方もない見解と論争するときにさらにずっとばかげた途方もない見解をひねりだ
してきたりしたとしても(4)、そうした連中に耳を貸してやる必要はないのです。あの見解にどんな逆説が含ま
れていないというのでしょうか。大地はあれほどに大きな深みと高みと不均斉な起伏を含んでいながら、球

である、という逆説は含まれていませんか？[5] ちょうど木喰い虫かヤモリのように、下の部分を上に向けて大地にしがみつきながら対蹠的なところで住まっている人々がいるという説は？[6] また、われわれ自身が

(1) すなわち、宇宙世界全体の中心。

(2) ストア派は自然本性的な場所についてアリストテレスの見解に従っている。『初期ストア派断片集』Ⅱ五〇一、五二七、五五五、五六九、六四六（SVF）およびプルタルコス『神託の衰微について』四二四B参照。

(3) ソポクレス「断片」七七〇（Nauck^{2}）＝八五四（Kannicht）。プルタルコス『怒らないことについて』四六三Fと『心の平静について』四六八B参照。

(4) アリストテレス『天界について』第二巻第十三章二九四a二〇―二一参照。

(5) 大地が球形であることは、土が自然本性的に宇宙世界の中心に向かって運動するということから必然的にでてくる帰結であるというペリパトス派とストア派の見解および反論などについては、アリストテレス『天界について』第二巻第十四章二九七a八―b二三、ストラボン『地誌』第一巻第一章二〇、スミュルナのテオン『天文学』一二二・一―一六および一二四・七―一二七・二三（アドラストスの見解）、プリニウス『博物誌』第二巻第六十五章一六二（ディカイアルコスの見解）、シンプリキオス『アリストテレス「天界について」註解』五四六・一五―二三（アレクサンドロスの見解）、クレオメデス『天体の円運動』第一巻第五十六章（Ziegler）などを参照。プルタルコス自身の立場については『プラトン哲学に関する諸問題』一〇〇四B―C参照。彼はいかなる感覚的物体も完全な球体をなすことはできないと考えている。

(6) ストア派の「中心への運動」を批判するルクレティウス『事物の本性について』第一巻一〇五一―一〇六七行を参照。ストア派の「対蹠的なところ」についてはプルタルコス『ストア派の自己矛盾について』一〇五〇B、『ヘロドトスの悪意について』八六九C参照。

まっすぐでなく、まるで酔っ払いのように斜めに傾いで立っているとする説は[1]？　そして、千タラントン[2]もの赤熱した岩塊が大地の奥底へと動いていき、中心に到達すると、何ひとつ対抗するものもなければ支持するものもないのに止まるのだ、とする逆説が述べられていませんか？　さらにまた、これらの岩塊が、勢い

B

によって下方へと動いていって、もし中心を超えてしまった場合には、自らの力で再び向きを変えて逆に戻ってくるのだとする説はどうですか？　燃え上がらされた梁型の流星の断片は大地の各々の側[3]で下方へと絶え間なく動いていくわけではなく、大地の表面に落ちてくると地表の外側から大地の内部へと突入していき、その中心で隠れるのである、という説が含まれていませんか？　荒れ狂う水の流れは、それが下方へと流れていって中心点——彼ら自身はまさしくこれを非物体的なもの[4]と呼んでいるのですが——に到達するならば、宙ぶらりんのまま止まるか、あるいは止むことのない永遠の上下運動をしながら揺れ動くのだ、と主張されていませんか[5]？　以上のような説の一部でも可能なものであると、ひとはまちがっても自らに考えさせることはできないでしょう。じっさい、その場合、これは上下を逆さまにして、すべてをあべこべにする

C

ことなのですから。というのも、上から中心までのものは下にあり、逆に中心から下にあるものが今度は上にあることになるからです[6]。その結果、もしもあるひとが、大地との類同性[7]により、大地の中心を自分のへその位置にくるように置くとしたなら、その同じひとは頭が上にあると同時に足も上にあることになるでしょう[8]。そしてまた、そのひとが、反対側のほうまで穴を穿つと、現われ出てくる彼の下の部分が上となり、上へと掘り進んでいくと下へと引き寄せられることになるのです。そしてその場合、もしだれかあるひとがこの人物と反対方向に進んでいったと想像されるなら、彼らふたりの足は同時に上にあり、またそう言われ

ることになるでしょう。

八　しかしながら、彼らが背負い、そして引っ張り出しているのは、ゼウスにかけて、このような類いの、またこれほどの数の不可思議な話の革袋ではなくて、何か奇術師の荷物であり作り事ばかりなのですが、彼

---

(1)アリストテレス『天界について』第二巻第十四章二九六b一八―二一および二九七b一七―二一参照。大地が球だと、諸物体は平行に大地に落下するわけではなく、中心点に向かって相互に斜行していく。同様に、まっすぐに立っている二人の人間も厳密には平行ではなく互いに対して傾いているということ。

(2)一タラントンをおおよそ三〇キログラムとすると、約三〇トンとなる。石質隕石ではなく、火山の噴石のようなものを考えているのか。擬アリストテレス『宇宙について』第四章三九五b二二―二三、ストラボン『地誌』第六巻第二章八、一〇、第十三巻第四章一一、ルクレティウス『事物の本性について』第六巻五三六―五五〇行、セネカ『自然研究』第六巻第二十二章二を参照。

(3)西あるいは東の空のこと。なお、擬アリストテレス『宇宙について』第四章三九五b一〇―一七参照。

(4)九二六B参照。ストア派にとって物体のみが存在するので、物体の境界は非物体的でありそれゆえ存在していない。そして、物体のみが他に作用し、また他から作用を受けうるのであり、非物体的な「中心」は物体に影響をおよぼすことはありえないことになる。『共通観念について』一〇七三E、一〇八〇E、一〇八一B、『初期ストア派断片集』II三二〇、三二九、三三六、三六三、四八八（*SVF*）参照。

(5)プルタルコスは、プラトンの『パイドン』一一一E―一一二Eでの地下の世界についての記述を踏まえている。なおアリストテレスは『気象論』第二巻第二章三五五b三二―三五六a一九でプラトンのこの記述をありえないこととして批判している。

(6)プラトン『パイドン』一一二E―一三参照。

(7)アリストテレス『天界について』第二巻第十四章二九七a三一―b一〇参照。

(8)アリストテレス『天界について』第二巻第二章二八五a二七―b五参照。

D ら［ストア派］[1]は、ほかの人々[2]が、月は土であるとしながら、それを上方の、つまり中心があるところではないところに位置づけてふざけているのだ、と言っているのです。けれども、すべての重い物体が同じところへと集中し、そしてそのあらゆる部分で自分固有の中心を拠り所にするのであれば[3]、それは、大地が万有の中心であるからではなくて、むしろ、大地の部分である重い諸物体を大地が全体として親和化する[4]であろうからなのです。そして、大地へと向かう傾向をもったものの降下運動[5]は、大地が宇宙世界の中心にあることの証拠ではなくて、むしろ、大地から追いやられたあとで再び大地へと落ちてくるものが大地との間で何らかの共通性と本性的結合性を有していることの証拠でしょう[6]。なぜなら、太陽は、太陽を構成している諸

E 部分を自分のほうへと引き付けるように、大地もまた、固有の方向へと落下する傾向性をもつ石を、自らに近親的なものとして受け止めるからです。そこから、このようなものの各々は時がたてば大地と結び合わされ本性的に一体のものとなるのです。しかし、ちょうどあの人々[7]が月について主張するであろうように、何らかの物体が、最初から大地に割り当てられていたのでも大地から引き離されたのでもなく、むしろおそらくそれ自体で固有の構造と自然本性を有していたのだとしたら、この物体が、自分の諸部分によって圧搾されひとつに結びあわされながら、離れて存在しそして自己に集中して留まることを何が妨げるでしょうか。じっさい、大地が万有の中心であるということは証明されていないし[8]、こちらの側のものが大地にしっかりと押しつけられて結びつけられているというあり方は、あちらの領域のものがまずまちがいなくまとまって

F 月へと落下してそこに留まっているというそのあり方を証左しているのです。しかし、土の質の重いものすべてをただひとつの領域へとまとめて押しつけて、それらをただひとつの物体の諸部分と考えるひとが、ど

925 うして今度は軽いものについても同じ必然性を対応させるということをしないで、逆に、あれほど多くの火の集まりが離在するのを許容しているのか、わたしにはわけが分からないし、また、すべての星々をひとつのものへとまとめながら、上方へと運動する火の質をもつものすべてに共通の物体がまた存在しなくてはならないと、どうしてはっきり考えないのかということについてもわけが分からないのです。

九　ところで」とわたしは言った、「親愛なるアポロニデスよ、あなた方(9)は、太陽が上方の天球［恒星天

(1)『初期ストア派断片集』II六四六（*SVF*）。

(2)たとえば、ここでのランプリアス、ルキウス、そして匿名の人物（九二一F）など。

(3)ランプリアスは九二三E―Fのパルナケスのことばに直接言及している。『ストア派の自己矛盾について』一〇五五A参照。

(4)ランプリアスはストア派の親和化の説を逆手にとって論じている。『ストア派の自己矛盾について』一〇三八B参照。

(5)アリストテレス『天界について』第四巻第五章三一二b二四参照。

(6)アリストテレス（『天界について』第四巻第十四章）にとって大地は自然本性的に宇宙万有の中心に向かうが、大地と宇宙万有の中心は同一であるため、結局大地が宇宙の中心にあって不動なのである。ただし、重さをもつものがそこに向かうのはあくまでも宇宙万有の中心を目指しているのである。他方、ストア派では、世界と万有（世界とそれを取り巻く空虚から形成されている）とを区別し、万有の中心に世界を置く。そして、世界の重い物体（水と土）は自然本性に従って世界の中心へと動いていくと主張する。『初期ストア派断片集』II五二二―五二四、五五二―五五五（*SVF*）参照。

(7)ストア派から批判を受けた人々。たとえば、ここでのランプリアス、ルキウスなど。

(8)たとえ大地がわれわれの世界の中心を占めているとしても、万有の中でそれ以外の世界も存在しうる。『神託の衰微について』四二五A―E参照。

(9)二人称複数形を用いることで、アポロニデスだけでなく数学者たち一般を話者は念頭に置いている。九二〇F、九二一C、九二五B参照。

(925) 球〕から計り知れないほどに離れており、太陽から上では、ポスポロス〔金星〕とスティルボン〔水星〕、そしてそのほかの惑星[1]が、惑わざる星々〔恒星〕より下にあって相互に大きな間隔をおいて運行しているが、重い土の質のものに対しては、宇宙世界はそれ自身のなかに大きく開けた空間も間隙も与えていないのだ、とこう考えています。月がこの下方の領域から離れていることを理由にそれが土であることをわれわれが否定し、また深みか何かへと潜ってしまったかのように、何千スタディオン[2]というほどに上方の天球から遠く押しやられているのを見ながらも月が星だとわれわれが主張するとしたなら、それは笑止なことだとあなた
B 方は見ているわけです。星々からどのくらい隔たっているのか、だれひとり言えないほどに月は星々のずっと下方にあるのですが、数学者であるあなた方はその距離を計算しようとしても、あなた方には数がいくらあっても足りないほどなのです。しかし、月は何らかの仕方で大地をかすり、その近くを転回しながら、エンペドクレスの言い方では、

　馬車の轍のように逆戻りをする[3]

のであり、

　最終端にある折り返し点の
　柱石をかすめるように駆り立てられる。

じっさい、光源となるものが途方もなく大きいために大地の影はほんのわずかしか差しかからないのだけれども、それでも往々にして月はそのような大地の影すら超えていくことはなく、むしろ月は、ほんとうに

大地すれすれに、ほとんどその腕に抱かれるように周転しているように思われるので、月が大地の所領であるこの影をなし土の性をもつ夜の領域を超え出て行くことがない以上、月は大地によって太陽から遮られる
C わけです。したがって、わたしが思うに、月は大地の終縁部によって遮蔽されているかぎりで、大地の境界の内側にあると、確信をもって主張すべきなのです。

一〇　しかし、ほかの惑わざる星々〔恒星〕や惑星については措いておくとして、アリスタルコスが『大きさと距離について』のなかで論証していることを検討してください。つまり彼は、『太陽の距離は、月の距離――この距離とは、われわれのところからの距離のことです――の一八倍より大きく二〇倍より小さい』と言っています(4)。しかしながら、われわれを月から隔てている距離は、最大に見積もって、大地の半径
D の五六倍だと言われています。そして、その距離は、中くらいに見積もっても四万スタディオンであり、この数値から計算すると、太陽は月から四〇三〇万スタディオン以上離れていることになります。月は、その重さのために太陽からこれほど遠くに移出させられて、そしてこれほどに大地に接近したので、その結果、

---

(1) そのほかの惑星とは、火星、木星、土星。天体のこの並び順は、プルタルコスの時代のほとんどの天文学者が採用していたものではなく、ポセイドニオスの時代のストア派によって採用されていたもの。

(2) 現在の単位に換算した場合の一スタディオンの長さについては、時代や地域による違いにより一五七・五メートルから二一〇メートルまで幅があり厳密に確定することはできない。

(3) エンペドクレス「断片」四六（DK）。

(4) 正式な書名は『太陽と月の大きさと距離について』で、ここに挙げられているのは第七命題。

もしも場所に応じて所有物[1]が配分されるべきであるとするなら、大地の持ち分すなわち領域は、月に対して
訴えを起こして、その近親性と近接性のゆえに、大地に関わる財と物を当然の権利として要求するのです。
そしてわたしは思うのですが、われわれが、そのような高さと間隔とを『上方の』と呼ばれているものに与
えながら、『下方』にあるものにも、何らかの周回運動と拡がり――まさに大地から月までの距離と同じだ
けのもの――を与えるとき、われわれはまったくまちがってはいないのです。なぜなら、天界の終縁面だけ
E を『上方』と呼び、ほかの部分を『下方』と呼ぶひとは節度あるひとではないし、同様にしてまた、『下
方』を大地に、あるいはむしろその中心に限定するひとも耐えがたいひとだからです。反対に、宇宙世界の
大きさが許容する以上は、『上方』の領域にも『下方』の領域にも空間があることが認められるべきです。
大地から離れているものすべてが端的に『上方』にそして『空中高く』にあることを要求するひとに対して
は、逆に、惑わざる星の転回運動から離れているすべてのものが端的に『下方』にあることを要求する別な
ひとが反論するのです。

一一　要するに、大地はどうして中央に位置していて、そして何の中央に位置しているのでしょうか。
じっさい、万有は無限であり、そして無限なるものは始まりも限界ももたない以上、それにとって中央をも
つことはふさわしいことではないのです。というのも、中央は一種の限界でもあるわけですが、無限とは
F 諸々の限界の欠如だからです。大地は万有のではなくて宇宙世界の中心にあると主張するひとで、もし宇宙
世界そのものも同じ難問に陥るなどということはないと考えているなら、それはおめでたいひとなのです[2]。
なぜなら、万有は宇宙世界に中央というものを残しはしなかったのであり、宇宙世界は、無限の空虚のなか

926 を固有のものではないものへと向かって動いており、竈をもたず土台もないものだからです。あるいは、宇宙世界が、留まっていることについて何か別の原因を見いだしたがゆえに、そして領域の自然本性が原因ではなしに、静止したとするなら、(3) 大地についても月についてもひとは同様の推量をすることができるのです。つまり、前者はこちらの側で動かず、後者はあちらの側で動くけれども、それは領域の違いによるというよりもむしろ、何か別の魂と自然本性によるのだ、と。しかし、このことは別にして、あなたは、何か重大なことが彼ら〔ストア派〕に気づかれないままとなっていなかったかどうか考えてください。もしも、どういう仕方であれ、ともかく大地の中心より外側にあるものは何でも『上方』に位置しているなら、宇宙世界のいかなる部分も『下方』でなく『上方』にあるのであって、そしてまた、大地と大地の表面にあるもの、そして端的に言って中心の周囲を取り巻いているかまたは拡がっているすべての物体は、『上方』にあり、これに対して、『下方』にあるのはただひとつのものだけで、つまりそれは、あの非物体的な点(4)――これは、
B 少なくともほんとうに『下方』にあるものが上にあるものと本性的に相反するならば、宇宙世界の自然本性

(1)「所有物」の原語は、本質存在も意味する *οὐσία* で、プルタルコスはこの語の多義性を意識したことば遊びをしている。
(2)『神託の衰微について』四二四D、『ストア派の自己矛盾について』一〇五四B―D参照。
(3)『初期ストア派断片集』Ⅱ五五二、五五三（*SVF*）およびプルタルコス『ストア派の自己矛盾について』一〇五四F―一〇五五Bを参照。
(4)『初期ストア派断片集』Ⅱ五二七（*SVF*）ではストア派のクリュシッポスの考えとして、「大地の球が宇宙世界の中心点のところにあり、その中心点こそ、万有の下であり、中心点からあらゆる方向で円周に向かうのが上である」と紹介されている。Ⅱ五五六も参照。

全体と必ず相反するものでなくてはならない点——だけなのです。また、不合理なことはこれだけにとどまらず、重い物体がこちらへと落下し動いてくることの原因もなくなってしまうのです。というのも、重い物体が動いていく先である『下方』にはいかなる物体もないし、また、非物体的なものが、あらゆるそれらの物体をそれ自身へと引き付けてそれ自身の周囲にそれらをまとめて保持するほどの力を有しているなどというのは、真実らしくも見えないし、彼らが意図していることでもないからです。むしろ、宇宙世界全体が『上方』にあるとすること、そして『下方』には、非物体的で拡がりをもたない限界よりほかに何もないとすることは、まったくもって非合理的であって事実とも真っ向から対立しているということが見いだされるのです。一方、われわれが主張しているように、大きくて拡がりをもつ領域が『上方』と『下方』とに配分
C されたのだとするあの見解は、十分に理にかなっているのです。

一二　それにもかかわらず、もしあなたが望むなら、われわれは、天界において土の質の物体に諸々の運動が属すのは自然本性に反していると想定して、これは、月が土でないことを示すものでなく、むしろ月は土ではあるが、その場所にあることが自然本性にかなっていない、そういうところにある土であることを示すものだという点を、落ち着いて、悲劇がかったふうにでなく、むしろ穏やかに考察することとしましょう。なぜなら、アイトナ［エトナ］山の火も、火ではあるけれども、自然本性に反して大地の下にあり、また、皮袋に包含された空気[1]は、自然本性的には上方へと運動する軽いものであるにもかかわらず、そこにあることが自然本性にかなっていないそういう場所に強制的に来させられてしまっているからです。ところで、魂
D それ自身については」とわたしは言った、「あなた方が主張しているように[2]、敏速で火の質をもち目に見え

ないものでありながら、それが遅鈍で冷たくて可感的な物体［身体］にしっかりと結びつけられているのは、ゼウスに誓って自然本性に反していることではないですか。そこで、このことを理由としてわれわれは、魂が身体に内在していないと主張したものでしょうか。そして知性についても、それは神的なものであって、同時に天界全体と大地と海を周回し飛翔していくものであるにもかかわらず、重さや濃密さによって、そして湿化にともなう無数の受動的状態の影響によって肉と腱と髄のなかへと入りこんでしまっているのだということを、(3) われわれは否定したものでしょうか。また、あなた方にとってのこのゼウスですが、彼は彼自身の本性を行使するときには一にして連続した大きな火なのですが、今現在は、その変容の過程においてあらゆるものになり、またなりつつあることで、力を弱められ屈従させられ多様に変化させられてしまっている、

（1）九二八B参照。プルタルコスが念頭に置いているのは浮き具のようなものか。アリストテレス『自然学』第四巻第九章二一七a二一―三、第八巻第三章二五五b二六、アリストテレス『天界について』第四巻第四章三一一b九―一三参照。

（2）『初期ストア派断片集』Ⅱ七七三（*SVF*）では、魂が物体で、熱をもち火のようになった気息であるとするストア派の見解を紹介している。

（3）『ストア派の自己矛盾について』一〇五三B―C（＝『初期ストア派断片集』Ⅱ六〇五（*SVF*）および『初期ストア派断片集』Ⅱ四七三（*SVF*）参照。

というのが実情ではないでしょうか[1]。だから、驚くべきひとよ、あなたは、各々のものの位置を移し替えて、
E 本来それがあるところへと導いていくに際しては、何か宇宙世界の分解なるものを案出して、諸事物のなか
にエンペドクレスの言う『争い[2]』を導入することなどないように、あるいはむしろ古《いにしえ》のティタン[3]たちと巨
人たちを自然本性に抗して煽動することがないように、そしてまた、一方にあらゆる重いものを、他方にあ
らゆる軽いものを置きながら、あの神話的な恐るべき無秩序と不調和を目にしたいと切望することがないよ
うに、よくよく注意し検討してください。ちょうどそれは、

　そこに太陽の輝く形姿は見分けられず、
　大地の毛深き力も海もまた見分けられない[4]。

と、エンペドクレスが語っているとおりです。大地は熱に与ることなく、水は空気に与ることなく、重いも
のの何ひとつとして上にあることはなく、軽いものの何ひとつとして下にあることはなかったのであり、む
F しろ、万物の諸原理[5]は混じり合うものではなく、引きつけ合うものでもなく、孤立していて、それぞれが相
互に結合することも共同関係に入ることも受け容れず、逆に、互いから逃れて撥ねつけ合い、固有の、自分
で決めた運動によって運ばれ、その結果、プラトンによれば[6]、それら諸原理は、神が不在となっているとき
の万有のありよう、つまりは知性や魂が欠けているときの身体のありようと同様の状態となっていたのです。
そしてそれは、神慮により、欲求が自然本性へと到来してくるまでそうだったのです。というのも、エンペ
927 ドクレスやパルメニデス、そしてヘシオドスが語っているように[7]、愛やアプロディテやエロースが到来した

からであり、しかもその到来の目的は、諸々の物体が、場所を変え、相互に力を交換し、そしてあるものは運動へ、またあるものは静止へと強制的に結びつけられ、譲歩して自己の本来的な場所からよりよきものへと位置を変えることを余儀なくされることで、宇宙万有の調和と共同性を達成することができるようにするためなのです。

一三　じっさいのところ、宇宙世界の諸部分のどれひとつとして、自然本性に反したあり方をしてはいなかったのであって、むしろ各々のものは本来あるところに位置しており、いかなる転移もいかなる新たな配

(1)『初期ストア派断片集』Ⅱ一〇四五（SVF）。ストア派にとって神的な宇宙世界は、純粋な火（焼尽）として連続一体となる段階と、配置・秩序づけがなされる差異化と多様性の段階とが永遠に交替していく周期的な過程である。「ゼウスが自然本性を行使するとき」とは前者の段階に、ゼウスが変容過程にある「今現在」とは後者の段階にそれぞれ対応する。『初期ストア派断片集』Ⅱ五二六、一〇五二、一〇五三、一〇五六（SVF）、プルタルコス『ストア派の自己矛盾について』一〇五二C、『共通観念について』一〇七五A—Cも参照。

(2)エンペドクレスは、「愛」と「争い」の二原理の交替的支配により火、水、土、空気の四要素が混合・分離し、そうして世界が融合と分離の間を周期的に回帰すると考えた。

(3)ウラノスとガイアの間に生まれた巨神族。

(4)エンペドクレス「断片」二七（DK）。

(5)火、水、土、空気の四基本要素のこと。「争い」の力が「愛」の力を圧倒するとき、四要素間の反撥と分離の過程が進行する。

(6)プラトン『ティマイオス』五三B、『神託の衰微について』四三〇D、『「ティマイオス」における魂の生成について』一〇一六F参照。

(7)エンペドクレス「断片」七（DK）、パルメニデス「断片」一三（DK）、ヘシオドス『神統記』一二〇行、そしてプルタルコス『エロス談義』七五六D—Fを参照。

置も現に必要としておらず、そもそも最初から必要としていなかったのだ、とするなら、神慮の働きとは
(927) B いったい何なのか、あるいは最も優れた技術者たるゼウス[1]はいったい何の制作者であり父なる創造者[2]だった
のだろうかと、わたしは当惑をおぼえています。たしかに、もし仮に、兵士が戦列配置と場所と時宜とを把
握して守る必要があるときに、彼らのひとりひとりが自身でこれらについて心得ているならば、軍隊におけ
る戦術家は用なしということになりますし、また、一方で水そのものが、水を必要としているものへと自分
からその本性により移動して、流れることで灌水し、他方で、煉瓦と木材と石材が、下へと向かうその性向
と傾向性を自然本性に即して用いて、そうしてそれぞれにふさわしい並び方と場所を自ら手に入れる場合、
庭師も建築職人もやはり用なしということになります。しかし、この言説が神慮をあからさまに奪い去るも
のであって、存在する諸事物の配置と配分は神にこそふさわしいことだとすれば[3]、自然が整然と布置され割
C り振られて、その結果、こちらには火、あちらには星々、さらにはまた、こちら側には大地、上には月とい
うように、自然の紐帯よりも堅固な道理の紐帯によってしっかりと保持されつつそれぞれ座を占めているこ
とに、いったいどんな不可思議なことがあるでしょうか。というのも、たしかに、もしすべてのものが下へ
と向かう自然本性的な傾向性にのっとりその本来的な運動に即して動かなければならないのであれば、太陽
もポスポロス［金星］もほかのいかなる星も、円を描いて運行させてはならないからです。なぜなら、軽く
て火の質をもつものは本来が上へと動くのであり、円を描いて動くのではないからです[4]。しかし、もし自然
本性が場に応じたそのような多様性を有していて、そのために、こちらでは火が明らかに上方へと動いてい
D きながらも、天界へ到達するといつもその回転運動とともに旋回をするのであれば、重くて土の質を有する

上方の物体にも、同様にして、周囲を取り巻いているものに圧倒されて別の運動形態をとるということが起こっても、何の不思議があるでしょうか。じっさいたしかに、天界が、自然本性に即して軽い物体から上への運動を奪い去ることはありえないし、かといって、下へと向かう傾向性を有する重いものを圧倒することも不可能であり、むしろそれは、時に応じて一方のものを再配置したのと同じ力でもってもう一方のものの配置を変え、そうしてよりよいもののためにそれらの自然本性を用いたのです。

一四　さらに、もしほんとうに、われわれが隷属させられてきた慣習と見解を放棄して、そうであると見えること〔現象〕をいまやひるまずに語らなければならないのであれば、万有のいかなる部分も、ひとが無

---

(1)『食卓歓談集』六一八B、『神罰が遅れて下されることについて』五五〇A、『共通観念について』一〇六五Eでは、プルタルコスはゼウスのこの形容辞をピンダロスに帰している。ピンダロス「断片」五七（Snell）参照。なお、「神慮」はストア派の理論において重要な役割を果たしている。プルタルコス『ストア派の自己矛盾について』一〇五〇A―Bおよび『共通観念について』一〇七五E、一〇七七D―E参照。

(2)この表現はストア派的というよりもプラトン的である。『食卓歓談集』七二〇B―C、『「ティマイオス」における魂の生成について』一〇一七A、プラトン『ティマイオス』二八C、『プラトン哲学に関する諸問題』一〇〇〇E―一〇〇一C参照。なお『初期ストア派断片集』Ⅱ三二二a（*SVF*）も参照。

(3)アリストテレス『形而上学』Λ巻第十章一〇七五a一一―一五、ディオゲネス・ラエルティオス『ギリシア哲学者列伝』第七巻一三七（＝『初期ストア派断片集』Ⅱ五二六（*SVF*））参照。

(4)ストア派は、天体が火から成り、また火は重さがないので本性的に上昇運動をするとしていた（『初期ストア派断片集』Ⅱ四三四（*SVF*））。ストア派が火（アイテールではなく）からなる天体の回転運動を「自然本性的」と説明することのおかしさが指摘されている。

(927) E 条件に『自然本性にかなっている』と呼びうるような配列や位置や固有の運動を、まさにそれ自身で有しているとは思われないのです。逆に、各々すべての部分の生成および本来的な誕生ないし形成がそれのためになされた、その当の目的のために、これら諸部分が、有用でかつふさわしい仕方で動くとともに作用をこうむったり作用をおよぼしたり一定の状態におかれたりすることで、目的となるこのものの保全や美しさや力に寄与するものであると自らを示すなら、その場合、その各々の部分は自然本性にかなった場と運動と配置を有しているのだと思われるのです。ともかくも、人間は、ほかのどんな存在にも劣らず自然本性にかなっ
F て生まれたものですが、その重くて土の質をもつ部分は上部の、とりわけ頭の周囲にあり、中間あたりにあるのは熱くて火の質をもつ部分なのです。また、歯については、上から生える歯もあれば、下から生える歯もありますが、どちら側の歯も自然本性に反してはいません。そして、火についても、上部の眼のところで輝く火は自然本性にかなっているが腹と心臓のなかに宿っている火は自然本性に反している、ということではなくて、むしろ、それぞれがふさわしくかつ有用な仕方で配置されていたということなのです。エンペドクレス[1]が語っているように、

　　まことに、法螺貝の、そして石の皮をもつ亀の
自然本性を、そしてまた、すべての二枚貝の自然本性をよく調べるなら、
　そこであなたは、皮膚のいちばん外側の部分に土が住まっているのを見ることだろう。

そして、石質部分は、それが付着している当の身体構造に重くのしかかることもそれを押しつぶすこともな

く、かといって、熱が軽さのゆえに上方の領域へと飛び去っていって消失することもなく、むしろ石質部分と熱は何らかの仕方で相互に混じり合っており、各々の自然本性にかなうように組み合わされていたのです。

一五　宇宙世界についても、もしそれがほんとうに生き物であるとするなら、事情はまちがいなく同様であり、[2]強制的な押し出し[3]の結果ではなく、理性的な秩序づけの結果として、宇宙世界は多くの場所において土をもち、多くの場所において火と水と空気をもっているのです。じっさい、眼が今ある位置にきているのは軽さによって押しやられたからではないし、心臓はその重さによって滑ったために胸のなかへと落ちていったのではなく、むしろ、その各々がそのように位置づけられたことがよりよいことだったからです。したがって、宇宙世界の諸部分について、大地がその重さによって落下したためにこの場所に位置しているのだとか、キオスのメトロドロス[4]が考えていたように、太陽はその軽さのゆえに皮袋のように上方の領域へと押しやられたのだとか、ほかの星々は、天秤にのっているものの重さが違うと傾く、ちょうどそのような具

B

(1)エンペドクレス「断片」七六（DK）。プルタルコス『食卓歓談集』六一八B参照。
(2)プラトンの立場（『ティマイオス』三〇B―D、三二C―D、六八E、六九B―C）で、ストア派も認めている見解（『初期ストア派断片集』Ⅱ六三三、六三四（SVF））。なお、プルタルコス『コロテス論駁』一一一五B、『「ティマイオス」における魂の生成について』一〇一四C―Dも参照。
(3)「強制的な押し出し」については、アリストテレス『天界について』第一巻第八章二七七b二参照。
(4)キオスのメトロドロス（前四世紀頃）は原子論者デモクリトスの弟子。宇宙世界の数的無限を信じており、また星々が太陽から光を受けていると考えた。『ソクラテス以前哲学者断片集』第七十章（DK）参照。

合で傾いていったことにより、現在ある場所に収まったのだ、などと考えないようにしましょう。そうではなくて、理性に従った支配のもとで、星々は、さながら光をもたらす眼のように万有の顔に縛りつけられたうえで、周転運動をしているし、太陽は心臓の力をもっていて、自分自身から、ちょうど血液と気息のように熱と光をあちらこちらへと送達し分散させるのであり、また、大地と海については、動物が腹と膀胱を利
C 用するのと同じくらいに宇宙世界がこれらを自然本性に即して利用しているのです。月はどうかというと、ちょうど、心臓と腹の間にある肝臓かあるいは何かほかの軟らかい内蔵[1]のように、太陽と大地の間にあって、上方の熱をこちらへと送達するとともに、こちら側からの蒸発気を一種の加熱同化[2]と浄化作用によって自分の近くで稀薄化させながら上方へと放出しています。月における土質の堅固なものが、ほかの目的にも役立つような何らかの有用性をもっているのかどうか、われわれには明らかではありません。しかし、万有においては、必然から生起したものをよりよきものが圧倒するのです[3]。だから、じっさいわれわれは、かの人々［ストア派］の主張からいったいどのような真実らしさをとりだしたらよいのでしょうか。彼らは、アイテールの光り輝く稀薄な部分がその稀薄さによって天界となったのであり、他方、濃密で稠密な部分は星々と
D なって、そしてそれらのうちで最も動きが重くて最も濁っているものが月なのだと、たしかに主張しています[4]。しかし、その主張にもかかわらず、月はアイテールから分離されてしまっているのではなく、自身の周囲になおも多くあるアイテールによって運ばれていて、自分の下にも大量のアイテールを有しているのであって、彼ら自身が髭星と髪の毛星[5]が回転していると主張しているのはそこにおいてなのです。かくして、物体のそれぞれは、下へと向かう傾向性により重さと軽さに応じて位置づけられたのではなくて、別の原理

に基づいて配置されたということになります」。

E 一六　さて、以上のことが語られて、まさにわたしがルキウスに発言権を譲ろうとしていた――というのも、われわれの学説はこれから論証へとすすむところだったから――そのときに、アリストテレスが微笑みを浮かべてこう言った。

E 「月それ自体が半ば火であると想定し、その一方で、諸々の物体のあるものは上に、またあるものは下に向かうのが通例であると主張する人々に対して、あなたがこれまであらゆる異論を唱えてきたことについてはわたしが証人となります。しかしながら、星々は自然本性に即して円を描いて運行し、四つの本質存在をはるかにしのぐ本質存在からなるものである、と主張しているひとがだれかいるのかどうか[6]が、偶然であっ

---

(1) たとえば、脾臓。肝臓と脾臓についてはアリストテレス『動物の諸部分について』第三巻第七章六六九b一五―六七〇a二、六七〇a二〇―二九、b四―一七、第十二章六七三b二五―二八を参照。

(2) 加熱同化はアリストテレスでは単なる消化だけでなく果実の成熟や加熱調理も含めた熱による同化作用を広く意味している。『気象論』第四巻第二章三七九b一二―三〇を参照。

(3) プラトン『ティマイオス』四八A参照。

(4) 『初期ストア派断片集』II六六八（*SVF*）。クレオメデス『天体の円運動』第二巻第三章九九（Ziegler）、アリストテレスのものとは異なるストア派の「アイテール」については、ディオゲネス・ラエルティオス『ギリシア哲学者列伝』第七巻一三七（＝『初期ストア派断片集』II五八〇（*SVF*））参照。なお、プルタルコス『冷の原理について』九五一C―Dも参照。

(5) いずれも彗星のことだが、尾の引き方によって区別される。アリストテレス『気象論』第一巻第六章以下参照。

(6) アリストテレスのこと。四つの根本実在とは火、水、土、空気で、それをしのぐものとはアイテールである。彼の『天界について』第一巻第二章二六九a二―一八、第三章二七〇a一二―三五を参照。

てもあなた方の心に想い浮かぶことはなかったし、その結果、ともかくもこのわたしが苦境から解放されるというわけにもいかなかったのです」。そこでルキウスが割って入ってこう言った。

「〈……〉[1]よきひとよ、むしろ何らかの自然本性、つまり、純一無雑であり受動的状態の点での転化を免れていて、円を描いて動く――それゆえに終わりなき回転運動の本性ももつことができる――そのような自然本性からほかの星々や全天界がなると考えるあなた方を敵に回して、たとえ難点が無数にあるとしても、少なくとも今このとき争おうというひとはおそらくいないでしょう。しかし、この説が下へ降りてきて月に触れるときはいつも、もはやそれは、月における非受動性もかの物体［アイテール］の美も保持することはありません。むしろ、ほかの多様性や相違は言うにおよばず、月が呈するこの顔それ自体は、本質存在の何らかの受動的状態の結果として、あるいは別の本質存在の何らかの混合の結果として、生起したものです[2]。しかし、混合される物体もまた何らかの仕方で作用を受けます[3]。じっさい、混合されるものはその純粋さを失いますが、その理由は、それよりも劣った何ものかの力によって汚染されるからなのです。月の光の鈍さ、その速さの緩慢さ、力なく弱々しいその熱――イオンによれば[4]、これによって、

　葡萄の房が黒く熟すことはない

のですが――、これらを、われわれは月の弱さと受動的状態以外のいったい何に帰したものでしょうか、もしも永遠にして天空の性[5]の物体が受動的状態に与るというのであれば。じつのところ、手短に言えば、親愛なるアリストテレスよ、月は、土であるものとしては、何かまったくもってすばらしい畏怖すべきものであ

り、よく飾粧されたものと見えますが、星または光、あるいは何か神的で天界の質をもつ物体としてだと、月は醜くて見苦しく、由緒あるその美しい名を汚すものとなるのではないかとわたしは恐れるのです――少なくとも、天界にあれほど夥しい数のものがあるなかで、ただひとつ月だけが、パルメニデスによれば[6]、

B

いつも太陽のほうへと目を向けて

『借りものの光』[7]を必要としながら転回しているのだとすればね。だから、われわれの仲間[8]は講話のなかで、『太陽はその輝きを月に付与する』[9]というアナクサゴラスのまさしくこのことばを提示したときに、われわれの称賛を勝ちえたのです。わたしはどうかというと、［その際に］あなた方から学んだ、あるいはあなた方とともに学んだこれらのことがらを述べることはしないで、残りの論点にすすんで足を踏み入れていくでしょう。ところで、月が照らされているというのは説得力がありますが、ただしそれは、ガラスや氷が照ら

(1) 原テクストにおいて一五ないし一七文字が欠落している。
(2) アエティオス『学説誌』第二巻第三十章六（DG）参照。アリストテレス『動物発生論』第三巻第十一章七六一b二一では、月が火を分けもっていると言われている。
(3) アリストテレス『生成と消滅について』第一巻第十章三二八a一八以下参照。
(4) イオン「断片」五七（Nauck^2）。プルタルコス『食卓歓談集』六五八Cではより完全な形で引用されている。イオンは前五世紀頃のキオス出身の詩人にして著述家。
(5) 九三五Cおよび『神託の衰微について』四一六E参照。
(6) パルメニデス「断片」一五（DK）。
(7) パルメニデス「断片」一四（DK）。プルタルコス『コロテス論駁』一一一六A参照。
(8)「仲間」とはおそらくプルタルコス自身。九二一Fおよび九二九F参照。
(9) アナクサゴラス「断片」一八（DK）。

される場合[1]のように太陽が光を照射したり光線を差し通すことによってではなく、さらにはちょうど松明の場合のように光が増大していくときに何か集中したり収斂したりすることによるのでもありません。[2] じっさいそうだとすると、もし月が太陽を隠すことも遮ることもなく、むしろその稀薄さのゆえに太陽の光を通過させることにより、あるいはこれと混じり合うことにより[3]、光を発して、そして自分のまとう光を太陽の光に結び合わせるとするならば、われわれは、暦月の中間［満月］のときと同様に暦月の初め［新月］のときにも月全面が輝いているのを目にすることでしょう。なぜなら、ちょうど月相が半月で、これから半月より膨らんでいくか、あるいは逆に三日月となる場合にそうであるように、月が合の位置にある［つまり新月である］場合に、月の偏倚や逸走を月が見えないことの原因説明とすることはできないからです。むしろ、デモクリトスの述べているところによると、『月は光を発するものに対して一直線上に位置すると、太陽を迎え入れて受け取り[4]』、その結果として、当然、月はその姿を見せるとともに、月を通じて太陽を見せるということになります。しかし、月がそんなことをするなど、とうていありえません。なぜなら、その合のときに月自身が見えなくなり、また、かの太陽をも覆い隠し、しばしば見えなくしてしまったからです。すなわち、

　月は太陽の光を遠くへと追い散らした

とエンペドクレスの言っているとおりであり、

　はるか高所から大地にむかって、碧い眼をした月の広さと
　同じだけの大地の部分を月は暗くした[5]。

D あたかも光は何か別の星の上へではなく、夜と暗闇のなかへと落ちかかっていったかのようです。そして、ポセイドニオス(6)が語っていること、つまり月の深み(7)のために、太陽の光が月を通ってわれわれのところに運ばれていくことはない、という主張は、明瞭に反論されます。じっさい、空気は無限であって、月の何倍もの深みを有していますが、全面的に日の光が注ぎ、太陽光線によって照らし出されるのですから。したがって、残るのはエンペドクレスの説であり、これによると、月からこの地上にやってくる光は、月に向かっての太陽光線の何らかの反射によって生起するとされています。だからこそ、われわれのところにやってくる
E 光は、熱いことも輝いていることもないのです(8)。［太陽と月の両者からの］光の燃焼ないし混合があったとしたならば、当然そうであるはずなのに。ところがしかし、ちょうど、声が反響すると、返ってくるこだまは

(1)アエティオス『学説誌』第二巻第二十五章一一（DG）参照。
(2)『哲学者たちの自然学説誌』八九一F（＝アエティオス『学説誌』第二巻第二十五章一一（DG））参照。
(3)ポセイドニオスの見解。九二九D参照。クレオメデス『天体の円運動』第二巻第四章一〇一および一〇四―一〇五（Ziegler）参照。
(4)『ソクラテス以前哲学者断片集』第六十八章A八九a（DK）。
(5)エンペドクレス「断片」四二（DK）。
(6)アパメアのポセイドニオス（前一三五頃―五〇年頃）は中期ストア派の哲学者にして歴史家でロドス島にストア派の学園を開設した。
(7)クレオメデス『天体の円運動』第二巻第四章一九〇-四―一六参照。「深さ」とは単なる空間的深さに留まらず、一定の密度も含意している。
(8)反射された太陽光線が熱を完全に失うことについて、九三七Bと『ピュティアは今日では詩のかたちで神託を降ろさないことについて』四〇四D参照。ただし、本篇九二九A（そして『自然学的諸問題』問題二四でも）では月の光の熱は弱々しいと言われていた。擬アリストテレス『問題集』第二十六巻第十八問も参照。

もとの声よりも弱いものであり、飛び道具が跳ね返ると、それが打ちつけるときの衝撃はもともとのものよ
りも薄らぐのと同様に、

　そのように、太陽の輝きは、月の広大な円盤を打ちつけると[1]

萎えた弱々しい流れとなって、われわれのところに届くのです。反射によってその力が減ぜられたからです」。

一七　ところがここで、スラが彼のことばを遮って言った。

「なるほどたしかに、それは一定の説得力をもった話ではあります。しかし、反論の中でも最も強力な反
論は、何か平穏でも手に入れたのか、あるいはわれわれの仲間[2]の目を逃れでもしたのか、どちらなのでしょ
うか」。

「それはどういう意味で言っているのですか」とルキウスは言った、「あるいは、半月に関する難問のこと
でしょうか」。

F 「まさしく」とスラは言った、「そのとおりです。というのも、すべての反射が［入射と］同じ角度で生起
する以上、半月の月が中天にかかるときにいつも、その光が月から地上へと向かわずに、むしろ、大地の向
930 こう側へとすべっていくという主張には一定の理由があるからです。じっさい、太陽は、それが地平線にあ
るとき、その光線でもって月に触れます。まさしくそれゆえに、同じ角度で反射されると、光線は水平線と
反対の側の限界へと落ちていき、その輝きをこちらのほうに放射することはないでしょうし、そうでないと
角度の大きなゆがみやずれがあることになるでしょうが、しかし、これこそは不可能なことなのです[3]」。

「いや、ゼウスにかけて」とルキウスは言った、「その点も語られました」。

そして彼は、対話の最中に、数学者のメネラオスに目を向けて言った。

「親愛なるメネラオス、この場にあなたがいるので、わたしは、数学的な命題で、言わば反射光学の諸問

(1) エンペドクレス「断片」四三（DK）。
(2) 九二一Fおよび九二九B参照。
(3) クレオメデス『天体の円運動』第二巻第四章一八六―七――一四（Ziegler）参照。

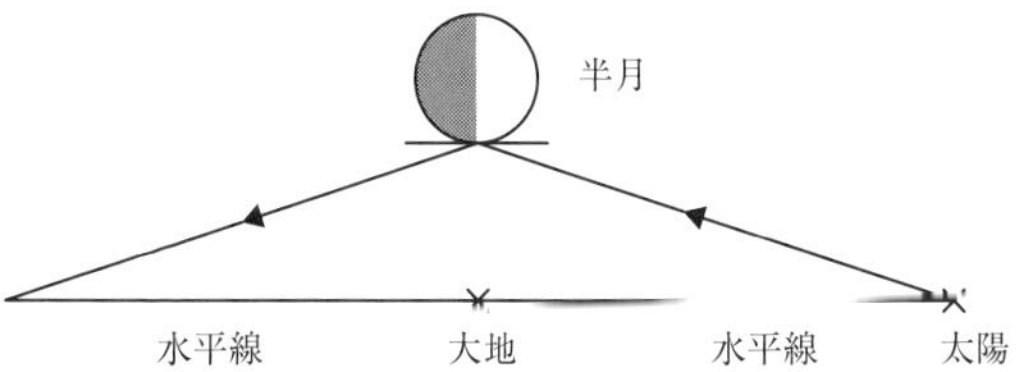

A　Görgemanns に基づく Lehnus の図

(930) 題のもとにおかれている基礎を論駁するのを気恥ずかしく思うのですが、しかし、次のことを言わなくては
なりません。すなわち、『すべての反射は同じ角度で生起する』という命題[1]は自明でもなければ合意されて
B いることでもなくて、逆に、凸面鏡に関連して、視覚線の［入射］点が単方向において実物よりも大きな鏡
像を作り出す場合には[2]、その誤りが立証されるし、二つ折りの鏡に関してもやはり反証されるのです。つま
り、二つ折りの鏡の二つの平らな鏡面のそれぞれは、互いに折り曲げられて内角をなしたときに、二重の鏡
像を映し、そのためにただひとつの顔から四つの似像を作りだし、その似像のうちの二つは鏡面の上側部分
に逆さまに映り、もう二つは鏡の底部にぼんやりと、しかし逆さまにならずに映るのです[3]。こうした像が生
C じることの原因については、プラトンが説明を与えています[4]。すなわち、彼は、鏡の両側が高くされるとき
に、視覚線が一方の側からもう一方の側へと移っていくことにより反射を交換するのだと語っていました。
だから、もしも、視覚線のうち、平らな鏡面からわれわれのところにまっすぐに戻ってくるものもあれば、
二つ折りの鏡のもう片方の部分へと滑っていき、そこから再びわれわれのところに戻ってくるものもあるの
だとすると、すべての反射が等しい角度で生起するということは不可能であって、結果として、ある人々は、
数学者たちと敵対して、月から大地へと運ばれていく光の流れ自体を理由に、［入射と反射の］角度の等しさ
に関する説を論駁しているのだと主張しているのです。というのも、彼らはこのほうが数学者たちのかの説
よりもずっと説得力があると考えているからです。にもかかわらず、じっさい大いに敬愛する幾何学に対し
D てかの説[5]を恵みとして与える必要があるとしても、まず第一に、それが生起する見込みがありそうなのは、
表面が正確に磨かれることで滑らかになっている鏡に関してだけなのであって、月にはたくさんの不均斉な

起伏や粗くごつごつしたところがあり、そのために太陽の光は、大きな物体から相当に高い諸々の場所――それらは、照り返された光や拡散された光を相互に受け取り合うのですが――へ向かっていき、あらゆる仕方で反射され、絡み合い、そして反射光自体は自らと結びつき、まるでたくさんの鏡から届くように、われわれのもとに運ばれてくるのです。第二に、たとえわれわれが、月自体に対する反射は等しい角度で生

（1）反射の角度は入射の角度と等しい、という反射の法則。エウクレイデス『カトプトリカ』命題一参照。論証はアルキメデスに帰されている（『エウクレイデス「カトプトリカ」註解』七＝『エウクレイデス全集』第七巻三四八（Heiberg））。

（2）ここでの凸面鏡は球面ではなく円柱状の凸面鏡である。アレクサンドリアのヘロン『著作集』第二巻第一章三四二参照。

（3）

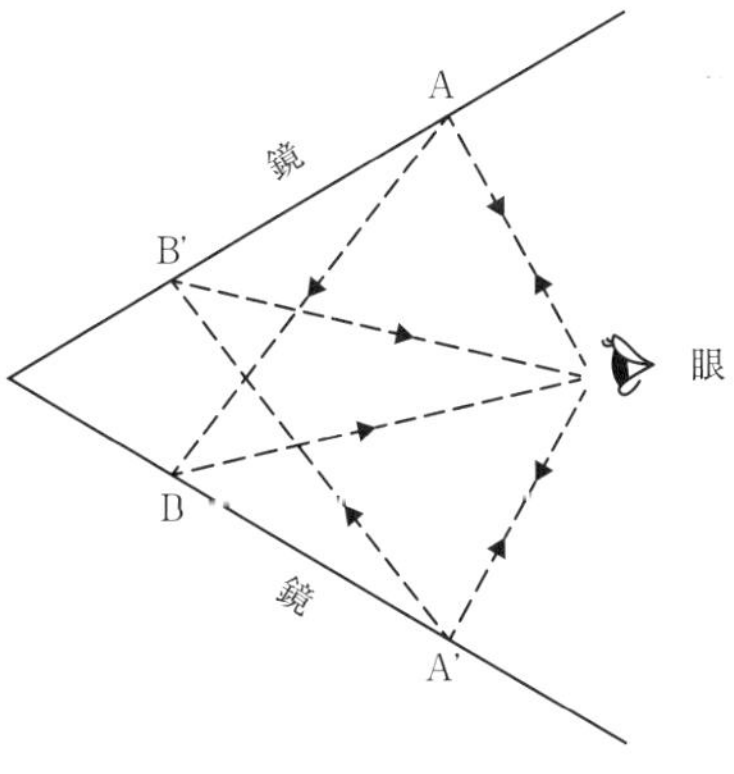

B　Görgemannsに基づくLehnusの図

（4）プラトン『ティマイオス』四六B―C。ただし、凸面鏡については言及があるが、二つ折りの鏡についてはない。

（5）入射角はつねに反射角と等しいとする説。

起すると想定しても、太陽の光線が、これだけ大きな隔たりのなかを進んでくるときに、かすんだりその光
E を曲げたりするほどに屈折や滑脱をこうむるということは、ありえないことではないのです(1)。また、ある
人々は、［われわれとは］反対の方向に反った湾曲面から引かれた線に従って月が多くの光を大地へと送って
いるということを、図に描いて論証してもいるのですが(2)、しかし、わたしは、話すのと同時に幾何学の作図
をすることはできないでしょうし、ましてや多くのひとの前でなどとてもむりです。

一八　要するに」とルキウスは言った、「わたしは、彼ら［ストア派］が、月は半月のとき、そして半月よ
り膨らんだときと三日月のときにも大地に光を差しかけているという事実を、どうしてわれわれへの反証と
して議論にもちこむのかと不思議に思っているのです。じっさい、もし太陽がアイテールの質あるいは火の
質を有した月の塊を光で照らしているのであれば、太陽は、われわれの感覚にとっていつも陰影が深くて光
のない半球を月に残すこともなかっただろうし、むしろ、太陽が周転運動をしているときに、わずかでも月
F に触れることがあれば、あらゆる方向に容易に進んでいく光によって、月全体が全面的に満たされ転化させ
られるのが当然ということになるでしょう。じじつ、葡萄酒が水の表面に触れたり(3)、血のしずくが液体のな
かにしたたり落ちると、それらは接触したとたんすべてを赤く染めるのであり(4)、また、彼らは、空気自体が
陽光でいっぱいになるのはそれが何らかの流出体や何らかの光線と混じり合うことによってではなく、光か
らの打撃を受けたり光と接触することで変化し転化することによってであると主張している以上(5)、彼らは、
931 星が別の星と、光が別の光と接触するときに、混じり合うことはなく全面的に渾融し変化したものを生み出
すこともなく、むしろ、表面においてそれが接触する諸部分を照らすだけなのだと、どうして考えることが

できるのでしょうか[6]。じっさい、周転する太陽がたどり月の周囲において回転させている円環は、ときには月の眼に見える部分と眼に見えない部分とを区分する円環と合致し、ときにはこの円環と直角をなして立ち、

(1)プルタルコスはここで屈折の影響について言及している。『哲学者たちの自然学説誌』八九四C（＝アエティオス『学説誌』第三巻第五章五（*DG*））、クレオメデス『天体の円運動』第二巻第六章一二四―一二五（Ziegler）参照。

(2)クレオメデス『天体の円運動』第二巻第四章一〇三（Ziegler）参照。

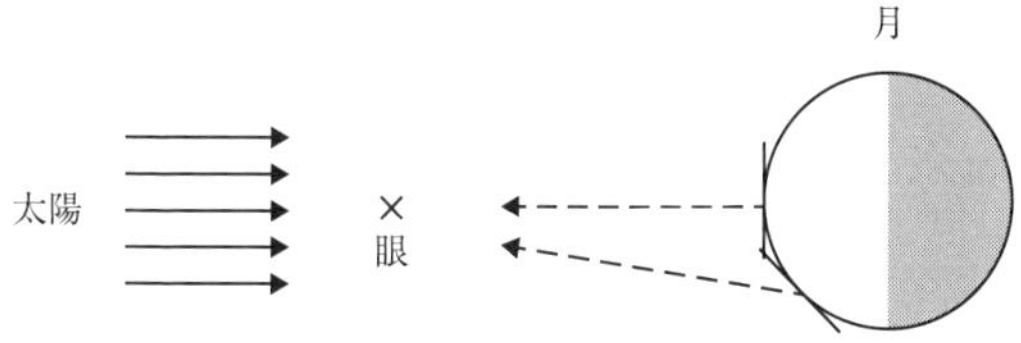

C　Görgemanns に基づく Lehnus の図

(3)『共通観念について』一〇八〇E（＝『初期ストア派断片集』Ⅱ四八七（*SVF*））および『初期ストア派断片集』Ⅱ四三三（*SVF*）参照。

(4)『共通観念について』一〇七八D―E（＝『初期ストア派断片集』Ⅱ四八〇（*SVF*））および『初期ストア派断片集』Ⅱ四七三、四七七、四七九（*SVF*）参照。

(5)『初期ストア派断片集』Ⅱ四三三（*SVF*）参照。

(6)クレオメデス『天体の円運動』第二巻第四章一〇一（Ziegler）参照。

(931) 結果としてこの円環を切断し、またこの円環によって切断されることになるのですが――というのも、暗い
部分に対する明るく輝く部分の種々さまざまの傾きと関係によって、この円環が月において半月より膨らん
だ相と三日月の相を生みだしているから――、何にもましてこれが示しているのは、月の光輝が、混合では
なくて接触の結果であり、光の集合ではなく放散の結果なのだということです。そして、月自身は、ただ照
B らされているだけでなく、太陽の光の似像をこちらのほうへ送り届けてもいるので、月はなおいっそう、わ
れわれがその本質存在に関する自分の説明に確固たる信頼をおくことを可能にしてくれるのです。なぜなら、
いかなる稀薄なものに関しても、いかなる微細なものに関しても、反射は生じないのであり、また、光が光
から、あるいは火が火から飛び出すなどということを考えるのは容易なことではないからです。逆に、何ら
かの反撥や反射を引き起こすものは、そのものに対する打撃とそのものからの跳ね返しが起こるために、重
くて濃密なものでなければなりません。ともかくも、空気が妨害もせず抵抗を示すこともせずに通過させる
その同じ太陽光が、木材や石や衣服などの太陽の光にさらされたものから多く照り返され放散されるのです。
C そして、われわれは大地もまたそのようにして太陽に照らされているのを見るのです。なぜなら、太陽はそ
の光を、水がするように大地の奥深いところまで浸透させることも、空気がするようにその全面にわたって
行き渡らせるということもなく、むしろ、別の円環、つまり月の周囲を経巡る太陽の円環に似ていて、しか
も太陽の円環が切り取る月の部分と同じだけの大きさであるような別の円環が、ちょうどそれだけの部分を
つねに照らし別な部分は光のない状態に残しておきながら、大地の周囲を経巡っているからです。じつのと
ころ、それぞれの、光を放散される部分は、半球よりも少しばかり大きく見えるのです。さてそこで、わた

しが類比に従って幾何学的に語ることを許してください。それは次のようなものです。つまり、太陽からの光が接近する三つのもの、すなわち大地と月と空気があるとして、もし、空気が照らされるような仕方ではなく、むしろ(1)大地が照らされるような仕方で月が照らされるのをわれわれが見るなら、本来的に同じ作用者

D によって同じ作用をこうむる諸事物は、必ず類似した自然本性をもっていなければならないのです」。

一九　さて、皆がルキウスを称賛したところで、わたしは言った。

「よろしい。立派な言説にあなたは美しい類比を付け加えたわけです。というのも、あなたはあなた自身のものを詐取されてはならないからです」。

彼は、微笑んで言った。

「そのとおりです。だから、さらに二回目の類比を使う必要があるのです。それは、月が大地に類似している理由が、単に同じ作用者によって同じ作用をそれらがこうむるからというだけでなく、それらが同じものに同じ作用をおよぼすからでもある、ということをわれわれが証明するためなのです。それでは、太陽に関して生起している諸々のことがらのうち、太陽の蝕ほどに日没に似たものはないということを、わたしに対して認めてください。あなた方が最近の合(2)──それは、ちょうど正午から始まったもので、天界のあちら

(1) 底本の μᾶλλον ἤ ではなく Wyttenbach の提案に従い、Lehnus, Lernould などとともに μᾶλλον δέ と読む。要するに月は空気とではなく大地と類似の自然本性を有しているということである。

(2) 七五年一月五日にローマで観測された皆既日蝕と思われる。その始まりは正確には正午ではなく午後一時五〇分頃で、皆既となったのは午後三時二〇分頃だった。

E こちらから多くの星々の姿を見せてくれ、黄昏のような混然たる色調を大気に与えていました――を覚えて
いるのならね。でも覚えていないなら、このテオンが、われわれのためにミムネルモスとキュディアスとア
ルキロコス、そして彼らに加えてステシコロスとピンダロス[1]を引用してくれるでしょう。これらの人々は、
蝕の間、『最も明るい星が盗み出された[2]』、そして『真っ昼間に夜がやってきた』と言って嘆いていたし、ま
た、太陽光線が『影の道を疾駆した』とも述べているのです。しかし掉尾を飾るにふさわしいひととして彼
はホメロス[3]を引用してくれるでしょう。『人々の顔は夜と闇に覆われた』、そして『太陽は天空からすっかり
F 消え去ってしまった』と語っているこの人物は、これが、『ひとつの月が終わり、新しい月が始まるとき
に』本来的な仕方で生起しているのだということを、月に関して述べつつほのめかしています。［証明の］残
りについては、わたしが思うに、数学的な厳密さによって、夜とは大地の影であるが[4]、他方、太陽の蝕とは
視覚線が月に出合うときはいつも月の影である[5]、という明瞭で確固たる主張へとまとめられたのです。じつ
のところ、太陽が沈むときは、太陽は大地によって視覚から遮られますが、太陽が蝕となるときは、月に
よって遮られます。両方とも暗翳化の現象ですが、日没でのそれは大地によるものであるのに対して、蝕に
おけるそれは月によるもので、つまり月がその影によって視覚線を遮断することで生起するからです[6]。そし
て、以上のことからして、どういう帰結がでてくるのかを見て取るのは容易です。すなわち、もしも作用を
932 こうむった結果としての受動的状態が類似しているなら、その作用をおよぼす側のものも類似しているので
す。なぜならば、同一主体に同じ作用が生じるのは必ず同じ作用者によってでなければならないからです。

そして、蝕にともなう暗翳がそれほどに深くもなければ、夜と同じような仕方で空気を強く圧迫することも

ないとしても、われわれは驚かないようにしましょう。それというのも、夜を作っている物体と蝕を作っている物体とは、その本質存在は同じであるけれども、その大きさが等しくないからであり、むしろ、わたしが思うに、月の大きさは大地を七二に分けたときのひとつ分だとアイギュプトス〔エジプト〕人たちは主張しているし、他方、アナクサゴラスは月がペロポネソス半島ほどの大きさだと言っているのです。そして、
B
アリスタルコスは、大地の直径が月の直径に対する比は六〇対一九よりは小さく、一〇八対四三よりは大き

（1）コロポン出身のミムネルモスは前七世紀後半の抒情詩人。キュディアスはプラトン『カルミデス』一五五Dで名前が挙げられているが、人物不詳の詩人。この二名はプルタルコスの著作でこの箇所以外には出てこない。パロス出身のアルキロコスは叙事詩人のホメロスとも並び称されることもある前七世紀半ばの抒情詩人。シケリアのヒメラ出身のステシコロスも前七—六世紀の抒情詩人で合唱抒情詩の完成者。ボイオティアのテバイ出身のピンダロスは古代ギリシア最大の抒情詩人。
（2）以下、三つの引用は、ピンダロス『パイアーン』第九歌二—三行、ステシコロス「断片」九四（Davies）、ピンダロス『パイアーン』第九歌五行。
（3）以下、ホメロスからの二つの引用は、『オデュッセイア』第二十歌三五一—三五二および三五六—三五七行と、『オデュッセイア』第十九歌三〇七行参照。
（4）『冷の原理について』九五三Aおよび『プラトン哲学に関する諸問題』一〇〇六Fにおいてプルタルコスは同じ趣旨でエンペドクレスに言及している。アリストテレスによる夜の定義については『トピカ』第六巻第八章一四六b二八と『気象論』第一巻第八章三四五b七—八参照。
（5）九二九C—Dで引用されているエンペドクレスの詩行参照。『哲学者たちの自然学説誌』八九〇F（＝アエティオス『学説誌』第二巻第二四章一（DG））では日蝕のこの説明はタレスに帰されている。
（6）クレオメデス『天体の円運動』第二巻第三章九四—九五および第四章一〇六（Ziegler）参照。

いと証明しています。[1] したがって、大地はその大きさにより太陽を完全に視覚から奪い去るのであり（なぜなら、大地による遮蔽は大きくて、そしてその持続時間は夜の長さだから）、これに対して、たとえ月が太陽の全体をときに蔽い隠すとしても、その蝕は持続時間も拡がりももってはいなくて、むしろ、影が深くて混じりけのないものになるのを阻止している輪縁部分の周囲に一種の輝きが見えるのです。古人のアリストテレスは、太陽よりも月のほうが頻繁に蝕を起こすのが観察されることの理由として、太陽は月による遮蔽で蝕を起こすのに対して、月は、はるかにずっと大きい大地による遮蔽で蝕を起こすからということを、
C ほかのいくつかの理由に加えて示しています。[2] そこでポセイドニオスは次のように定義をしたのです。『太陽の蝕とは次のような受動的状態、つまり、月の影と、月が影で蔽いうる大地の諸部分との合である。なぜなら、月の影によってその視覚線が捉えられて太陽から遮蔽されてしまう、そういう人々にとってのみ蝕が存在するからである』[3]。だから、月の影がわれわれのところまで届くということを、ポセイドニオスがじっさいに容認しているからには、彼がなお語るべきこととして自らに何を残したのか、わたしには分からないのです。星に影というものはありえないのです。光なきものが影と呼ばれていて、光は影を生み出すのではなくて、むしろ本来それを消滅させるものなのですから[4]。

D 二〇　さてしかし」とルキウスは言った、「数ある証拠のうち、このあと論じられたのはどの証拠でしたかね」。

そこでわたしは言った、「月が同じ蝕の状態となったということです」。

「これはありがとう」と彼は言った、「思い出させてくれて。けれどもじつのところ、わたしは、あなた方がすでに説得され、月は影に捉えられるから蝕を起こすのだと考えているものと見なして、すぐにでもわた

し自身の説[5]へと向かうべきでしょうか、それとも、あなた方は、わたしが論じられていることをひとつひとつ数え上げながら、あなた方のために教示して証明を与えることをお望みですか」。

するとテオンが言った、「ゼウスに誓って、このひとたちにぜひとも教示してください。このわたしはどうかというと、次のように言われるのを耳にしただけなので、何らかの説得もまた必要としているのです。E つまり、蝕は、三つの物体すなわち大地と太陽と月が一直線上にあるときに生起する。なぜなら、大地が月から、あるいは逆に月が大地から、太陽を奪い去るからである。じっさい、三つの物体のうち、月が中間の位置にあるときには太陽が蝕を起こし、大地が中間の位置にあるときには月が蝕を起こすのである。これらのうち、前者の蝕は、合の位置にあるとき［新月のとき］に生起し、後者の蝕は暦月の中間のとき［満月のとき］に生起する[6]。わたしが聞いたのは以上のようなことです」。

---

(1) 古期ストア派は、太陽と同様に月も大地より大きいと考えていた（『初期ストア派断片集』Ⅱ六六六（*SVF*））。「エジプト人たち」およびその算定については不詳。ピュタゴラスがエジプト人から天文学などを学んだという伝承に基づき、この算定値に新ピュタゴラス派の関与を認める解釈もある。いずれにせよ、列挙の仕方からするとプルタルコスにとっては三つの「権威」は挙げられる順番に従って信頼性の高いものとなっている。なお、『ソクラテス以前哲学者断片集』第五十九章A四二（DK）およびアリスタルコス『太陽と月の大きさと距離について』第十七命題参照。

(2) アリストテレス「断片」二一〇（Rose）＝七三八（Gigon）。なお、アリストテレス『分析論後書』第二巻第二章九〇a一五―一八参照。

(3) ポセイドニオス「断片」一二五（Edelstein / Kidd）

(4) ポセイドニオスは月を、固有の光をもつ星と見なしていた。

(5) つまり、月は土（大地）であるという説。

(6) 月蝕についてはクレオメデス『天体の円運動』第二巻第六章一一五、日蝕については第四章一〇六（Ziegler）参照。

そこでルキウスも言った。
「たしかに、それは、語られたことがらのなかでおおよそ最も重要なことです。しかし、もしよければ、
最初に影の形態からする議論を付け加えてください。すなわち、まさしく大きな球形の火あるいは光がそれ
より小さい球形の塊を取り囲んでいるために、影の形態は円錐形をしているのです。したがって、月の蝕の
場合、陰影を投じられた部分が明るい部分に対して示す輪郭は、円形の切片［円弧］になっています。じっ
F さい、球体が球体と交錯するときは、生じる切片——一方が他方から受け取るにせよ与えるにせよ——は円
形となるのです[1]。なぜなら、円周上のどこにおいても円弧の曲がりは同じだからです。第二に、最初に蝕の
状態となる部分は月の場合では東側の部分であり、太陽の場合では西側の部分であって、また、大地の影は
東から西へ動き、逆に、太陽と月は東へ動くということを、あなたは知っているとわたしは思うのです[2]。じ
933 じつ、これらは現象により感覚にとって見やすいものとされていることがらであり、理解するのに長々とし
た説明などほとんどまったく要しません。以上のことから、蝕の原因は確定されます。なぜなら、太陽は追
いつかれると蝕を起こし、他方、月は蝕を引き起こすものに出合うと蝕を起こすので、太陽は最初に背面か
ら捉えられるのに対して、月は前面から捉えられるというのは、真実らしいことであるし、むしろ必然的な
ことだからです。じっさい、遮蔽が始まるのは、遮蔽するものが最初に侵攻してくるその地点からなのです。
ところで、太陽と競い合っている月は、西から太陽に侵攻していきますが、他方、月に対しては、大地の影
B が、正反対の方向へと運ばれるために東から侵攻してくるのです。さらに、第三に、月の蝕の持続時間と大
きさを考慮してください。月が高いところにあって大地から離れているときに蝕を起こすのであれば、月が

隠されているのはわずかの時間だけということになりますが、大地に近く低いところにあるときに月がまさにこのことをこうむると、強く抑えつけられて影からゆっくりと出て行くのです。ただしかし、月は、低いところにあるときには最大の運動を行使し、他方、高いところにあるときには最小の運動を行使します。ところで、この違いの原因は影にあります。すなわち、影は、ちょうど円錐のように、その基底部分が最も幅広く、そして少しずつ縮小していき、頂点部分において鋭くて微小な終端をもって終わります。したがって、月が円錐の低いところに落ちかかっていくときには、月は影によって最も大きな円環(3)へと捉えられて、その
C
深くてこの上なく暗い部分を通過しますが、月が、上方の、影の稀薄さのために言わば浅瀬のようになっている部分にあるときは、月は軽く接触されるだけであって、すぐさま解放されるのです(4)。わたしは、とくに月相とその変化に関して別に語られたことがら(5)はすべて触れずにおくことにします（というのも、これらの

(1)クレオメデス『天体の円運動』第二巻第六章一一八(Ziegler)、アリストテレス『天界について』第二巻第十四章二九七b二三―三〇参照。

(2)この箇所の記述はかなり混乱しており、プルタルコスの説明が誤っているとする指摘もある。Cherniss は、大地の影の西に向かう移動は日周の運動であり、太陽と月の東に向かう運動は黄道に沿ったそれぞれの一年毎、一月毎の運動であると註記している。月蝕と日蝕についてはクレオメデス『天体の円運動』第二巻第六章一一六および一一七、第五章一一三―一一四(Ziegler)、東へ向かう太陽と月の動きについてはゲミノス『天文学入門』一二参照。

(3)『共通観念について』一〇八〇B参照。

(4)クレオメデス『天体の円運動』第二巻第六章一一九(Ziegler)参照。

(5)たとえばゲミノス『天文学入門』九で論じられているようなことがら。

(933) 現象もまた、少なくとも可能なかぎりは原因となるものを受け容れるからです(1)。むしろわたしは、感覚を
起源としている基礎的言説に立ち帰ることにします。すなわち、われわれは、陰影の深い場所から、火がよ
りいっそう輝きわたりそしてよりいっそう照り通すのを見るのですが(2)、はたしてその原因は、陰暗たる空気
が、火の流出や放散を許容せずに同じ場所にその本質存在を抑え入れて閉じ込めておくという、この空気自
体のもつ濃密さによるものなのでしょうか。それとも、これは感覚の受動的状態であって、その結果、熱い
ものが冷たいものの近くにあるとより熱く思われ、快楽が苦痛に近いところにあるとより強烈なものと思わ
れますが、ちょうどそれと同じように、明るいものも暗いものの近くにあるとより明るく見える——という
のも、その場合、異なる受動的状態でもって感覚印象は正反対の方向へと強調されるから——ということに
D なるのでしょうか(3)。どちらがより説得力があると思われるかといえばそれは最初のほうの見解です。なぜな
ら、太陽光における火は、その種類がどんなものであっても、輝きを喪失するだけでなく、屈することに
よって、作用をおよぼすことのできない、より鈍いものともなるからです。じじつ、太陽の熱は火の力を四
散させ消散させるのですから(4)。だから、彼ら[ストア派]自身が語っているように(5)、かなり汚れた星である
月が、もし仮にひ弱で無力な火を自分のものとして所有しているとするなら、当然、月は、それが今現に明
らかにこうむっていることのどれひとつとしてこうむることはなく、むしろあらゆる正反対のことをこうむ
るはずであって、そして、覆い隠されるときにその姿を現わして、姿を現わすときには覆い隠されているは
ずなのです。すなわち月は、周囲を取り巻くアイテール(6)によって暗くさせられるときは、残りの全時間、覆
E い隠されていて、そして大地の影のもとに入るときは、六ヵ月ごとに、あるいは五ヵ月ごとに(7)、輝きを放ち

明白に見えるものとなるはずです。じっさい、蝕となる四六五回の満月のうち四〇四回が六ヵ月ごとに、残りのものが五ヵ月ごとに生起します[8]。だから、月が影のなかで自らを光り輝かせるには明らかにあれほどの時間間隔をおくことが必要だったはずなのです。ところで、月は影において蝕を起こして光を喪失しますが、影から逃れ出ると再び光を取り戻し[9]、昼間でも姿を現わすことがしばしばあります。それはつまり、月が、
F まちがっても火の質をもち星に似ている物体などではないということなのです」。

（1）天体の諸現象は素材の不確定性ゆえに絶対確実な原因説明を受け容れるものではないということ。自然学における不可避的な不確実さについては『プラトン哲学に関する諸問題』一〇〇一E以下および『食卓歓談集』六九九B参照。

（2）クレオメデス『天体の円運動』第二巻第三章九九および第六章一二〇—一二一（Ziegler）参照。

（3）『似て非なる友について』五七C、『ヘロドトスの悪意について』八六三E参照。

（4）アリストテレス『天界について』第三巻第六章三〇五a九—一三、『哲学者たちの自然学説誌』八九一D（＝アエティオス『学説誌』第二巻第二八章四（*DG*））参照。

（5）九二八Dおよび九三五B参照。

（6）ここでの「アイテール」は九二二B、九二八C—Dと同様にストア派的な意味でのそれである。

（7）五ヵ月間隔の月蝕の場合、月は本影でなく半影に入るが、プルタルコスはここでは皆既月蝕と部分月蝕を区別してはいない。

（8）ほとんど同じ条件で日蝕と月蝕が生起する周期としてはバビュロニアの二二三朔望月のサロス周期があるが、ヒッパルコスはこれを不正確であると見なして四二六七朔望月を基本とする周期と五四五八朔望月を基本とする周期を設定した。プルタルコスがここで挙げている四六五回という月蝕（つまり六朔望月毎の四〇四回の月蝕と五朔望月毎の六一回の月蝕）は、二七二九朔望月（四〇四×六＋六一×五）に相当し、これの二倍がヒッパルコスのひとつの周期と一致する。したがって、プルタルコスのここでの数値はヒッパルコスの数値を踏まえている可能性がある。

（9）クレオメデス『天体の円運動』第二巻第四章一〇三（Ziegler）参照。

二一　ルキウスが以上のことを述べたところでほぼ同時に、パルナケスとアポロニデスとが勢い込んで話
そうとした。そこで、アポロニデスがパルナケスに順番を譲ると、パルナケスは、このことが何よりも示し
ているのは、月が星かもしくは火であるということなのだと言った。蝕のときに月は完全に見えなくなるの
ではなく、月に固有のものである熾火のような何かぞっとする色を呈するというのがその理由である。(1) 一方、
アポロニデスは影に関して反論を行なった。つまり、数学者たちは光のない領域をつねにこのことばで呼ん
934 でおり、また天界は影を受け容れることはないというのである。(2) そこでこのわたしは次のように言った。
「その反論は、事実に関して自然学的にまた数学的に論じるひとのものというよりむしろ、ことばに関し
て争論的に論じるひとがやることです。すなわち、たとえひとが、大地によって遮られる領域を『影』では
なく『光のない場所』と呼びたいと思っても、それでもやはり、いったんこの領域に月が入れば、太陽の光
を奪われるために、必然的に月は影を投げかけられるのです。一般的に言っても」とわたしは言った、「大
地の影が、かの場所、すなわち、そこから月の影が今度は視覚に落ちかかり大地に拡がることによって太陽
の蝕を引き起こすことになる、その地点に到達しないのだと主張することは愚かなことです。ところで、パ
B ルナケス、わたしが向き合いたいのはあなたの方です。つまり、月に固有のものであるとあなたが主張する
あの熾火のような燃え立つ色は、濃密さと深さとをもった物体に属する色なのです。なぜなら、稀薄なもの
のなかには、いかなる火焔の残りも名残もとどまることはできないし、また、燃焼を深く受け容れることが
できて、これを保持することのできる固い物体でもなければ、熾火のような赤熱は生まれえないからです。(3)
それはホメロスもどこかで次のように言っていたとおりです。(4)

しかしながら火の華が飛び去って、焰がおさまったとき、
彼は燠火を平らに敷き並べ……

なぜなら、燠火は火そのものではなく、火によって燃え上がらされて受動的状態をこうむった物体であると思われるからです。つまり、この火とは、固くて根が生えたように安定した塊に付着しつづけそこから離れることのないものなのです。他方、火焰は、稀薄な燃料ないし素材——それは脆弱さゆえにすぐさま分解していくものですが——の燃焼であり流動なのです。だから、もしもほんとうに色彩としての燠火の色が月に固有のものであることが事実だとすれば、その燠火のような色ほど月の本性が土の質のもので濃密であることを示す明白な証拠はほかにはありえないでしょう。ところが、親愛なるパルナケス、これは事実ではありません。というのも、月蝕が起こるとき、月は色彩を多様に変化させるのであって、それらの色彩を数学者たち[5]は時と刻限に従って次のように区分することで規定しています[6]。すなわち、蝕が夕方から起こる場

C

(1)『初期ストア派断片集』Ⅱ六七二（SVF）。皆既蝕のときの月の色彩は、十六世紀末までは月が固有の光をもっていることの証拠とされていた。
(2)ストア派によれば天界は火とアイテールからなる。『初期ストア派断片集』Ⅰ一一五、一一六、Ⅱ五八〇（SVF）参照。
(3)九二二A—B参照。
(4)ホメロス『イリアス』第九歌二一二—二一三行。
(5)ここでの「数学者」は「天文学者」の意味。
(6)『アエミリウス・パウルス伝』一七、『ニキアス伝』二三参照。なお、夜の時刻は日の入りから日の出までを十二等分して表示する。したがって、一時間の長さは季節と緯度によって異なるが、昼夜平分時のローマであれば、夜の第三時半はおおよそ午後八時半から九時頃、夜の第七時半は午前〇時半から一時頃に当たる。

合、月は第三時半までは恐ろしいほどに黒く見える。真夜中に起こる場合は、月はまさにあの赤みを帯びた
燃えるような色彩を放つ。第七時半以降だと、赤い色が立ち現われる。そして最後に、夜明け頃に起こる場
合だが、その刻限以降は、月は青みがかっていて薄紫の色を帯びる。まさしくそのことのゆえに、とりわけ
D 詩人たち、そしてエンペドクレスは月を形容して『碧い眼をした』[1]と呼んでいるのである、と。ところで、
月が影においてあれほど多くの色彩を帯びているのをわれわれは目にするわけですから、それらが燠火の色
だけに帰着させられるというのは正しいことではありません。この燠火の色についてはとりわけ、それが月
にとって異質な色で、むしろ影を通して輝きわたる光の混入物ないし残存物であって、月に固有の色とは黒
くて土の質のものなのだ、と主張するひともいるかもしれません。そして、こちらの大地側で、太陽に照ら
される沼沢や河川の近傍にあって紫色と緋色による陰影を与えられている領域は、反射を通じて多くの多様
E な光輝を投げかけながら、この同じ色合いを帯びて輝き渡るのだから、言わば天界の光の大海――その光は
落ち着いてもいなければ穏やかでもなく、無数の星々によってあちこちへと追い立てられてあらゆる種類の
混合と変容をこうむるのです――へ注ぐ大きな影の流れが、時に応じて別々の色を月から刻印されてそれを
こちら側に伝えるとしても、いったい何の不思議があるでしょうか[2]。じっさい、星あるいは火は、影におい
て黒色や青緑色や暗青色に輝き渡ることはありえませんが、しかし、山々や平原、海に向けて、太陽からた
くさんの種類の色を拡散させるのであり、そして、その輝きは、ちょうど絵画の顔料と混ぜ合わされるよう
に影や靄と混ぜ合わされると、さまざまな色合いをもたらすのです。こうした色合いのうち、海の色につい
F てホメロスは、『菫の色』、『葡萄酒色の海』、さらには『紫の波』[3]、そしてほかのところでは『灰色の海』と

か『白い凪』(4)という言い方をしながら、何とか名付けようと努めていたのです。ところが彼は、大地については、時に応じて異なる現われ方をするその色合いの多様性を無視しました。その数が無限だと考えてのことです。月が海のようにただひとつの表面だけをもっているわけではなく自然本性の点では大地にこの上なく似ている、というのはもっともなことですし、大地については古人のソクラテスが(5)、謎めいた仕方でこの大地のことに言及していたにせよ、何か別の大地について物語っていたにせよ(6)、ともかく、神話のかたちで物語っていました。じじつ、月は自らのうちに毀損された部分も泥濘のような部分ももっていなくて、むしろ天界から純粋な光を獲得し、火——それは燃え渡ってもいなくて過剰でもなく、逆に湿り気をふくみ無害で自然本性にかなったあり方をしている——の熱で充ち満ちているからには、美しく驚嘆すべき場所をもっていて、赤熱の山々と赤紫の帯域を有していて、そして、金と銀も、奥底に散在させられているのではなく、多くを平原上に花開くように飛び出させていたり、平坦な高地上に目に見えるような形で有しているとしても、それは信じられないことではないし、不可思議なことでもないのです。そしてもし、周囲を取り巻くも

(1)九二九D参照。なお、エウリピデス「断片」一〇〇九(Nauck[2])参照。

(2)より詳細な記述については『ソクラテスのダイモニオンについて』五九〇C以下および『神罰が遅れて下されることについて』五六三E―F参照。

(3)以上、三つの表現については、たとえば、ホメロス『イリアス』第十一歌二九八行、第一歌三五〇行、四八一―四八二行などを参照。

(4)以上、二つの表現については、それぞれホメロス『イリアス』第十六歌三四行および第十歌九四行を参照。

(5)プラトン『パイドン』一一〇B以下。

(6)「何か別の大地」とは月のこと。

(935) B
の［大気］の何らかの変容や変異によって、これらのものの視覚像がその時々に応じて異なるものとしてわれわれのところに影を通して到来する場合、たしかに月は、その名声にともなう価値も神性も損なうことはないのです。というのも、月は、ストア派の人々の語るような汚れていて濁った火というよりもむしろ、何か天空の性をもつ神聖なる土であると人間たちからは考えられているからです[1]。少なくとも火はメディア人やアッシュリア人のところではいかにも異邦らしい尊崇を受けており、この人々は恐怖のあまり、畏敬すべきものよりもむしろ有害なもののほうを贖罪しながら尊崇しているわけです。他方、土（ゲー）という名前はおそらくあらゆるギリシア人にとって親愛なるものであり尊いものであって、何かほかの神と同じくこれを敬うのはわれわれにとって父祖伝来のことなのです。そして、月は天空の性をもつ土である以上、われわれ
C
は人間として、月が魂ももたず知性も備えていない物体だと考えることはけっしてなく、また慣習によりわれわれが、諸々の善きものを与えられたことへの返礼として報いるとともに、卓越性と力の点でより優れていてより敬うべきものを自然本性に従って尊崇する場合に、月が、神々への献納がふさわしいものに与りえない物体であるなどと考えることもけっしてないのです。それどころか、正反対なのです。その結果、われわれは、月が土であり、月が見せるその顔のゆえに、われわれのところの大地が何らかの大きな湾を有しているのと同様に、かの月もまた、水や黒ずんだ空気を含む巨大な深淵と裂け目――これらの内部には太陽の光が差し込むことはなく触れることもないのであり、むしろ光はそこで途絶えて、光の反射がばらばらに生起するのです[2]――でもって裂開されているのだ、と想定することで過ちを犯しているとは思わないようにしましょう」。

D

二二　ここでアポロニデスが話を遮って言った。

「それでは、月そのものにかけて、何か裂け目や幽谷の影があり、その影がかの月の領域からこちらのほうの視覚に届くということが可能だと、あなた方には思われますか。あるいはあなた方は帰結を推定しないで、わたしのほうがそれについて語るべきでしょうか。では、あなた方に分かっていないことはないでしょうが、まあ聞いてください。月の直径は、中間距離にあるとき、見かけ上の大きさが　二ダクテュロス[3]あります。これに対して、黒く翳っている部分の各々は、見かけ上で半ダクテュロスより大きく、その結果、それは月の直径の二四分の一よりも大きいということになります。それからまた、月の全周長は三万スタディオン[4]だけであり、その場合にその直径は一万スタディオン[5]となる、とわれわれが仮定するなら、その仮定か

---

(1) 九二八Dおよび九三三D参照。

(2) 九二一Cおよび『食卓歓談集』六九六A—C参照。

(3) 中間距離とは、楕円運動をする月が近地点と遠地点の中間の点にある場合の距離。クレオメデス『天体の円運動』第二巻第三章九五（Ziegler）参照。「ダクテュロス」は長さの単位で指の幅に相当し、おおよそ一八ミリメートル。したがって、一二ダクテュロスは二一・六センチメートル。

(4) 一スタディオンをたとえばRaingeard（底本の九二五Dへの註を参照）の仮定に従ってアッティカ単位の一七七・六メートルとすると、約五三二八キロメートルとなる。

(5) 同じく、約一七七六キロメートルとなる。

E

ら、月面の翳っている部分の各々は五〇〇スタディオン(1)以下ではないということになるでしょう。そこで、まずは、これほどの影を作るのに十分なだけ大きな深みや起伏がはたして月にありうるのかという点を、そして続いて、それらの深みや起伏の大きさがそれほどのものであるなら、どうしてわれわれからそれらが見えないのかという点を考察しなさい」。

わたしもまた、彼に対して微笑みながら言った。

「すばらしい。アポロニデスよ、そのような証明を発見したとは。その証明によって、あなたもわたしもかの有名なアロアダイ(2)よりも大きいということを証明できるでしょう——ただし、一日のあらゆるときにおいてというわけではなくて、とりわけ早朝と夕方遅くに。しかもそれは、太陽がわれわれの影を巨大にするとき、それが感覚に次のような見事な推論を与えてくれるとあなたが思う場合なのです。すなわち、投げかけられる影が大きければ、その影を投げかけるものはとてつもなく大きい、というものです。われわれ二人のいずれもレムノスにいなかったことを、わたしはよく知っていますが、しかしながら、われわれは二人ともまさにこの万人に繰り返されるイアンボス［短長格］の詩行をしばしば聞いたことがあるのです。

F

アトス山はレムノスの牛の脇腹を蔽い隠すだろう(3)。

じっさい、どうやらこの山の影は何か小さな青銅の牛にさしかかっているようです。なぜなら、その影は海をぬけて少なくとも七〇〇スタディオン(4)にわたって伸びているからです。しかし、この影を投げかけるもの自体が七〇〇スタディオンの高さである必要は多分ありません。それはどういう理由によるのかと言えば、光源から物体まで隔たっていることがその物体の影を何倍も大きなものにしているからなのです。(5)まさにここで、よく見てください。月が満月で、そして影の深さによりこの上なく明瞭な顔の相を提示する場合、太陽は月から最大の間隔をとっているのです。なぜなら、大きな影を作り出していたのは、光源からの隔たり

(1) 五〇〇スタディオンは月の直径の二〇分の一であり二四分の一ではない（後者の値はアポロニデスの意図的な誇張）。これは、同様に換算すると約八八・八キロメートルとなる。なお、クレオメデス（『天体の円運動』第二巻第一章八〇―八一（Ziegler））は、エラトステネス（前二七五―一九四年）の計算に従って大地（地球）が月の二倍の大きさで、その直径が八万スタディオン以上、全周長が二五万スタディオンであると想定し、月の直径を四万スタディオンと見積もっている。プルタルコスは、同じ八万という数値を大地の直径として採用したが（本篇九二五D）、大地の直径と全周長は月の三倍であると考えた（本篇九二三B）。これからすると月の直径は二万六〇〇〇スタディオン以上になる。しかし、ポセイドニオスは月の直径を一万二〇〇〇スタディオンと計算したに相違ないという解釈もあり、これは月の全周長を三万六〇〇〇スタディオンとすることになる。この箇所でのアポロニデスの見積もりは、こうした数値に基づくものであったのかもしれない。

(2) アロエウスの妻イピメデイアとポセイドンの間の子どもたちのことで、巨人のオトスとエピアルテス。ホメロス『イリアス』第五歌三八五―三八七行および『オデュッセイア』第十一歌三一一行参照。なおプルタルコス『亡命について』六〇二Dも参照。

(3) ソポクレス「断片」七〇八（Nauck^{2}）＝七七六（Kannicht）。レムノスはエーゲ海北部の島。アトス山はマケドニアのカルキディケのアトス半島にある標高二〇三三メートルの山で、その影は可能性としては一六〇キロメートル程度まで届きうる。アトス山からレムノス島西端までの距離が七〇キロメートル弱であり、アトス山の影が島にかかることは理論的には不可能ではない。なお、この影についてはプロクロス『プラトン「ティマイオス」註解』五六B、プリニウス『博物誌』第四巻第二十三章七三、エウスタティオス『ホメロス註解』九八〇―四五以下参照。

(4) アッティカ単位で換算すると、七〇〇スタディオンは約一二四キロメートルとなる。

(5) これはプルタルコスの単純な誤りか意図的な詭弁のいずれか。

B そのものであって、月面の不均斉な起伏の大きさではないからです。さらにまた、真っ昼間に、太陽光の輝きは、山々の頂点がはっきりと見られるままにしておくことはありません。もっとも、奥底や窪み、翳ったところは遠くから見えるのですが。したがって、月に関しても、翳っている部分と明るい部分との併置についてはその対照性のゆえにわれわれが見過ごすことはない一方で、光の反射と光の照射とを正確に見極めることができないとしても、そこにおかしな点は何もないのです。

二三　しかし次のことは」とわたしは言った、「月からの反射と称されるものに対してのいっそうの論駁となるように思われます。つまり、反射された光のなかに身を置いているひとたちには、光で照らされているものだけでなく、光を照射しているものも見えるということが起こる、ということです。たとえば、光が水の表面から壁へと跳ね返るときに、反射によって照らされた場所そのもののなかに眼がある場合はつねに、
C その眼は三つのものを見て取っていることになります。すなわち、反射された光、反射を引き起こした水、そして太陽それ自体[1]、つまりそこから発せられた光が水に突き当たって反射された、その当の光源です。以上のことは、同意されていて明らかなことであるから、彼ら［ストア派］[2]は、大地が反射でもって月に照らされていると主張するひとたちに対して、昼間に太陽からの反射が起こるときはいつも水に太陽が映るように、夜間には太陽が月面に映るということを示せと迫るのです。しかし、太陽が月に映ることはないので、彼ら［ストア派］は、月の輝きは別の仕方によるのであって反射によるのではないし、また反射によるのでないとすれば、月は土でもないのだと考えているのです」。

D アポロニデスは言った、「では彼らに対してはどう言い返すべきでしょうか。それというのも、反射に関

わる問題はわれわれに対しても共通に当てはまる問題だと思われるからです」。

そこで、このわたしは言った、「なるほどたしかに、何らかの意味では共通ですが、また別の意味では共通ではありません。では最初に、反射像に関わる問題について、彼らがいかにして、川上に向かって流れる川のように(3)ことがらをあべこべにしながら捉えているのか見てください。すなわち、水は大地上の低所に存在していますが、月は大地の上方の高所にあります。したがって、「それぞれにおいて、反射された光線は相互に対向する形の角をなし、一方の角はその頂点を月に向かって上方に、もう一方の角はその頂点を大地に向かって下方に有しています。だから、鏡の種類がどのようなものであろうが、また同一の鏡のその隔たりがどれだけものであろうが、ともかくそれは同じ反射をなすのだ、などと彼らに主張させてはなりません。なぜなら、彼らは明白な事実と相容れないからです。

E

しかし、月は、ちょうど水がそうであるように稀薄であるわけでも滑らかであるわけでもなく、逆に重くて土の質を有する物体だ、と明言する人々(4)については、どうして彼らが、月において太陽の写像がわれわれの視覚に現われると主張するよう迫られているのか、わたしには分かりません。なぜなら、乳はその諸部分

（1）水や反射面において映っている太陽。

（2）クレオメデス（『天体の円運動』第二巻第四章一〇一―一〇二（Ziegler）参照。また、『初期ストア派断片集』II 六七五（SVF）も参照。

（3）「川上に流れる川」という諺的な言い回しは、自然の摂理に反することを意味する。ヘシュキオス『辞典』「川上に流れる川」の項、エウリピデス『メデイア』四一〇行、ルキアノス『死者の対話』六-二を参照。

（4）月の本性に関してランプリアス自身も与する立場の人々。

の不均斉さや粗さのゆえに、あのような鏡面反射を生起させることもないし、視覚線を反射させることもないからです[1]。ちょうど、この上なく滑らかな鏡が送り出すように、月が視覚線を自身から送り出すことなど、いったいどうしてできるでしょうか。ところでしかし、こうした鏡もきっと、もしひとが、視覚が本来そこ
F
で反射をするその反射点をひっかき傷や汚れや凸凹でおおうなら、見えなくさせられてしまい、鏡自体は見られても光の反射を起こすことはないのです[2]。月は自身からまさしくわれわれの視線を太陽へと反射するのだと主張しようが、月は太陽を自身からわれわれのほうへ反射することさえないのだと主張しようが、いずれにしてもそう言うひとは素朴に過ぎます。なぜなら、そのひとは、われわれの眼が太陽で、視覚線が光で、人間が天界であると主張しているわけですから。なるほどたしかに、太陽の光の強靱さと輝きのゆえに月に対して打撃をともなって生起した反射が、われわれのところに運ばれてくる、とするのは筋が通っていますが、しかし、われわれの視覚は貧弱で薄弱でほんとうに微々たるものであり、もしそれが、跳ね返りにとも
937
なう衝撃を生じることもなく、跳ね返ったときにその連続性を保持することもなく、逆に、［月の］不均斉な起伏や粗くごつごつしたところで分散されないだけの十分な量の光ももたないままに砕け散ってなくなってしまうとしても、何の不思議があるでしょうか。じっさい、水やほかの鏡から、［視覚線の］反射が太陽に向かって跳ね返っていくことは不可能ではありません。この反射は出発点に近いためになおも力強いからです[3]。これに対して、月からは、たとえ視覚線が一定程度滑っていくことがあるとしても、それらは、隔たりの大きさのゆえに、貧弱でぼんやりしていて前々からすでに萎えてしまっているでしょう[4]。

じじつ、さらにまた、凹面鏡は、反射された光を、反射前の最初の光よりも強靱なものとし、その結果、

しばしば火焔を送り届けることさえありますが、[5]他方、球形の凸面鏡は、あらゆる方向から光に逆圧を加え B るということがないために、光を貧弱でぼんやりとしたものとして送り出すのです。多分あなた方は見ているでしょうが、ひとつの雲がもうひとつの雲を取り巻くことで二つの虹が現われるときはいつも、取り囲んでいるほうの虹はぼんやりとして不明瞭な色を呈します。[6]というのも、外側の雲は、眼からより遠くにあるときには、強靱で力強い反射光を送り返すことがないからです。

いったいぜんたい、これ以上のことを論じる必要がどうしてあるでしょうか。じっさい、太陽の光が月から反射されることで熱をすべて失い、[7]その輝きからわれわれのところにかろうじて到達するのが微細で弱々 C しい残余だけである場合、同じ二重の行程[8]を進む視覚線のどんな残余も月から太陽まで到達するなどということが、ほんとうに可能でしょうか。このわたしは可能だとは思いません。

---

(1)『食卓歓談集』六九六A。ここでの乳の「不均斉さと粗さ」という性質は、本篇九三〇Dと九三七Aでは月に帰されている。

(2)『神託の衰微について』四三四C、『食卓歓談集』七二一B、『肉食について』九九五Fを参照。

(3)出発点とは視覚線の起源である眼のこと。

(4)隔たりとは眼から月の反射面までの距離。

(5)凹面鏡によって太陽の光が収束して発火する、いわゆる収斂発火のこと。エウクレイデス『カトプトリカ』命題三〇参照。

(6)主虹（内側の虹）と副虹（外側の虹）からなる二重の虹については、アリストテレス『気象論』第三巻第一章三七五a三〇―b一五を参照。

(7)九二九E参照。

(8)二重の行程とは、太陽、月、眼と進む太陽光線の行程と、それとは逆に眼、月、太陽と進む視覚線の行程のこと。

(937) そして」とわたしは言った、「あなた方もよく考えてみてください。もし視覚線が水と月とに関して同じ作用をこうむるなら、大地についても植物についても人間についても星々についても、それらがほかの鏡に現われるように、満月はそれらの反射像を作り出すことが必要だったのです。ところが、これらに対する視覚線の反射が、それの貧弱さあるいは月の凸凹のせいで生起しないとすれば、われわれは太陽に向かってそのような反射があることも要求しないようにしましょう。

D 二四 かくしてわたしたちは」とわたしは言った、「あのときに語られたことがら(1)についてわたしたちの記憶から逃れることのなかったことはみな報告しました。さあそれではスラを招誘してもよい頃合いです。いやむしろ、彼に自分の話をするよう要求すべきときです。それこそ、彼が聞き手となったときに取り決められていた条件なのですから。だから、よければ、わたしたちは散策を終わりにして椅子に座り、彼に腰を落ち着けた聴衆を提供することとしましょう」。

さて、このことが同意されて、われわれが椅子に座ったところ、テオンが言った、

「もちろんこのわたしは、ランプリアス、これから語られることについてあなた方のだれにも負けないくらいに聞きたいと思っていますが、それより先に、月に住まっていると言われている者たち(2)についてぜひとも話を聞くことができればと思うのです。つまり、住んでいる者たちがほんとうにいるのかどうかということではなくて、そこに住むことが可能なのかどうかという点についてです。というのも、もしそれが不可能だとすると、月が大地［土］だというのもまた道理に合わないことだからです。じつのところ、月が、実り
E をもたらすこともなく、とある人間たちに、住む場所と生まれて生活を維持する手段とを与えることもない

のであれば、何の目的もなく無駄に生まれてきたのだと思われるでしょうから。つまり、われわれのほうの大地はまさしくこうしたことのために生まれたのであり、プラトンの言い方にならえば、『われわれの乳母であり、昼と夜の確かな番人であり作り手』[3]として生まれたのだとわれわれは言うのです。

しかし、あなたが見てのとおり、これらの話題については、ふざけたことも真剣なことも、じつに多くが語られています。じっさい、月面より下に住んでいる人々に対しては、各人がタンタロス[4]でもあるかのように、その頭上から月がのしかかっていて、その一方で月面上に住んでいる人々はどうかと言えば、それぞれがイクシオン[5]さながらにあれほどの勢いの動きによってつなぎとめられていて、円を描いて周転運動を行なうことによって落下しないよう食い止められているのだ、という話があります。しかしながら、月はただ

(1)九二一F、九二九B、九二九F参照。

(2)この見解は、『哲学者たちの自然学説誌』八九二A(＝アエティオス『学説誌』第二巻第三十章一)ではピュタゴラス派に、ディオゲネス・ラエルティオス『ギリシア哲学者列伝』第二巻八ではアナクサゴラスに(ただし彼の「断片」四(DK)を根拠にしたとするとこの特定は誤りである)、キケロ『アカデミカ前書』第二巻第三十九章一二ではクセノパネス(おそらくクセノクラテスと混同したか)に帰されている。なお、アテナイオス『食卓の賢人たち』第二巻五七fも参照。

(3)プラトン『ティマイオス』四〇B―C。

(4)タンタロスはゼウスとプルトの子。神々を怒らせ、タルタロス(深淵)で頭上につるされた大石におびえながら生きる罰を受けた。アテナイオス『食卓の賢人たち』第七巻二八一b―c、ピンダロス『オリュンピア祝勝歌』第一巻五七―五八行および『イストミア祝勝歌』第八巻一〇―一一行参照。

(5)テッサリアの王。ゼウスの怒りを買い、火焔の車に縛り付けられて回り続ける罰を受けた。ピンダロス『ピュティア祝勝歌』第二巻二一―四八行、アリストテレス『天界について』第二巻第一章二八四a三四―三五。

ひとつの運動を行なっているわけではなく、ほかのところでもたしかに言われているように、月は『三叉路の女神』[1]なのです。黄道において逆らって同時に横［黄経］方向にも縦［黄緯］方向にも深さ［＝大地との距たり］方向にも動いていくからです。数学者たちは、これらの運動のうち最初のものを『周回』、次を『螺旋』、そして最後を、なぜかは知らないけれども『変則』と——彼らには、月が周期的回帰によって定められた均斉的運動をまったく有していないことはわかっているのに——名付けています[2]。だから、驚くに値することといえば、それは、激しい動きによって何かライオンがペロポネソス半島に落下してきたなどということではなく[3]、かの場所［月］から、言わば逆しまに転げひっくり返りながら、

　人々が落下し、命が蹴り飛ばされるということ[4]

が無数に起こっているところを、われわれがひっきりなしに目撃することなどないのはどうしてかということなのです。さらに、かの場所の住人の誕生も生存もありえない場合に、彼らがいかにそこに留まっているのかということについて問いを提起するのもまた笑止千万です。つまり、アイギュプトス［エジプト］人とトログロデュテス［エティオピア］人[5]にとっては、至点にあるときの太陽は、一日の一瞬間に頂点の位置に立ち、それから去っていくわけですが、その彼らが周囲を取り巻くもの［大気］の乾燥によって黒く焦がされないことはまずないというのに、月にいる人々は、毎月満月の際に太陽がまっすぐ彼らの鉛直上に立ってしっかりと定位されるのに、一年に一二回の夏を堪え忍んでいるということは、ほんとうに筋の通ったことでしょうか。たしかに、風と雲と雨については、それらがなくては植物が生まれることも、またいったん生

B まれた植物が存続することもありえないのですが、周囲を取り巻くものの熱と稀薄さのゆえに、それらがかの場所で凝縮組成されるなどとは、とうてい考えることのできない話です。なぜなら、こちら側においてさえ、高い山々が猛々しくあらがう嵐を許すことはなく、(6)空気は、すでに稀薄でその軽さのゆえに揺れ動くために(7)この凝縮と濃密化を免れているからです。そうでないと、ゼウスにかけて、われわれは、食べるものを受けつけないアキレウスにアテナがネクタルとアンブロシアーを一滴一滴注ぎ入れたように、(8)月――アテナ

(1)ヘカテが月の女神とされて以後、ヘカテの修飾辞となった。ヘカテは地母神で冥府の女神。ペルセポネの誘拐を目撃しデメテルを助けて探索をした。月夜にたいまつを手に恐ろしい姿で三叉路に現われるとされた。夜あるいは月の女神としてアルテミスやセレネと、冥府の女神としてはペルセポネと混同された。アテナイオス『食卓の賢人たち』第七巻三二五a、ウァロ『ラテン語』第七巻一六参照。また、クレオメデス『天体の円運動』第二巻第五章一一一（Ziegler）、コルヌトス『神学摘要』三四も参照。

(2)月の不規則な運動については、スミュルナのテオン『天文学』一三四-一三―一三五-一一、プトレマイオス『天文学大系』第四巻二参照。

(3)エピメニデス「断片」二（DK）で「月が獣のライオンを恐ろしき身震いをして振り落とした」とある。ライオンとはヘラクレスに退治されたとされる伝説上のネメアのライオン。なおアナクサゴラスの隕石落下に関する説とこの伝説との関連については『ソクラテス以前哲学者断片集』第五十九章A七七（DK）参照。

(4)アイスキュロス『ヒケティデス』九三七行。プルタルコス『知りたがりについて』五一七F。

(5)ヘロドトス『歴史』第四巻一八三、ストラボン『地誌』第二巻第五章三六参照。

(6)アリストテレス『気象論』第一巻第三章三四〇b―三四一a四、三四七a二九―三五参照。

(7)九三九Eおよび『プラトン哲学に関する諸問題』一〇〇五E参照。

(8)ホメロス『イリアス』第十九歌三四〇―三五六行参照。ネクタルは神の飲み物、アンブロシアーは神の食べ物のこと。

の名で呼ばれ、じっさいにアテナなのです(1)——が、月の住人たちのために日々アンブロシアーを湧き出させて彼らを養い育てているのだと主張することになるでしょう。ちょうど、神々自身がこれを食べていると古
C 人のペレキュデスが考えているように(2)。じつのところ、メガステネスが言っているところによると(3)、食べることも飲むこともしない人々は、口がないので、『インドの根』をくすぶる火で焼いて燻し、そしてその匂いを吸い込んで糧としているそうですが、もしも月が雨に降られることがないとすると、ひとはいったいどのようにしてそれがかの場所で生育しているのを見つけることができるでしょうか」。

二五　テオンが以上のことを述べたところで、わたしは言った。

「あなたの言説の戯れによって、われわれは何ともすばらしくまた見事に愁眉を開くことができました。それによって、答えようという大胆さがわれわれに生まれました。というのも、われわれが予想しているのはそれほどに冷厳でも苛酷でもない説明要求だからです。じっさい、この種の話を固く信じている人々というのは、これらの話によってひどく苛立たせられてそれらをまったく信用せず、ありうることと容認できることを穏やかに吟味しようという気もない人々と、ほんとうに何の違いもありません。

D だから、まず第一に、もし月にひとが住んでいないとしても、月が無駄に目的もなく生まれたとする必要はないのです。なぜなら、われわれが見ているとおり、こちらにある大地でも、その全体にわたって肥沃であるわけでもひとが住んでいるわけでもなく、逆に、大地のわずかな部分だけが、言わば奥底から隆起したいくらかの岬や半島において動物や植物を生みだしうるのであり、それ以外の部分では、冬や乾燥のせいで荒涼とし不毛の地となっているところもありますが、大部分は大海に沈んでしまっているからです。ところ

があなたは、いつもアリスタルコスに夢中になっていてこれを称賛してばかりなので、クラテスが次の章句を読んでいるのを聞いていないのです。

オケアノス〔大洋〕、まさしくそれは、ありとあらゆるものに誕生をもたらす、
人々にも神々にも。そしてそれは大地の大部分にわたって拡がっている。(4)

E しかし、これらの部分は断じて無駄に生じてきたわけではありません。というのも、海は穏やかな蒸発気を放出しますし、夏が盛りとなるときには、ひとの住まない寒冷の地で徐々に溶け出していく雪が、そこか

(1) 九二二A参照。
(2) ペレキュデス「断片」一三a(DK)。彼はシュロス出身の前六世紀の思想家で七賢人のひとりとされることもある。
(3) メガステネス「断片」三四(Müller)。メガステネス(前三五〇頃―二九〇頃)はイオニア地方出身で『インド誌』の著者。ストラボン『地誌』第二巻第一章九および第十五巻第一章五七、プリニウス『博物誌』第七巻第二章二五参照。匂いを糧とする動物についてはアリストテレスが『自然学小論集』中の『感覚と感覚されるものについて』第五章四四五a一六―一七で一部のピュタゴラス派の見解として言及している。
(4) ホメロス『イリアス』第十四歌二四六行。引用の二行目はホメロスには見られず、クラテスの挿入であろう。なお、極地や炎暑の地では人が住めないという説については、『イシスとオシリスについて』三六七D、ストラボン『地誌』第二巻第三章一、クレオメデス『天体の円運動』第一巻第二章二(Ziegler)参照。この説と外洋の大部分が炎暑の帯域にあるという見解の関係についてはクレオメデス『天体の円運動』第一巻第六章三三(Ziegler)参照。この見解はポセイドニオスの見解ではなくクレアンテスの地理学説。クラテスはこれをホメロスに押しつけようとした。

らこの上なく心地よい風を解き放って撒き散らすからです(1)。プラトンによれば(2)、中間には『昼と夜の確かな
番人であり作り手』が立っていたのです。だから、月もまた、生き物を欠いたものではありますが、それが、
自らの周囲に撒き散らされた光で反射を引き起こして、星々の光輝の流れを自らのうちに集中させて混ぜ合
わせ、これによって月が大地からの蒸発気を同化吸収すると同時に、太陽の過剰な焦熱と苛酷さを和らげる
のを妨げるものは何もありません(3)。また、おそらくある意味では古《いにしえ》の言い伝えを認めることになりますが、
F われわれは、月が、処女で子を産まないけれどもほかの女性にとって扶けと益をもたらすがゆえにアルテミ
スと呼ばれたのだ、と主張するでしょう(4)。

次に、親愛なるテオン、少なくとも語られたことのどれひとつとして、いわゆる月での居住が不可能であ
ることを示してはいません。じっさい、月の周転運動は大いに穏やかで平静なものなので、空気を滑らかに
939 し、そしてそれを全体にわたって整序しながら配分していくのです。ですから、かの場所で歩いていた人々
が落下したり足を踏み外したりするのではないかという恐れはまったくないのです。また、月の運動は単純
なものでもないとしたら(5)、その運動の多彩で遊走的なあり方でさえ、不均斉さや無秩序からくるものではな
いのであり、むしろ、天文学者たちは月の運動を、ほかの円環の周囲を周転している一定の諸円環に結びつ
けることで、その運動の多彩なあり方にも実は驚くべき秩序と運行が存しているということを明らかにして
いるのです——彼らのうち、この運動が静穏なものであるとする人々もいれば、つねに同じ速さで滑らかに
そして均斉的に退行する運動であるとする人々もいますが(6)。円環のこれらの重なり、回転、円環相互の関係、
B そしてわれわれとの関係が、高さと深さの点での運動の明白な変異と、横［黄経］方向での転回と同時に縦

［黄緯］方向での偏向とを、この上なく調和のとれた仕方でいっしょになって達成しているのです。

また、太陽からの多大な熱と連続的な焼灼については、あなたがもし最初に、一二回の夏の満月[7]に対しては合という現象をもって対抗し、そして、長い間持続するわけではない両極端なありように対しては、変化の規則性が、ふさわしい調節をほどこしてそれら両方から過剰を取り去るのだと想定するなら、あなたはそれを恐れることもやめるでしょう。だから、当然ながら、両極端の間で春に最も近い季節が彼ら住人にもあるのです。次に、濁っていて圧力をかけてくる空気を通じて、太陽は蒸発気に糧を与えられた熱をわれわれ C のほうへと放ち下ろしてきますが[8]、他方、かの場所では、空気は稀薄で透明であって、それが、燃料ももたず支える物体ももたない太陽の光を撒き散らし四散させるのです。

(1) テオプラストス『風について』第二章一一およびアリストテレス『気象論』第二巻第六章三六四a五―一三参照。なお、『コロテス論駁』一一一五Aも参照。

(2) ランプリアスは九三七Eでのテオンのプラトン引用に同じく『ティマイオス』四〇B―Cからの引用で応酬している。

(3) 九二八C参照。

(4) 月をアルテミスと同定することについては九二二A参照。また、プラトン『テアイテトス』一四九Bおよびコルヌトス『神学摘要』三四も参照。

(5) 九三七F参照。

(6) 前者の人々の例としてはアリストテレス（『形而上学』Λ巻第八章一〇七三b三八―一〇七四a一四、『天界について』第二巻第八章二八九b三〇―二九〇a七）、後者の人々の例としてはプラトン（『ティマイオス』四〇C―D、『法律』第七巻八二二A―C）が挙げられる。

(7) 九三八A参照。

(8) これについてはアリストテレス『気象論』三四一b六―二五参照。

また、まさにわたしたちがいるここでは樹木や果実を養うのは雨の水ですが、他方、ちょうどあなた方[1]のところのテバイやシュエネあたりの高地のような別の場所では、大地は、雨の水ではなく大地から湧き出した水を取り込み、風と露[2]を享受していて、その大地は、わたしが思うに、何らかの卓越性と特質のゆえに、この上なく大量の雨による果実の豊作に適合することには同意してくれないでしょう。同じ種類の植物が、われわれのところでは、冬にひどく痛めつけられると見事な果実を豊富にもたらしますが、逆に、リビュエやあなた方のところのアイギュプトス［エジプト］では、寒さに対する耐性をまったくもたず冬を恐れるの
D
です[3]。また、大洋へと下っていくゲドロシア[4]やトログロデュテス［エティオピア］の地は、乾燥のために不毛で樹木がぜんぜん生えていないのですが、その近傍にあって周囲を取り巻いている海では、深いところで驚くほどに大きな植物が育ち繁茂していて、そのうち、あるものは［海の］オリーヴ、あるものは［海の］月桂樹、またあるものはイシスの髪と呼ばれています[5]。こちらで『アナカンプセローテース［恋人たちをなだめて元の鞘に戻すもの］』と呼ばれている植物は、いったん大地から引き抜かれても、ぶら下げられていれば、ひとが望むだけ長い間枯れないままであるばかりか、成長して[6]〈……〉。また、冬の時節に種が蒔かれる植物もあれば、ゴマやキビのように夏の盛りに種の蒔かれるものもあります[7]。そして、タイムやヤグルマギク
E
は、良質で地味が豊かな場所に種が蒔かれて潤いが与えられ灌水されている場合は、その自然本性にかなった性質を放棄して力を失いますが、他方、乾燥は好み、乾燥によって本来的なあり方に向かって生育していくのです[8]。また、言われているところによると、一部の植物は、ちょうどアラビアの植物の大部分がそうであるように、露にさえ耐えることができないで、濡らされるとその本来的な性質を失って枯れるのです[9]。だ

から、雨も雪も必要とはせず、夏の稀薄な空気に順応して生育する根や種や樹木が、月で育っているとしても、何の不思議があるでしょうか。

F

また、月によって熱せられた風が起こるということ、月の周転運動の揺れ動きには微風が穏やかに随伴しており、芽吹いている植物にとっては露の滴や軽い湿り気があたりに降り注ぎ撒き散らされることで十分であるということ、そしてまた、月はその特質の点で火の質をもっているものでもなければ乾燥しているのでもなくて、軟らかく水を生みだすものであるということ、これらのことがどうしてありそうもないというこ

(1) ランプリアスは主にエジプト出身者のテオンに対して語っているが、メネラオスもまたエジプト出身である。なお、いずれもナイル川沿いの町であるテバイとシュエネはそれぞれ現在のルクソール、アスワンである。地下水とナイル川の水位との関係についてはオイノピデス「断片」一一（DK）参照。

(2) テオプラストス『植物誌』第八巻第六章六では、雨の少ないエジプト、バビュロニア、バクトリアには露で育つ作物があると報告されている。

(3) 同じ種類の植物が環境などに応じて多様であることはテオプラストス『植物誌』第六巻第六章三参照。

(4) 現在のパキスタンの南西部。

(5) 海で育つ植物についてはテオプラストス『植物誌』第四巻第七章一以下、ストラボン『地誌』第十六巻第三章六、プリニウス『博物誌』第十三巻第二十五章五〇—五二参照。ここでの「オリーヴ」と「月桂樹」に対応するものが何であるか不明。なお、「イシスの髪」は珊瑚の一種か。

(6) プリニウス『博物誌』第二十四巻第十七章一〇二参照。

(7) テオプラストス『植物誌』第八巻第一章一と四、第二章六、第三章二参照。

(8) テオプラストス『植物の諸原理について』第三巻第一章三—六参照。

(9) 露が植物を痛めるという見解についてはテオプラストス『植物の諸原理について』第六巻第十八章一〇参照。ただし『植物誌』第四巻第三章七などでは砂漠の植物が雨が降らなくても露によって育つとされている。

940 とになるでしょうか。なぜなら、月からは乾燥のいかなる影響もわれわれのところに到達することはないですが、湿り気と女性性[1]の影響は多く到達するからです。すなわち、植物の生育、肉の腐敗、葡萄酒の変容と分解発酵、材木の柔軟化、女性の安産[2]です。ところで、パルナケスはおとなしくしていますが、彼ら［ストア派］自身が語っているように、オケアノス［大洋］の上げ潮と海峡の水位上昇――これは月による液化の影響で水が溢れて増水するからです――のことをわたしがもし援用すると、パルナケスの好奇心をあおって駆り立ててしまうのではないかと、わたしは恐れているのです[3]。だから、わたしはむしろ、親愛なるテオン、あなたのほうに向かうことにします。なぜなら、あなたはアルクマンの

　ゼウスと月の女神セレネの娘エルサ［露］が養うようなもの[4]

B ということばについて詳述し、ここでは今アルクマンが空気を『ゼウス』と呼び、それが月によって液化されて露に変容すると言っているのだ、とわれわれに述べているからです[5]。じっさいのところ、ねえ君、もしほんとうに月は、太陽が濃密化し乾燥させるものをみな自ら本性的に軟らかくし融解するだけでなく、さらに太陽からの熱も、月がそれに遭遇して混じり合うときに本性的にこれを液化して冷却するとしたら、おそらく月は太陽と反対の自然本性をもっていると思われます。

　そこで、月は燃えている赤熱の物体であると考えている人々は過ちを犯しているし、また、こちら側の生き物に誕生と養育と生活のために備わっているかぎりのものが、あちらの場所の生き物にも備わっていることを要請する人々は、自然の多様なあり方が見えていないひとに似ています。多様な自然では、生き物相互

の間に、生き物と生き物でないものとの間に見いだせるもの以上の大きくかつたくさんの相違点と不類似点を見いだすことができるのです。口がなくて匂いを吸い込んで糧としている人間たち――彼らは少なくともメガステネスによれば実在していると思われるのですが――など存在しないものとしなさい。ただし、空腹をなくしてくれる植物[6]については、その効能をメガステネスがわれわれに詳述していましたが、ヘシオドス
C は次のように述べて、それとなくほのめかしています。

ゼニアオイやアスポデロスにどれほど大きな利点が備わっているのか［彼らは分かっていない］[7]。

また、エピメニデスは、自然がほんとうにわずかの燃料［糧］だけで生き物を燃え立たせて維持しており、

（1）アリストテレス『動物誌』第七巻第一章五八二a三四―b三参照。

（2）月による液化作用については『食卓歓談集』六五七F以下、『イシスとオシリスについて』三六七D、キケロ『神々の本性について』第二巻第十九章五〇、プリニウス『博物誌』第二巻第百一章参照。月と植物の生育との関係についてはプルタルコス『イシスとオシリスについて』三五三F、アテナイオス『食卓の賢人たち』第三巻七四c、木材の柔軟化についてはテオプラストス『植物誌』第五巻第一章三、安産については『初期ストア派断片集』Ⅱ七四八（*SVF*）参照。

（3）『初期ストア派断片集』Ⅱ六七九（*SVF*）参照。プルタルコス『哲学者たちの自然学説誌』八九七B―Cでは潮の干満へ月が影響しているとする説がピュテアスとセレウコスに帰されている。

（4）アルクマン「断片」四三（Diehl）＝四八（Bergk^{4}）。プルタルコスはこの詩行を露の起源に関連して『食卓歓談集』六五九Bと『自然学的諸問題』九一八Aでも引用している。

（5）ウェルギリウス『農耕詩』第三歌三三七行参照。

（6）「空腹をなくしてくれる植物（アリモス）」については『七賢人の饗宴』一五七D―F参照。

（7）ヘシオドス『仕事と日』四一行。

(940) それはオリーヴの実の大きさほどのものが得られればもう何も糧を必要とはしない、ということを示したと
き、事実でもってこれを明らかにしていました。月にいる人々は――ほんとうにいればの話ですが――身が
軽くて、たまたま手に入ったもので十分に養われる、というのはもっともらしいことです[1]。じじつ、大地よ
りも何倍も大きい、火の生き物である太陽と同様に、月自身も大地上の湿り気から糧を得ており、そしてほ
D かの星々もまた数は無限だがやはり同じである、と彼ら［ストア派］は言っています。これほどに軽くて必
需品に関しても質素な生き物が、上方の領域で住まっていると彼らは考えているのです[2]。しかし、われわれ
は、これらの生き物についても、そしてそれらには異なる場所と自然本性と特質がふさわしいということに
ついても理解できません。そこで、だれかあるひとが、われわれは海に近づくことも触れることもできなく
て、ただ遠くからその様子を見やるだけで、そして海水が苦くて飲用にならず塩辛いということだけを知っ
ているのだと仮定して、海はその深いところであらゆる種類の形をした多くの大きな生き物を養っており、
ちょうどわれわれが空気を必要としているように、水を必要としている動物で海は満ちているのだよ、と
E 言ったとすると、そのひとは、神話や怪異と同じことを結論として導いているように思われるでしょう。
ちょうどそのように、月に関して、われわれが、あの場所にはある人間たちが住まっているなどと信じない
とき、同じ状況にあり同じ事態をこうむっていると思われるのです。これら月の住人たちは、「われわれのい
る」大地――つまり、光をもたず低いところにあり動くこともない場として、湿り気と靄と雲を通して現わ
れる、言わば万有の澱と泥のような大地――を見やりつつ、それが運動と呼吸と熱を分けもった生き物を生
み育んでいるなんて、と、はるかにずっと驚嘆するだろうとわたしは思うのです。仮にも、彼らがどこかで

ホメロスの次のような詩句、すなわち、

見るもおぞましい、かび臭い、神々さえ忌み嫌うもの(3)

そして、

天界が大地から離れている、それだけの距離、ハデス［冥界］の奥底にあるもの(4)

という詩句を耳にするようなことがあれば、彼らは、これらのことばがまさしくこの場所に関して語られて
F いるもので、ハデスとタルタロス［深淵］はここからすでに追放されており、月が、かの上方の領域からもこれら下方の領域からも同じだけ遠く隔たっているからには、月こそが唯一の大地である、と主張することでしょう」。

二六　わたしがまだほとんど語っている最中だと言ってもいいときに、スラが割って入って言った。「やめなさい、ランプリアス。そして、あなたが知らず識らずのうちに神話(5)を言わば座礁させて、舞台装
941 置も構成も違うわたしの劇を台無しにしてしまわないように、あなたの話に戸を立ててください(6)。さて、た

(1) アリストテレス『動物発生論』第三巻第十一章七六一b二一―二三では月における動物の存在の可能性への言及がある。

(2)『初期ストア派断片集』Ⅱ六七七（SVF）。プルタルコス『ストア派の自己矛盾について』一〇五三A参照。

(3) ホメロス『イリアス』第二十歌六五行。

(4) ホメロス『イリアス』第八歌一六行。

(5) 本篇の冒頭九二〇Bで予告され、九三七Cで催促されていた話である。

(6)『陸棲動物と水棲動物ではどちらがより賢いか』九六五B参照。

しかにわたしはこの劇の俳優のひとりに過ぎませんが、もし支障がなければ、その話を書いた詩人がわれわれのためにホメロスに従って次の詩句から始めていたことを、まずは指摘しておきましょう。

オギュギエという或る島は、海の遙か彼方にある。(1)

それは、西に向かって航海する人々にとってはブレッタニア［ブリテン］から五日間を要する行程のところです。そして、また別の三つの島々——それらはこの島からも、お互いからも同じ距離だけ離れている——が、前方の、おおよそ夏の日没方向に位置しています。そして、異邦の人々が神話で物語っているところによると、これら三島のひとつにゼウスの手でクロノスが(2)幽閉されて、太古の［＝オギュギエの］ブリアレオスが(3)そのそば近くに配置されたそうです。このブリアレオスは、これらの島々と、この異邦の人々が『クロノスの大海』と名付けている海とを監視する番人なのです。そして、大きな陸地——これによってその大海はぐるりと周囲を取り巻かれています(4)——が、ほかの島々からはそれほど離れてはいないけれども、オギュギエからはおおよそ五千スタディオン(5)離れたところにあり、櫂を漕いで船で行くことになります。じっさい、大海は、流れ込む河川の多さゆえに動きが緩慢で泥の質を有しています。河川は大陸から流れでており、その河川から堆積物が形成され、それで海は重く、そして土の質をもつものとなるのです。海が凝固したという評判が立つことさえありました。(6)陸地でも沿岸地域は、マイオティス湖(7)と比べても小さくはない湾の周囲にギリシア人たちが住んでいて、その湾の開口部はカスピ海の開口部(8)と南北の鉛直方向［緯度］においてほとんど同じところに位置しており、これらのギリシア人は、自分たちのことを『大陸人』、こち

B

C

ら側の陸地に住むものを『島民』と呼んでいます。この陸地が海の流れによって周囲をぐるりと取り巻かれているとと考えてのことですが、またじっさいに彼らはそのとおりだと思っています。そして、彼らの考えているところによると、後にヘラクレス(9)に付き随ってやってきて、彼に置き去りにされた人々が、クロノスの種族と混じり合ったのであり、またその人々が、すでにそこにおいて火が消えかかり異邦の言語と法と生活習慣に圧倒されつつあったギリシア民族を、再び力強くまた数多くなるように言わば再燃させたのだ、というのです。だから、第一等の名誉はヘラクレスが、第二等の名誉はクロノスがこれを受けるということに

(1)ホメロス『オデュッセイア』第七歌二四四行。

(2)ウラノスとガイアの子でティタン神族。自分の子どもであるゼウスなどのオリュンポス神族に破れ、タルタロスに押しこめられたとされる。

(3)ブリアレオスは百手巨人ヘカトンケイルたちのひとりアイガイオンの別名。『神託の衰微について』四二〇Aおよびヘシオドス『神統記』七二九―七三五行参照。「ヘラクレスの柱」(ジブラルタル海峡)は古くは「ブリアレオスの柱」という名を、そしてさらにその前は「クロノスの柱」という名をもっていたと言われている。アイリアノス『ギリシア奇談集』第五巻三およびコラクス「断片」一六(Wehrli)参照。

(4)プラトン『ティマイオス』二四E五―二五A五参照。

(5)アッティカ単位で一スタディオン一七七・六メートルで換算すると八八八キロメートルとなる。

(6)ストラボン『地誌』第一巻第四章二参照。

(7)現在のアゾフ海。

(8)ヘロドトス『歴史』第一巻二〇二―二〇三、アリストテレス『気象論』第二巻第一章三五四a三―四での正しい記述にもかかわらず、ギリシア人は長くカスピ海が外洋の湾であると考えていた。

(9)ギリシア神話最大の英雄。ここでは、いわゆるヘラクレスの十二の難行の内、遠い西の果てにある、ヘスペリスたちが守る園の黄金の林檎を持ち帰るという仕事のことが考えられている。

なっているのです。

　ところで、われわれのほうは『パイノーン［輝くもの］』と呼び、これらの人々は『ニュクトゥーロス［夜の番人］』――かの詩人はわたしにそう言いました――と呼んでいるクロノスの星［土星］が、三〇年ごとに
D 牡牛座に入るとき[1]はいつも、彼らは、長期にわたって犠牲の儀式と使節団の準備を整えた後、十分なだけの数の船のなかに、大随行団を乗せるとともに、櫂を漕いでかくも大きな海を航行し長い間外国で生活しようという人々に必要な装備も積み込んで、籤で役割を引き当てた十分な数の使者たちを派遣するのです。さて、いったん海に乗り出すと、当然ながらそれぞれの航海者がそれぞれに異なる偶運に遭遇することになりますが、ひとまず無事に出航していったひとたちは、まず最初に、ギリシア人たちに住まわれている、前方に位置する島々[2]に船を着けて、三〇日間にわたって、太陽が一時間より短い時間だけ[3]隠れるのを見ます（そしてこれが夜なのです。たとえ、その夜が、西から輝きを与えられて、軽く薄明るい暗さをもっているとして
E も）。そこで、彼らは尊敬と友愛の念とともに神聖なるひとと見なされ、かつそう呼ばれながら、九〇日間を過ごします。それから、風によって彼らは然るべきところへと海を運ばれていきます。そこには、彼ら自身と、彼らよりも前に派遣されてきたひとたち以外には、だれひとり住んでいません。つまり、三〇年間にわたっていっしょに神に奉仕してきた人々は、故郷に船で戻ることができるのですが、大部分の人々はたいていその場所に住むことを選ぶのです。ある人々は習慣から、またある人々は、犠牲儀式や必要な備えのためのあらゆるものが苦労や面倒なしに豊富に手に入るからとか、一定の言論そして哲学に関わっていつもときをすごすためという理由で。じっさいのところ、その島の本性は、周囲を取り巻く空気の穏やかさと同様、

F 驚くべきものなのです。船出しようと考える人々がいても、まさに神的存在が彼らの邪魔をするのです。その存在は、ちょうど親しい人々や友人たちに対するように彼らに姿を見せるのですが、それは夢や兆しによってだけではないのです。多くのひとはまた、明らかに神霊たちの見目姿と声に出くわします。じじつ、クロノス自身が金のような岩山の深い洞窟のなかに閉じ込められて、そこで眠っているのです。つまり、眠りはクロノスを縛り付けておくものとしてゼウスによって発明されたのであり、この岩山のてっぺんでは鳥たちが飛んできては、アンブロシアをクロノスのために運びます。[4] また、島全体が、ちょうど泉からのよう
942 に岩山から撒き散らされる芳香に包まれています。あの神霊たちは、クロノスを遇して世話をしているのですが、それは、クロノスがまさしく神々と人間たちの王であったときに、神霊たちが彼の仲間となっていた

（1）土星の名前としての「パイオーン」については『「ティマイオス」における魂の生成について』一〇二九B参照。プトレマイオス『テトラビブロス』第一巻二〇（Boll-Boer）では、月は、牡羊座にある太陽と合の状態となった後に牡牛座に入ると姿を現して光を増し始めるので、牡牛座にあるとき最高星位にあるとされている。Cherniss によれば、土星が牡牛座に入ると旅が始まるのもその理由による。「三〇年」については、アエティオス『学説誌』第二巻第三十二章一（*DG*）、クレオメデス『天体の円運動』第一巻第三章一六―一七（Ziegler）、キケロ『神々の本性について』第二巻第二十章五二参照。

（2）オギュギエから西ないし北西方向にある島々。ここで始めてギリシア人が居住しているとされている（九四一Bでは島ではなく陸地に住んでいるとされていた）。

（3）記述が不明確。おそらく、「三〇日の間、毎日一時間以下」の意味。プリニウスは『博物誌』第四巻第十六章一〇四で、極北の地では夏至のとき（つまり太陽が蟹座にあるとき）にはほとんど夜がないと述べている。

（4）『七賢人の饗宴』一五六Fとホメロス『オデュッセイア』第十二歌六三―六五行参照。

(942)からです。また、神霊たちは予言の能力をもっているので、多くの予言を自分自身で語りさえします。しかし、彼らは、最大のそして最も重大なことがらに関する予言を、クロノスの夢として下ろして知らせています。なぜなら、ゼウスがあらかじめ思案することは何であれ、クロノスが夢[1]で見ているからです。そして眠りが彼にもう一度休息をとらせて、彼の王的で神的な性格がそれ自体において純粋にして混じりけのないものとなるまでは、彼の魂のティタン的な激情と興奮が彼を張りつめた状態にしているのです。

B そこで、この異邦のひと[2]は、彼自身言っていたように、島に連れて行かれてこの神に奉仕していた間に、暇にまかせて天文学と哲学の残りの領域とに習熟したのです――天文学に関しては、幾何学を研究した者がその歩みを進めることのできる、それほどに遠いところまで前進を遂げて、また哲学の残りの領域に関しては、自然哲学者にとって可能であるのと同じ程度にこれに従事することによって。また、彼は大きな島（じっさい、どうやら彼らは、われわれのところの、ひとが住んでいる大地をそんなふうに呼んでいるようです）を見ることに何か欲求と願望をもっていたために、まさに三〇年が過ぎたときに、故郷から後任の者たちが到着すると、友人たちに挨拶をして船で帰途についたのですが、このとき、ほかのものについての装備は軽めにしてもらったのですが、旅の必需品については多くのものを金の杯に入れて持ち帰ったのです。ところで、このひとは、ほんとうに多くのことをひとつひとつ思い出しながらわれわれに報告してくれまし
C たが、彼の身に起こったことや彼が訪ねていったすべての人間たちのこと、そしてまた、神聖なる諸文書に遭遇したことや、あらゆる秘儀を伝授された話などについて、彼のそのときのやり方で詳述するとしたら、これは一日で終わる仕事ではありません。しかし、目下の議論に関わりがあるかぎりのことは聞いてくださ

い。
すなわち、彼は、まさしくクロノスがわれわれのところで大いなる尊敬を受けていたがゆえに[3]、非常に長い時間をカルケドン［カルタゴ］で過ごしました。そして彼は、ある神聖なる羊皮紙文書を発見したのです。それは、初期の都市が破壊されたときに、密かに安全なところに運び出され、だれにも知られないままに長期にわたって地中に埋まっていたものです[4]。また、眼に見える神々[5]については、彼は、そのなかでもとりわけ月［セレネ］を尊崇しなくてはならないと述べ、わたしにもそうするよう説き勧めました。月はハデスの草地に隣接しているがゆえに、生と死とを最もよく支配するのは彼女なのだと考えてのことです。

D 二七　これを聞いてわたしは驚き、もっとはっきりしたことを聞きたいと求めたところ、彼は言ったのです[6]。

『スラよ、ギリシア人の間では神々に関して多くのことが語られていますが、そのすべてが正しく語られ

---

(1)『神託の衰微について』四二〇A参照。
(2)九四一Aで「詩人」と呼ばれていた人物。
(3)スラの言う「われわれのところ」とはカルタゴである。カルタゴにおけるクロノスの位置づけについては『迷信について』一七一C、『神罰が遅れて下されることについて』五五二A、ディオドロス『世界史』第五巻第六十六章五参照。
(4)このあとに語られる神話がこの羊皮紙に書かれていたものであるわけではない。九四五D参照。
(5)プラトン『ティマイオス』四〇D、四一Aおよび『エピノミス』九八五D参照。
(6)ここから九四五Dの終わりまで、スラは異邦人の話を直接引用のかたちで報告する。

ているわけではありません。たとえば、彼らギリシア人はデメテルとコレー[1]には正しく名前をつけているけ
れども、彼女たちが二人とも同じ場所に一緒にいると考えているのは正しくないのです。じっさいには、前
者は大地にいて、大地の領域にあるものたちを支配しているのに対して、後者は月にいて、月の領域にある
ものたちを支配しているのです。彼女はコレーともペルセポネとも呼ばれてきましたが、ペルセポネと呼ば
れているのは、彼女が「光を運ぶもの（ポースポロス）」であることがその理由で[2]、他方、コレーと呼ばれて
いるのは、ちょうど、太陽の光が月のなかに見えるように、見つめる側のものの写映像がそのなかで反射し
E て輝く[3]、その当の眼の一部分もわれわれは「コレー〔瞳〕」と呼んでいるからです。彼女たちの彷徨と探索
に関して物語られていることには[4]、それとなく示唆される形で真実が含まれています。たしかに、彼女たち
は別れ別れになると互いを求め合い、しばしば影のなかで絡み合うのです。コレー〔月〕に関して、天界の
光のなかにいるときもあれば、影と夜のなかにいるときもあるということは虚偽ではありませんが、これが
時間の計算に誤りを引き起こしてしまったのです。つまり、彼女がまるで母親にされるように大地によって
影のなかで抱合されるのをわれわれが見るのは、六ヵ月間連続ではなく、六ヵ月ごとなのです。しかも、ま
れではありますが、五ヵ月間隔[5]でこのことが彼女の身に起こるのを見ることもあります。なぜなら、彼女は
ハデスの限界なので、ハデスを打ち棄てていくことはできないからで、ちょうど、それについてはホメロス
F も不用意にではなく婉曲的な物言いで、

　しかし、大地の限界、エリュシオンの野に[6]

と語っていました。

じっさい、大地の影が蔽い拡がっていくのをやめるところ、そこを、彼は大地の果てであり限界であると

(1) 大地母神デメテルはクロノスとレアの子。弟のゼウスと結婚し娘コレー（ペルセポネ）を生んだ。コレーはハデスにさらわれ冥府へと連れて行かれる。ペルセポネと月との同定については、エピカルモス「断片」五四（DK）、ポルピュリオス『ニンフたちの岩窟』第四巻一四九などを参照。また、『イシスとオシリスについて』三七二Dでプルタルコスはイシスと月との同定、三六一Eではイシスとペルセポネとの同定について言及している。ポルピュリオス『ピュタゴラス伝』ではピュタゴラス派の人々が惑星を「ペルセポネの猟犬」と呼んでいたと言われている。また、『神託の衰微について』四一六E、『イシスとオシリスについて』三六八Eも参照。

(2) 古代においてこのような語源説明の類例は見いだしがたい。『オルペウス諸神讃歌』中の「ペルセポネ讃歌」（第二十九番）ではペルセポネの修飾辞として「光を運ぶ（パエスポロス）」が用いられているが、語源を踏まえてのものではなく、月とも同定されてはいない。

(3) プラトン『アルキビアデスI』一三三A参照。

(4) 誘拐された娘を探索する母の物語については、『デメテル讃歌』および擬アポロドロス『ギリシア神話』第一巻五参照。ただし神話と本篇で語られているものとは必ずしも合致しない。

(5) 五ヵ月間隔の月蝕については、九三三Eおよび『ソクラテスのダイモニオンについて』五九一C参照。

(6) ホメロス『オデュッセイア』第四歌五六三行。エリュシオンの野とは、神々に愛された人々が死後に至福な生を送るとされる場所。

したのですから。[1] 邪悪で浄められていないものはひとりとしてこの地点まで上がっていくことはありませんが、逆に、善良なる人々は、死後、まさにこの場所へと連れて行かれ、かくしてこの上なく安楽な生を――それはたしかに幸福なものでも神的なものでもないけれども――その第二の死まで続けることになります。

二八　しかし、スラ、この死とは何でしょうか。いや、これらに関しては尋ねないでください。わたし自身がこれから詳しく説明しますから。

943
多くの人々が人間は構成されたものであると考えているのは正しいのですが、人間がただ二つの部分からのみ構成されたものであると考えているのは正しくありません。たしかに、彼らは知性を何か魂の部分であると考えており、その点で、彼らは魂が身体の部分であると思っているあの人々[2]に劣らず誤っているのです。なぜなら、魂が身体よりも優れていて神的であるのと同じほどに、知性は魂より優れていて神的だからです。魂と身体の混合は理に反したものと情動的なものを生み出し、他方、知性と魂の結合は理知をもたらします。そしてこれらのうち、前者は快楽と苦痛の原理であり、後者は徳と悪徳の原理です。[3] これら三者が結合されるにあたり、身体は大地が、魂は月が、そして知性は太陽がその光を月それ自身に与えるようにして、人間にその誕生[4]のために提供したのです。そして、われわれが死ぬときのその死については、人間を三つの要素
B
から二つの要素にする死がある一方で、人間を二つの要素からひとつの要素にする死もあります。[5] そして、前者のほうの死はデメテルに属する大地において生起し（だから、終わるということは生命を彼女に与えることであり、アテナイ人たちは昔、死者を「デメトレイオイ〔デメテルの僕《しもべ》〕」と名付けたのです）、後者のほうの死は、ペルセポネに属する月において生起します。また、ヘルメス・クトニオス〔魂を地下（冥府）に

導くヘルメス」が住まいをともにするのはデメテルで、ヘルメス・ウーラニオス[6]〔天界のヘルメス〕がともにするのはペルセポネです。そして、こちら側の女神〔デメテル〕は身体から魂をすばやく乱暴に解き放つのに対して、ペルセポネは優しく時間をかけて魂から知性を解き放つのです。彼女が「モノゲネース〔ひとり

(1)ストバイオス『自然学抜粋集』第一巻四九では、月の領域が死後の正しい魂の場であり、エリュシオンの野は太陽に照らされた月の面を意味し、また、大地の限界とはしばしば月に接触することのある大地の影の末端部であると言われている。ただし、ハデス、ペルセポネ、あるいはデメテルへの言及はない。プルタルコスにとっては、ハデスは大地と月の間に位置する領域である。本篇九四三C、『ソクラテスのダイモニオンについて』五九一A—C参照。そこでは、ハデスはペルセポネに割り当てられた部分で、大地の影が「ステュクス〔冥府の河〕」でありハデスへの道とされ、また月は、月から太陽に伸びる領域とハデスとの間の境界だとされている。つまり、ハデスは大地と月の間に位置していることになる。ただし、本篇九四四Cでは天に向いた月の部分がエリュシオンの野だとされている。

(2)プルタルコスが念頭に置いている者にはストア派だけでなく、エピクロス派や物質主義者一般も含まれうる。『ストア派の自己矛盾について』一〇五二F、『共通観念について』一〇八三C参照。

(3)『倫理的徳について』四四一D—四四二A、『ソクラテスのダイモニオンについて』五九一D—E参照。知性、魂、身体の関係に関するプルタルコスの見解の大本は、プラトンの『ティマイオス』三〇B四一—四二および九〇A、『法律』第十二巻九六一D—E、『パイドロス』二四七Cなど。

(4)『ソクラテスのダイモニオンについて』五九一B参照。

(5)可死的魂あるいは魂の可死的部分についてはプラトン『ティマイオス』四二D、六一C、六九C—D参照。

(6)『イシスとオシリスについて』三六七D—E参照。ヘルメスはペルセポネの神話との関係においてすでに『デメテル讃歌』三七七行以下で現われており、また、テオポンポスによってヘカテと結びつけられている(ポルピュリオス『禁忌について』第二巻一六)。

(943) 娘の[1]」と呼ばれるのはこのためでもあります。というのも、人間の最良の部分は、彼女によって分離されると、単独のものとなるからです。

C 　これら二通りの解放のそれぞれは次のように自然本性にかなった仕方で生起します。すなわち、魂はすべて、知性をもつものであれもたざるものであれ[2]、いったん身体から出て行ってしまうと[3]、大地と月の間の領域で、同じ期間ではないけれども彷徨する定めとなっています。そして、不正で不節制な魂は、その不正な振る舞いに対する罰を受けますが、これに対して、善き魂は、有害な臭気[4]からのように身体からもたらされる穢れを浄化して吐き出すことができるようになるほどの、定められた一定の期間を、「ハデスの野[5]」とひとが呼ぶ、空気の最も穏やかな箇所において過ごさなくてはならないのです。それから、魂たちは、まるで国外追放のあと故国に戻されるかのように、とりわけ秘儀の伝授をうけようとしている人々が味わう類いの喜悦――それは、快い希望をともなった錯乱や興奮と混じり合ったものです――を味わうのです[6]。じっさい、
D 月は多くの魂を、たとえそれらがすでに月にしがみつこうとしていても、追い払い吹き飛ばすのであって、また、月にいる魂でもその一部は、再び深みへと沈んでいくように、ぐるりと逆さにひっくりかえされるのが見られます。しかし、高所に到達して、そこでしっかりと足場を確保した魂は、まず、生きていたときに魂の非合理的部分と情動的部分を適度に理知に忠実なものとしまた秩序立ったものにしたという理由で、ちょうど勝利を収めた競技者のように、安定の冠と呼ばれる羽根の冠を戴きながら巡り回っています[7]。そして第二に、これらの魂は、外見においては光線に似ていますが、こちら側でそうであるように、上方領域でも上へと運び上げられるという自然本性の点で、月を取り巻いているアイテール[8]に似ているのであって、彼

らは、ちょうど焼き入れをされたものが刃の硬さを得るように、このアイテールから緊張[9]と力を得ています。E じっさいに、なおも稀薄で弛緩状態にある部分が強化されて、堅固で輝くものとなるからです。その結果として、これらの魂は何であれたまたま到来する蒸発気によって養われるのであり、ヘラクレイトスは「魂は

（1）ヘカテとペルセポネの修飾辞としては、ヘシオドス『神統記』四二六行、『オルペウス讃歌』第二十九巻一―二行（Abel）、ロドスのアポロニオス『アルゴナウティカ』第三巻八四七行参照。なおプルタルコス『神託の衰微について』四二三A、Cも参照。

（2）ここでの「知性をもつ」とは、生きている間に魂が知性に従順であったということであり、「知性をもたない」とは、従順ではなく身体の中に埋没してしまっていたということを意味しているか。『ソクラテスのダイモニオンについて』五九一D―E参照。

（3）『神罰が遅れて下されることについて』五六三E参照。

（4）プラトン『パイドン』八一B―C参照。

（5）ハデスの場については『イシスとオシリスについて』三八二Eおよび『「隠れて生きよ」について』一一三〇A参照。また、ハデスの野についてはホメロス『オデュッセイア』第十一歌五三九および五七三行、第二十四歌一三行以下、プラトン『ゴルギアス』五二四Aおよび『国家』第十巻六一四Eと六一六B参照。

（6）大地での生が魂にとって亡命のようなものであることについては、『亡命について』六〇七C―E参照。

（7）『ソクラテスのダイモニオンについて』五九二Aおよびプラトン『パイドロス』二四七B参照。

（8）アリストテレス的な意味でのアイテールではなく、おそらくストア派的な意味でのそれである。なおこれについては、九二二B、九二八Dなどを参照。なお、プラトンにとってアイテールは最上層の最も清澄な空気である（『ティマイオス』五八D、『パイドン』一〇九Bおよび一一一B）。

（9）このストア派的用語については『ストア派の自己矛盾について』一〇五四A―B、『共通観念について』一〇八五C―D、そして『初期ストア派断片集』II四四七、四四八（*SVF*）参照。ストア派による焼き入れの比喩についてはII八〇四―八〇六（*SVF*）参照。

ハデスにあっては嗅覚を用いる」[1]と見事に語っていたのです。
二九　さて、これらの魂がまず目を向けたのは、月自体の大きさ、美しさ、そしてその本性、つまり、単
純ではなく混じりけのないものでもなく、むしろ言わば星と大地の混成体というその本性でした。すなわち、
大地が気息［空気］そして湿り気と混じり合って柔弱となり、血液が、いっしょに混成体を形成しているそ
の当の肉に感覚をもたらすのと同じように、[2]月もまた、言われているところでは、アイテールと底の底まで
混じり合っているために、魂をそなえ、ものを生みだす力があると同時に、軽いものと重いものとの間で均
F 斉のとれた比率を有しています。じじつ、このようにして、宇宙世界そのものも、自然本性に従って上へと
動いていくものと自然本性に従って下へと動いていくものとから構成されているので、完全に場所の点での
運動を免れたのだと言われています。[3]これはまたクセノクラテスも、[4]起点をプラトンに取ったうえで一種の
神的な推論によって到達したと思われる考え方です。つまり、プラトンは、星々の各々もまた、［水と空気と
いう］二つの中間的原質により比例的に結びつけられた土と火から構成されたのだと言明したひとなのです。
なぜなら、彼が述べていたところでは、[5]一定量の土と光が混じり合うことのなかったものはいかなるものも
944 感覚に到達することはないからです。ところで、クセノクラテスの主張では、星々と太陽は、火と第一の濃
密なものから構成されており、月は第二の濃密なものと月に固有の空気から、大地は水と第三の濃密なもの
から構成されています。彼はまた、一般に、濃密なものそれ自体も稀薄なものそれ自体も魂を受け容れるこ
とができない、とも主張しています。[6]まさしく以上のことが、月の本質存在に関することです。
月の広さと大きさは、幾何学者たちが語っている程度のものではなく、むしろそれより何倍も大きいので

す。月は、大地の影を月自身の大きさでほんのわずかな回数だけ計り取るけれども、それは月が小さいことによるのではなく、むしろ月が、急きたてて泣き叫ぶ善き人々の魂を運びだしながら影の領域を通り抜けるために、より熱心にその動きを速めていることによるのです。なぜなら、いったん彼らの魂が影のなかに入ると、もはや天界の協和音を聴くことがないからです(7)。同時にまた、下方から、懲罰を受けるものたちの魂も悲嘆にくれて叫喚しつつ影へと接近してきます。だからこそ、たいていの人間は、蝕の間、青銅のものを

B

---

(1) ヘラクレイトス「断片」九八（DK）。

(2) アリストテレス『動物部分論』第二巻第十章六五六B一九—二一および二五—二六、第三巻第四章六六六A一六—一七参照。また、プラトン『ティマイオス』七七Eも参照。

(3)『初期ストア派断片集』Ⅱ五五五（SVF）参照。

(4) カルケドンのクセノクラテスはプラトンの弟子で前三三九年から三一四年までアカデメイアの学頭をつとめた。

(5) プラトン『ティマイオス』四〇Aおよび三一B—三二C。

(6) クセノクラテス「断片」五六（Heinze）。彼は、火、空気、水を、稀薄さの度合いを異にするものと見なし、それらを三つの度合いの濃密さをもつ土と対比し、そのうえで、太陽は第一の稀薄なもの（火）と第一の濃密な土、月は第二の稀薄なものと第二の濃密な土、そして大地が第三の稀薄なもの（水）と第三の濃密な土から構成されていると考えているように思われる。

(7) プルタルコスは九二三A—B、九三二Bおよび九三三Bでの天文学的な計算と説明に対してここで「神話的修正」（Cherniss）を加えている。身体から離れた魂への月食の影響についてはさらに『ソクラテスのダイモニオンについて』五九一C参照。天界の協和音については『音楽について』一一四七、プラトン『国家』第十巻六一七B、アリストテレス『天界について』第二巻第九章二九〇b一二—二九一a二八参照。

叩き、魂たちに対して騒音と喧噪を与えるのを習慣としていたのです。[1] また、いわゆる「顔」もまた、身の
毛がよだつぞっとするようなものに見えるので、魂たちがその近くにあるときには、これを震え上がらせる
のです。[2] さて、ところでそれはじっさいにはそのようなものではありません。むしろ、われわれのところの
大地が、深く巨大な湾[3]をもっているように――こちら側では、ヘラクレスの柱を通ってわれわれのほうへと
C 水が流入している湾がひとつありますし、また外部では、カスピ湾［海］や、エリュトラ海[4]を取り巻いてい
る湾があります――、あのような特色は、じつは月の深みであり窪地なのです。これらのなかで最も大きな
ものを「ヘカテの洞窟[5]」と人々は呼んでいます。そこではまさに、魂たちが、すでに神霊となってから何で
あれこうむったり為したりしたことについて罰せられ償いをするのです。[6] また、二つの長くのびた洞窟は
「門」と呼ばれていますが、そのわけは、魂たちが、あるときには月の天界に向いている側へと、またある
ときには逆に大地に向いている側へと、その洞窟を通り抜けて進んでいくからです。[7] 月の天界に向いている
側は「エリュシオンの野」、こちら側のほうは「対地的なペルセポネの住処[8]」と、それぞれ呼ばれています。

三〇 ただ、神霊たちは月の上に永遠に滞在しているわけではなくて、神託を管掌するためにこちらへと
D 降りてきて、そして、至高の密儀に参列して儀式を執り行ない、不正を懲らしめて監視する者となり、戦闘
においても海においても救護者として輝き出てくるのです。[9] こうした領域において、彼らが為すどのような
行為も、立派にではなくて、怒りに駆られて、あるいは不正のために、あるいは妬みによって為すことがあ
れば、彼らは罰を受けることになります。すなわち、彼らは人間の身体に閉じ込められて、再び大地へと押
しやられるのです。[10] クロノスの従者たちは彼ら自身、より優れているあの神霊たちに属しているのだと主張

（1）『アエミリウス・パウルス伝』二六四B、プリニウス『博物誌』第二巻第十二章九、タキトゥス『年代記』第一巻二八、ユウェナリス『諷刺詩集』六-四四二―四四三行参照。

（2）月面の顔がシビュラの顔に見えることについては、『ピュティアは今日では詩のかたちで神託を降ろさないことについて』三九八C―D、『神罰が遅れて下されることについて』五六六D参照。

（3）プラトン『パイドン』一〇九B参照。

（4）エリュトラ海は、現在のペルシャ湾と紅海も含めたインド洋を指している。

（5）ヘカテについては九三七E参照。なお、ソポクレス「断片」四九二（Nauck[2]）、『オルペウス断片集』「断片」二〇四（Kern）参照。

（6）この記述は、二八節での浄められた善き魂のみが月にいるという記述と齟齬を来しているとの指摘があるが、そうした魂も依然として受動的状態をもちうる。二七節末尾で月の生は安楽ではあるが幸福なものでも神的なものでもないと言われていた。

（7）魂たちが月の天空へと向かう側の門を通ると第二の死をとげることになり（九四四F以下）、大地側の門を通ると新たな肉体の中に再生することになる（九四五C以下）。『エロス談義』七六六B参照。

（8）『「ティマイオス」における魂の生成について』一〇二八Bでは「対地的」という語をピュタゴラス派的な意味（『哲学者たちの自然学説誌』八九一F、八九五CとE参照）で用いている。シンプリキオスにより、月と対地星との同定が「あるピュタゴラス派の人々」に帰されている（『アリストテレス「天界について」註解』五一二、一七―二〇）。

（9）『神託の衰微について』四一七A―B、『ソクラテスのダイモニオンについて』五九一C参照。イアンブリコス『ピュタゴラス伝』第六章三〇によると、ピュタゴラスが月からやってきた神霊だと考える人々もいた。なお、海における救護者とはディオスクーロイ（双子の兄弟神カストルとポリュデウケス）。

（10）九二六Cおよび『「ティマイオス」における魂の生成について』一〇二三C参照。神霊の不正については『イシスとオシリスについて』三六一A以下を参照。

しており、彼ら以前だと、クレテ島におけるイデのダクテュロスたち[1]、プリュギア地方のコリュバースたち[2]、ボイオティア地方のウドラにおけるトロポニオスの末裔たち[3]、そしてひとが住む大地の多くのところにいるほかの無数の人々――彼らの諸々の儀式、栄誉の証、呼び名は存続しているが、その力は、最高の変容を達成したときに、別の場所へと下っていったのです[4]――がそうでした。より先の者もいれば、より後の者もいますが、遅かれ早かれ知性が魂から分離されてしまえば彼らはそれを達成するのです。

E ところで、魂が分離されるのは、太陽に見られる像に向けられる愛、つまり、各々によってその向け方は違いますが、ともかくあらゆる自然本性が欲求する望ましくて美しくて神的で至福なるものが、それを通じて輝き出てくる、そうした像に向けられる愛によってなのです[5]。なぜなら、月自身が太陽のまわりを周転して、この上ない産出力を太陽から受け取りたいと欲して太陽と一緒になるのは、当然、太陽への愛によるものでなくてはならないからです。魂の自然本性は、言わば生の何らかの痕跡と夢を保持しつつ、月に残されています。次の詩行、すなわち、

F しかし魂は夢のように羽ばたいて飛び去った[6]

という詩行は、まさしくこのことに関して正しく語られていたのだと考えてください。

というのも、魂がこの受動的状態をこうむるのは、それが身体から解放されると直ちにというわけではなくて、むしろ、もっと後の、知性が分離されてただ魂だけになったときだからです。ホメロスも、次のようにハデスの住人たちについて語るとき、彼が語ったあらゆることのなかで最もよく神に従っていると思われ

るのです。すなわち、

次にわたしが見たのは力強きヘラクレスだったが、
それはかれの幻影［像］だった。本人は不死なる神々とともにいる。[7]

つまり、われわれ各々の自己は、ちょうど、それが肉でも水分でもないように、怒りでも恐れでも欲求で

(1)『ヌマ伝』一五、ストラボン『地誌』第十巻第三章二二、パウサニアス『ギリシア案内記』第五巻第七章六―一〇参照。イデ山中に住む精霊ダクテュロスたち（ダクテュロイ）は、女神レアないしキュベレの従者。

(2)コリュバースたち（コリュバンテス）は女神キュベレに仕える伝説上の祭司たち。

(3)トロポニオスとはギリシアの英雄神で、ボイオティア地方のレバデイアの洞窟に名高い神託所を有している。ウドラはレバデイアとは異なる場所だが不詳。

(4)九四三B参照。

(5)プルタルコスがもっぱら示唆を受けているのはプラトン『国家』第六巻五〇七―五〇九である。その箇所はほかでもプルタルコスの多くの引用元となっている（『イシスとオシリスについて』三七二A、『デルポイのEについて』三九三D、『神託の衰微について』四一三Cおよび四三三D―E、『教養のない権力者に一言』七八〇Fおよび七八一F、『プラトン哲学に関する諸問題』一〇〇六F―一〇〇七F）。

(6)ホメロス『オデュッセイア』第十一歌六〇一―六〇二行。

(7)ホメロス『オデュッセイア』第十一歌六〇一―六〇二行。

945 もないのであり、むしろ、われわれがそれによって思惟し思慮するところのその当のものなのです。[1] また、
魂は、知性による刻印を受けるとともに、身体に対しては自らを刻印してこれをあらゆる方向から包み、そ
うすることでその形を刻印されています。そのために、魂がこれら二つのそれぞれから長い間分離されてい
ても、それらとの類似性と刻印とを保持しているので、魂が「像〔幻影〕」と呼ばれているのは正しいこと
なのです。[2] 月は、これまで言われてきたように、[3] これら魂の基本要素です。じっさい、魂は、ちょうど死者
の身体が土へと分解していくように、月へと分解していきます。[4] 閑暇のある平穏で哲学的な生を愛好する思
慮深い魂は、直ちにそうなります（なぜなら、知性に棄て去られて、もはや情動を行使する目的もなくなる
B と、魂は死んでいくのですから）。他方、野心的な人々、活動的な人々、身体に執心する人々、そして激情
に駆られる人々の魂については、ちょうどエンデュミオン[5] の魂のように、言わば眠りのなかで人生を想起す
る夢を見ながら時を過ごすものもあります。しかし、不安定であることや情動の影響を受けやすいことに
よって魂が逸脱させられ、別の誕生に向けて月から引きずり出されると、月は、それらの魂が大地へと下っ
ていくのを許さず、[6] これを呼び戻して呪文で押さえつけておくのです。なぜなら、それは、知性なき魂が情
動的な部分によって身体を捉えているときにはつねに、些細な仕事でも平穏な仕事でもなく協調的な仕事で
もないからです。ティテュオスやテュポン[7] のようなものたち、そして、デルポイを占めて傲慢と暴力とで神
C 託所を混乱に陥れたピュトン[8] は、それゆえ、理知を欠き、妄想〔テューポス〕に惑わされた情動的部分の支
配下にあるこの種の魂に属していたのです。しかし、時とともに、月はこれらの魂でさえも自らのうちへと
受け容れて、秩序を与えました。

それから、太陽が再びその生気に満ちた力でもって月に知性を種のように蒔くと、それを受け取った月は新しい魂を生み出し、そして三番手として大地がこれに身体を提供したのです。[9] じっさいのところ、大地は、

(1)『神罰が遅れて下されることについて』五六四C、『コロテス論駁』一一一九A参照。知性がほんとうの自己であるという見解については、アリストテレス『ニコマコス倫理学』第九巻第四章一一六六a一六―一七および二二―二三、一一六八b三五、一一六九a二、一一七八a二―七参照。プラトンは魂を真の自己と見なしている。『法律』第十二巻九五九A、『パイドン』一一五C。なお、真正性に疑義のある『アルキビアデスI』一三〇A―Cでは魂の本来の機能は知恵であるとされている。『国家』第四巻四三〇E―四三一A、五八八C―五八九B、六一一C―Eも参照。

(2)『神罰が遅れて下されることについて』五六四A参照。また、プラトン『法律』第十二巻九五〇A―Bおよび『ティマイオス』三四Bも参照。

(3) 九四三A。

(4) 下位の魂の解体に関する後代の新プラトン主義の見解については、プロクロス『プラトン「ティマイオス」註解』第三巻二三四-九以下参照。

(5) 月の女神セレネに愛され、不滅の若さを願ったエンデュミオンは、ゼウスにより永久の眠りを与えられたとする伝承と、彼がゼウスの妻ヘラに懸想したためゼウスに目覚めることのない眠りを罰として与えられたとする伝承があるが、プルタルコスはここでは後者の伝承を踏まえている。

(6)『神罰が遅れて下されることについて』五六五D―Eおよび五六六A、そしてプラトン『パイドン』八一B―Eおよび一〇八A―B参照。

(7) 巨人ティテュオスは大地の女神ガイアの息子で、テュポンはガイアとタルタロスが生んだ怪物でゼウスに挑戦した巨神。前者については、ホメロス『オデュッセイア』第十一歌五七六―五八一行、ピンダロス『ピュティア祝勝歌』第四巻九〇行、エウスタティオス『ホメロス「オデュッセイア」註解』一五八一、五四以下参照。後者については『イシスとオシリスについて』三六一D、三六二E―三六三A参照。

(8)『神託の衰微について』四二一C参照。

(9) 九四三Aおよび九四四E―F参照。

(945) 誕生のために受け取ったものは何でも、死後に返却するだけなので、何も与えることはありません。太陽は、
何も取らず、与えた知性を取り戻すだけです。逆に、月は、その別々の力に従って、取り、与え、いっしょ
にまとめ、分割します。これらの力のうち、いっしょにまとめあげるものは「エイレイテュイア」、分割す
るものは「アルテミス」と呼ばれています。[1] また、三人のモイラ［運命の女神］たちも、そのうち太陽にそ
D の座を占めているアトロポスは、誕生の起源を与えるものであり、月で動いているクロトは、いっしょに結
びつけ、そして混ぜ合わせるものであり、最後に、大地にあってラケシスはともに仕事に従事していて、彼
女が最も多く運命を分けもっています。[2] じっさい、魂をもたないものはそれ自体が無力で、ほかのものに
よって作用をこうむりやすいものですが、知性はほかからの作用をこうむらないものであって、独立不羈な
のです。しかし、魂は混成体で中間的なものであり、それはちょうど、月が上方にある要素と下方にある要
素との混合物、混成物として、神の手で形成されたのと同様であり、だから、月が太陽に対する関係は、大
地が月に対する関係と同じなのです』。

以上が」とスラは言った、「あの異邦人が話しているところを、このわたしが耳にしたことであり、また、
E 彼自身が言っていたように、クロノスの従者にして奉仕者たるものたちが彼に報告したことなのです。ラン
プリアス、あなた方は、この話をあなた方の望むように使ってもらってかまいません[3]」。

(1) ここではアルテミスとエイレイテュイアは月の相反する力を表わしているが、『食卓歓談集』六五八Fも参照。なお、神話ではエイレイテュイアはゼウスとヘラの娘で、お産の女神とされている。

(2) 神話では、モイラたち（モイライ）はゼウスとテミスあるいはニュクスの娘とされ、ラケシスは運命を割り当てる者、クロトは運命の糸を紡ぐ者、アトロポスはその糸を断つ者とされている。『ソクラテスのダイモニオンについて』五九一Bでは、アトロポスが眼に見えないところ、クロトが太陽、ラケシスが月に位置づけられている。

(3) 神話（あるいはそれに類するもの）の受け止め方については、たとえば『神罰が遅れて下されることについて』五六一B、『ソクラテスのダイモニオンについて』五八九F、プラトン『パイドン』一一四D、『メノン』八六B、『ゴルギアス』五二七A、そして『パイドロス』二四六A参照。

冷の原理について

三浦　要　訳

945F 一　ファウォリヌスよ、冷たいものの根源的力であり本質存在であるもの、つまりそれの何らかの現前によって、そしてそれへの参与によってほかのものがみな冷たくなる、そういうもの――ちょうど熱いものにとっての火がそれにあたるように――が何か存在しているのでしょうか。あるいはむしろ、ちょうど闇黒が光の欠如であり静止が運動の欠如であると言われるように、冷とは熱の欠如状態なのでしょうか[1]。冷たいものはたしかに静止的性質のものであり、これに対して熱いものは動的性質のものであると思われるからです。
946 熱をもったものが冷えるという事態が生起するのは、いかなる力の現前によってでもなく、むしろ、熱の逸出によるということです。それというのも、熱がすっかり出ていくのが見られると同時に、後に残ったものが冷えていくからです。たとえば、沸騰した水が発散する蒸気は、出て行く熱といっしょに放出されます。冷えることで嵩が減少するのもそのためです。なぜなら、冷えて熱が放逐されても、それに替わるものが何も入ってこないからです。

二　あるいはことによると、まずこの説に対して次のような理由から疑念を抱く人がいるかもしれません。すなわち、この説は、明白な力の多くを、それが性質でも性向［所持状態］[2]でもなくて、むしろ性質や性向の欠如状態であるという理由で排除してしまうからです。つまり、それによれば、重さは軽さの欠如状態で
B あり、堅さは柔らかさの欠如状態であり、黒は白の欠如状態であり、苦さは甘さの欠如状態であるというこ

とになり、そのほか、一方が他方と力の点で本来的に対立関係にあって、欠如状態が所持状態と対立関係にあるわけではない、そういうものに関しても同様のことになるのです。それからまた、疑念が抱かれるもうひとつの理由として、欠如状態とは、盲と聾と沈黙と死がそうであるように、総じて活動性をもたず作用もなしえない状態であるということもあるのではないでしょうか。というのも、これらの欠如状態は一定の形相の退脱であり、本質存在の壊滅なのであって、それ自体において何か自然的本質であるわけでもなく本質存在であるわけでもないのですから。しかし、冷は本来、物体において生じると、熱に劣らず諸々の受動的状態と変容をそのなかに生起させます。なぜなら、多くのものが冷たさによって凝結もするし凝縮もするし濃密化しもするからです。冷がもつ静止的であり動かしにくいというあり方も、それが活動性をもっていないということではなくて、むしろ、堅固な基盤を形成し統合する緊張的動きをそなえた力によって、重くて
C 揺るがないということなのです。だからこそ、欠如状態は相反する力の消失であり退出であるけれども、多くのものは、自らのうちに相当の熱を内包していながらも冷たくなるのです。また一部の物体については、たとえば水に浸して鍛えられる鉄のように、冷が捉えるときにそれが熱ければ熱いほど、冷はこれをいっそ

(1)アリストテレス的用語のうち、「力（デュナミス）」については、アリストテレス『形而上学』Δ巻第十二章一〇一九a一五以下、「欠如状態（ステレーシス）」については、第二十二章一〇二二b二二—一〇二三a七などを参照。

(2)「性向［所持状態］」と訳した語は、所有を意味する動詞 ἔχειν の名詞形 ἕξις で、所有状態、保持されている状態、性状、性向など、概して恒常的な状態を表わす。なお「性質」「性向」に関してはアリストテレス『カテゴリー論』第八章を参照。

う凝結させ凝集させせさえするのです。そして、ストア派の人々は、新生児の身体のなかの気息も、冷やされ
ることによって焼き入れをされて、そうして生育力というあり方から変化して魂になるのだと主張している
のです[1]。これはしかし、異論の余地があるものではありますが、ともかくも冷がほかの多くのものの制作者
であることは明らかであるからには、冷を欠如状態と見なすのは正当ではないのです。
三　さらに、欠如状態は「より以上に」と「より少なく」という度合いの違いをまったく受け容れないの
D であり、たしかに、目の見えないひと同士で一方が他方より以上に能力を欠いているとか、口のきけないひ
と同士で一方が他方より以上にものが言えないとか、あるいはまた、生きていない者の間で一方が他方より
以上に死んでいるなどと言うひとはいないでしょう。しかし、冷たいものにおいては、「より以上に」と
「より少なく」、「過度に」と「過度にというほどではなく」、そして一般に、増大方向と減退方向におけるさ
まざまな強度の違いが、ちょうど熱いものにおいてと同様に、大いに内在しています[2]。そのわけは、素材が
対立し合う力によって作用をこうむる場合のその強さが激しいか穏やかかに応じて、素材が自身から生み出
すものも、あるものはほかのものより熱くもなれば冷たくもなるというように互いに違いが出るからです。
じっさい、所持状態と欠如状態との混合といったものは存在していないし、どのような力も、それに襲いか
E かる対立的な欠如状態を受容することはなく、また共同関係を形成することもなく、むしろ却退するのです。
ところで、熱いものは、冷たいものとの混じり合いに耐えられるかぎりにおいて存続します。ちょうど、黒
いものが白いものとの混じり合いに、高音が低音との混じり合いに、そして甘いものが酸いものとの混じり
合いに耐えられるかぎりにおいてそうであるように。そして、色彩や音や調味料や調理におけるこの共同関

係と調和が、好ましくてひとの気持ちに訴えかける多くのものの誕生をもたらすのです。

じっさいのところ、欠如状態と所持状態との対立関係は敵対的で調停不可能な関係です。一方の存在は他方の消滅を意味するのですから。しかし、対立する力の間の対立関係については、それが然るべき度合いにおいて生起する場合には、技術がこれを大いに利用するのです。そして、自然が生み出した多様なものにお F いて、とくに大気中の諸変化において、そして、神が秩序立てて統制するかぎりの現象——そうすることで神は協調をもたらしうる者にして音楽的な者と呼ばれている[3]——において、たいてい自然は、この対立関係を利用しているのです。神がこの名をえているのは、ただ高い音と低い音とを調和させているからでも、黒いものと白いものとを互いに協調的に関わらせているからでもなく、むしろ宇宙世界における熱と冷とが適度に調和し適度に相違するように、両者の結びつきと相違を統制するとともに、各々の過剰な部分を取り除くことで、両者を適切な度合いのものへと整えるからなのです。

947

四　さらにまた、冷には、ちょうど熱もそうであるように、それを対象とする感覚があります。ところが、欠如状態とは、視覚によって捉えられうるものでも、聴覚によって捉えられうるものでも、触覚によって捉

（1）『初期ストア派断片集』II四〇七（*SVF*）参照。なお、魂と気息に関してはプルタルコス『ストア派の自己矛盾について』一〇五二F、一〇五三Dおよび『共通観念について』一〇八四E（『初期ストア派断片集』II八〇六（*SVF*））も参照。

（2）熱の強度に関する議論については、アリストテレス『動物部分論』第二巻第二章六四八b—六四九aを参照。

（3）ここでの神は、デルポイのアポロンか。

えられうるものでもなく、またそのほかの感覚によって知られうるものでもありません。じっさい、そもそも感覚とは、何らかの本質存在を対象とするものなのです。しかし、本質存在が現われていない場合は、欠如状態が思考の対象となります。欠如状態とは本質存在の否定だからですが、それはちょうど、盲目が視覚の否定であり、無音が音の否定であり、不在と空虚が物体の否定であるのと同じです。すなわち、触覚によって空虚を知覚することはありえませんが、しかし物体についての触覚が生起しない場合には、空虚についての思考が生起するのです。われわれには、無音は聞こえない。しかし、たとえ何も聞こえなくても、われわれは無音について思考するのです。そして、まったく同じようにして、見えないものも裸にされたもの[1]も、感覚の対象とはなりえず、むしろ、感覚の否定による結果として思考が存しているのです。したがって、
B 仮にも冷が熱の欠如状態であったとしたなら、もろもろの冷たいものの感覚が生起する必要はなくて、むしろ、熱が欠如している場合には冷について思考することが必要だったでしょう。しかし、ちょうど肉体の発熱と弛緩によって熱が知覚されるように、そのように、冷が凝縮と濃密化によって知覚されうるものであるならば、まさに熱と同じく、明らかに冷にも何か固有の原理と源泉が存在していることになるのです。

五　さらにまた、あらゆる種類の欠如は何か一にして端的なものですが、これに対して本質存在の方はより多くの差異と力をもっています。たとえば、無音はただひとつの種類しかないけれども、他方、音は多彩であり、感覚に苦痛をもたらすこともあればこれを喜ばせることもあります。色彩と形も同様な差異を有し
C ており、その差異に応じて、色彩と形はこれらを知覚するひとをその時々に異なる状態におくのです。しかし、触れることができないものや色彩をもたないもの、そして総じて性質をもたないものは、差異を有する

ことなく、むしろ同じなのです。

六　それでは、冷たいものはこのような欠如状態にあるものに類似しており、そのため、受動的状態の点でいかなる差異も生み出すことがないということになるのでしょうか。それとも反対に、冷たいものからは、一方で大きく有益な快楽が、他方では損傷や苦痛や重苦しさが、身体に生じるのでしょうか――その場合には、これらの損傷や苦痛や重苦しさのもとで熱がつねに逃げて退いていくわけではなく、むしろ、熱は内部に閉じ込められたときもしばしばこれに対抗して戦うのであり、これら熱と冷の戦いにつけられた名前が
D 「身震い」や「震え」で、熱が圧倒されれば、凍えてしびれるという事態が生起するし、逆に熱が冷に対して優勢となれば、身体にほぐれと快を伴った暖かさをもたらすこととなります。まさしくこの状態をホメロスは「暖まる」と呼んだのです(2)。しかし、少なくともこれらのことは、あらゆるひとに明白なことです。そして何にもましてまさにこれらの受動的状態によって、冷が熱に対して対立関係にあることが示されるのです。この場合、その対立関係は、否定や欠如状態のようなものではなく、本質存在が本質存在に対して、あ

(1) 物であれひとであれ、それまでにその身にまとっていたものをはぎ取られれば、元の姿を知覚することはできない。なお、諸写本では「裸にされたものも」の後に「武装を解かれたものも」の一語がある。写本の読みは、たとえばプラトン『プロタゴラス』三二一Cでのプロメテウス神話における、「裸のままで履くものもなく敷くものもなく武装もせずにいる」という人間の描写を想起させる。

(2) ホメロスではこの動詞は、水や蜜蝋のような物質を暖めること（『オデュッセイア』第十歌三五九行、第十二歌一七五行）や、心や気持ちを和らげ暖めること（『オデュッセイア』第四歌八四〇行、『イリアス』第二十四歌一一九、三二〇行）を意味するために用いられている。

るいは受動的状態が受動的状態に対してもつような対立関係であって、つまり冷は熱の何らかの消滅や壊廃ではなく、現に存続している自然本性であり力なのです。そうでなければ、われわれは、冬も北風［ボレアス］も、それぞれが熱い気候と南風が欠如した状態であり、固有の原理をもっていないという理由で、四季から冬を、諸々の風から北風を取り去ってしまうことでしょう。

E　七　さらに、万有においては四つの根源的物体が存在していて、たいていの人々は、これらをその量と単純単一性と力のゆえにほかの事物の基本要素であり原理であると想定しているので[1]——それはつまり、火と水と空気と土ですが——、必然的に、根源的な単純単一的性質もまたそれだけの数がなくてはなりません。ところで、これらの性質とは、熱、冷、乾、そして湿——基本要素のすべてはこれらによって本性的に作用をこうむり、また本性的に作用をなすのです——よりほかに何があるでしょうか。そして、文法における基
F　本要素たる字母に短音と長音とがあり、音楽における基本要素たる音に低音と高音があるように[2]——ただしいずれの場合も前者が後者の欠如状態であるわけではありません——、そのように自然的物体においてもまた、われわれは合理性と同時に明白な事実にも従うかぎり、湿ったものと乾燥したものとの、そして冷たいものと熱いものとの対立関係を想定すべきであるということになります。あるいは、われわれは、ちょうど往古のアナクシメネスが[3]考えていたように、冷たいものも熱いものも本質存在の領域においたままにせず、むしろそれらを、諸々の変化に随伴して生じる、素材に共通の受動的状態であると考えるべきなのでしょうか。じっさい、彼は、素材が圧縮され濃密にされると冷たく、稀薄なものや「弛緩したもの」（ともかく彼はこの語を用いてこんなふうに言っていました）は熱い、と述べています。だから、人間が口から熱いもの

も冷たいものも吐き出すと言われてもそれはまちがった言い方ではないということになります。というのも、吐く息は、唇によって抑えられ濃密にされると冷たくなり、口が拡がった状態で吐き出されると稀薄さによって熱くなるからです。ところで、アリストテレスはこれをアナクシメネスそのひとの無知ゆえの誤りであると見なしています。口が拡がった状態では、われわれ自身の身体のなかから熱い息が吐き出されるのだが、われわれが唇をすぼめて息を吹き出す場合は、われわれのなかからの空気ではなく、口の前方の冷たい空気が、押しやられて吹きかかってくるから、というのがその理由です(4)。

八　さて、熱いものと冷たいものが本質存在であるのかどうかという問題はわきにのけておくべきだとす

(1)四つの基本要素に関しては、たとえばエンペドクレス「断片」一七-一八―二〇行（DK）、アリストテレス『形而上学』A巻第三章九八四 a八―一一などを参照。

(2)プラトン『ピレボス』一七B―C参照。またプルタルコス『倫理的な徳について』四四四E―F、『怒らないことについて』四五三D、『心の平静について』四七四A―Bも参照。

(3)アナクシメネス「断片」一（DK）。

(4)アリストテレス「断片」一九八（Rose）＝一七八（Gigon）。アリストテレスの弟子のテオプラストスは『風について』二〇において、風の挙動と熱との関係について語る際に、次のように述べている。「口から吐きだされる息はこのことについての十分な範例となる。息は、ある人々の主張では、熱くもあり冷たくもあるとされるが、その語り方は正しくなくて、むしろそれはつねに熱いのであって、その放出と脱去のあり方の点で差異がでるのである。すなわち、口が大きく開いていてまとまった量の息が吐き出されると、その息は熱いが、狭く開かれた口から勢いよく息が出てきて、その息が隣の空気を押し、そしてそれがそのまた横の空気を押すなら、これらの空気も冷たい場合に、息も運動も冷たくなるのである。風の場合にも、同じことが起こっている」。なお、擬アリストテレス『問題集』第三十四巻第七問、プラトン『ティマイオス』七九A―Cも参照。

(948) ると、われわれは次の議論へと話を進め、冷たさの本質存在、原理、そして自然本性がどのようなものなの
B かを探究することとしましょう。ところで、身体のなかには不規則で三角の形[1]をしたものがあり、寒さに身を震わせること、戦慄すること、わななくこと、そしておよそこれらの受動的状態と同種の現われは、そのごつごつとした粗さによって生起するのである、と主張する人々は、たとえ部分的には誤っているとしても、たしかにしかるべきところから始めています。なぜなら、探究とは、言わば竈から始まるように[2]、万物の本質存在から始まるものでなくてはならないからです。まさしくこの点において、哲学者は医者とも農夫とも笛吹きとも異なっているように思われるでしょう。というのも、これらの者たちにとっては、諸々の原因のなかで［本源的原因から］最も遠いところにある原因を考究しさえすればそれでよいからであり、なぜなら、ある受動的状態の直近の原因が看取され、たとえば、［医者の場合には］激しい運動や血管への血液の流入が熱を引き起こす原因であり、［農夫の場合には］雨後の焼けつくような日光が穀物の銹《さび》病の原因であり、［笛吹
C きの場合には］アウロス笛の管の傾きと管相互の結合が低音を生み出す原因であると看取されれば、自分に固有の仕事に関して専門家にはそれで十分だからです。これに対して、観想のために真実を探し求める自然哲学者にとっては、［本源的原因からは］最も遠くにある［直近の］原因を認識することは、目的ではなくて、むしろ本源的で最上位にある原因への歩みの始まりなのです[3]。だからこそ、プラトンもデモクリトス[4]も、熱と重さの原因を探究するときにその説明を土と火をもって終わりとしなかったのは正しいことであり、むしろ彼らは、感覚によって捉えられるものを知性によって捉えられる原理へと帰着させることによって、いわば最小の種子まで到達したのです。

九　ただ、そうはいうものの、感覚によって捉えられるもの——エンペドクレス、ストラトン、そしてストア派の人々は、まさにそのなかに諸々の力の本質存在を措定しているのですが——のほうこそ先に検討す
D るのがよりよいのです。じっさい、ストア派は本源的に冷たいものの原因を空気に帰しており[5]、エンペドクレス[6]とストラトン[7]は水に帰しています。また、たぶんほかに、明らかに土が冷たさの本質存在だと仮定して

（1）プラトン『ティマイオス』五三C、五四B―C参照。

（2）竈はそれぞれの家の中心に置かれ、宗教的儀式の行なわれる場でもあり、竈そのものだけでなく、中心的なものや重要なものも意味し、ギリシアでは女神として神格化されてもいた。「竈から始める」という言い回しも、「問題の核心から始める」を意味するものである。『多数の友をもつことについて』九三D、『神罰が遅れて下されることについて』五四九E、『月面に見える顔について』九二〇Fを参照。なお、プラトン『エウテュプロン』三C、『クラテュロス』四〇一B―Cも参照。

（3）アリストテレス『感覚と感覚されるもの』第一章四三六a一七―二一参照。

（4）シンプリキオス『アリストテレス「天界について」註解』五六四-二四（『ソクラテス以前哲学者断片集』第六十八章A一二〇（DK））参照。なお、ここでプラトンとデモクリトスとを併置することは少なからぬ違和感を与えるので、早い段階（Wyttencach 1797 / 1830）でこの箇所の「デモクリトス」を「クセノクラテス」に読み替える提案がなされていたが採用されていない。プルタルコスはここでは、両者の学説の具体的な差異を度外視して、もっぱら両者ともが真理の認識を知覚経験の対象で終わらせることがなかった点だけを念頭に置いているということか。

（5）『初期ストア派断片集』Ⅱ四二九（*SVF*）参照。

（6）エンペドクレス「断片」二一（DK）参照。

（7）ストラトン「断片」四九（Wehrli）参照。前三世紀のストラトンは小アジアのランプサコス出身で、アリストテレスの開設した学園リュケイオンの第三代学頭。

いるひとも[1]いるでしょう。しかしまずは、かのストア派の人々を検討することにしましょう。[2]
［彼らの主張によると］火は熱いと同時に明るく輝いてもいるので、火と正反対の自然本性は冷たくて暗いものでなくてはなりません。というのも、ちょうど暗いものが明るく輝くものと正反対であるように、冷たいものは熱いものと正反対だからであり、また、暗いものが視覚を困惑させるものであるように、冷たいものは触覚を困惑させるからです。これに対して、ちょうど見る者の感覚を輝きが伝達するように、熱は触れる者の感覚を伝達するのです。[3]だから、自然本性において本源的に暗いものはまた、本源的に冷たいものでもあるのです。そして、本源的に暗いものは空気であるということが、詩人たちに見過ごされることはありませんでした。じじつ、彼らは空気を暗いものと呼んでいるのです。

というのも、船団のまわりには濃密な空気が充ち拡がって、月さえも
天空からその輝きを見せることはなかったから。[4]

さらに、次のようにも。

彼ら［神々］は空気の衣をその身にまといつつ大地のいたるところを経巡るのである。[5]

さらにはまた、こうも歌っています。

すぐさま彼［ゼウス］が空気を散らし、靄を押しやると、
日の光が差し届いて、戦いの全貌が明らかとなった。[6]

じっさい、彼ら詩人はまた、暗い空気を「闇（クネパス）」とも呼んでいますが、思うにそれは、暗い空気が

光のない状態（ケノン・パウース）だからです。(7) そしてひとつにまとまり濃密となった空気は、それが光の否
定であるがゆえに、「雲（ネポス）」と呼ばれていますし、霧とも靄とも呼ばれています。(8) また、何であれ感
覚に対して光を明瞭に見て取らせないものも、空気のさまざまな変種なのです。そして、空気の、目に見え
ず（アエイデス）色のない（アクローストン）部分には「ハデス［冥府］」と「アケロン［冥府の川］」という名
F がつきました。だから、ちょうど日の光がないときに空気が暗いのと同様に、熱が去ってしまうと後に残さ
れるのは冷たい空気であり、それ以外の何ものでもありません。だからこそ、それは冷たさにより「タルタ
ロス［深淵］」とも呼ばれてきたのです。ヘシオドスも「靄につつまれたタルタロス」と歌いながら、この
点を明らかにしています。(9) また、寒さに凍えるひとが身を震わせわななく様子についても「タルタリゼイン
［寒さに震える］」という語で表わします。かくして、以上のような表現にはこうした理由があるのです。

一〇　ところで、消滅とは、自らと正反対のものへと消滅していく当のものがこうむる一種の転化なので、

(1) プルタルコス自身のことであろう。
(2)『初期ストア派断片集』Ⅱ四三〇（*SVF*）。
(3) 熱と感覚については『水と火ではどちらがより有益か』九五八A参照。
(4) ホメロス『オデュッセイア』第九歌一四四―一四五行。
(5) ヘシオドス『仕事と日』二五五行。
(6) ホメロス『イリアス』第十七歌六四九―六五〇行。
(7) この語源説は根拠のないものである。
(8)「呼ばれています」の箇所は、底本ではなく写本の読み（*καλεῖται ..... ὁμίχλη. Καὶ .....*）を採る D'Ippolito / Nuzzo に従って訳出した。
(9) ヘシオドス『神統記』一一九行。なお、プラトン『パイドン』一一二A以下参照。

われわれは、「火の死は空気の誕生である」(1)という主張がはたして正しく語られているかどうかを検討することとしましょう。じっさい、火もまた、強制的に消されるにせよ、あるいは自分から消えるにせよ、いずれにしても生き物のように死を迎えるからです。(2)ところで、火が消えることによって、火から空気への転化はよりいっそう明白なものとなります。じつのところ、煙もまた空気の一形態であり、火混じりの濃い煙と蒸発気もそうであって、これらは、ピンダロスによると、「犠牲獣の焼ける煙によって空気を蹴りつける」(3)のです。にもかかわらず、糧がないことによって火焔が消失するときでも、ちょうど燈火の場合のように、火焔の頂点の部分が暗く黒ずんだ空気へと消散していくのを目にすることができます。また、湯浴みや蒸し風呂の後に冷水を浴びせられると身体から蒸気が立ちのぼりますが、これも、熱が消失するときに空気へと転化することを十分に示しています。というのも、水は火に対して自然本性的に対立するものだからです。これにより、空気は第一義的に暗くまた冷たいという結果となったのです。

一一　さらにまた、冷によって物体に生じるあらゆる現象のなかで最も激烈であらがいようのないものである凍結は、水の受動的状態である一方で、空気による作用でもあります。というのも、水そのものはそれ自体では容易に拡散しうるものであり、固性をもたず、凝集力もありませんが、空気によりその冷たさを通じて緊密に結びつけられると、水は張りつめて凝集するからです。次のように言われてきたのも、このことのゆえにです。

南風が北風に戦いを挑むと、すぐさま雪が降るだろう。(4)

C というのも、南風が湿り気をあたかも素材のように用意すると、北風の空気がそれを捉えて凝結させるからです。この点がとりわけ明白なのは雪に関してです。すなわち、雪が解けるのは、微細で冷たい空気を放ち蒸散させるときなのです。(5) アリストテレスは、鉛製の砥石も、その近くに水さえあれば氷が張るほどの寒気によって冬でも溶けて流れると述べています。(6) どうやら、空気は冷たさでもって物体を強く締めつけることにより、これを粉砕し破壊するように思われるのです。

一二　そのうえさらに、泉から汲み出された水のほうがより凝結しやすい。なぜなら、空気がより支配しやすいのは量の少ないもののほうだからです。そして、もしひとが井戸から冷水を容器に汲みとって、再びこの容器を、水にひたることなく空中にぶら下がるようにして井戸に入れておけば、さほど待たないうちに

（1）ヘラクレイトス「断片」七六（DK）。
（2）『食卓歓談集』七〇二E―F、七〇三A―B参照。
（3）ピンダロス『イストミア祝勝歌』第四歌八四行。
（4）カリマコス「断片」三八四（「作者不詳断片」Schneider）。このことばはもともと作者不詳であり、カリマコスの断片とする根拠はない。なお、プルタルコス『食卓歓談集』六九一F参照。
（5）『食卓歓談集』六九一F参照。
（6）アリストテレス「断片」二一二（Rose）。プルタルコス『食卓歓談集』六九五Dも参照。ここでの言及は錫と鉛を混同したものか。擬アリストテレス『異聞集』五〇では、ケルトの錫が鉛よりもすばやく溶け、水のなかでも、そして寒気のなかでも溶けるという記述が見られる。じっさいに錫は低温で同素変態を起こし、体積増加のために内部から崩壊することがある。なお、本文の「近くに水さえあれば」の箇所は、底本の読み（*ὕδατος μὲν οὐ*）でなく全写本の読み（*ὕδατος μόνου*）を採用した。

(949)
D
水はより冷たくなるでしょう(1)。このことでとりわけ明らかとなるのは、冷の本源的原因が水ではなくて空気であるということです。じっさいたしかに、大きな川のどれひとつとして底まで凍結することはありません。なぜなら、空気は下方へと全体にわたって貫入することはなく、むしろ、空気は、それが接触したり接近したりすることで冷たさによって包含するかぎりのもの、それらを静止状態におくからです。そのことのゆえに、異邦人(2)は、凍結した川を歩いて渡るときも狐に前を行かせながら渡るのです。つまり、氷が厚くなくて表面にだけ張っている場合には、狐はその氷の下を流れる水の音でこのことを察知して引き返すからです。

E
また、一部には、少なくとも釣り糸を通せるほどに熱水で氷を緩め柔らかくして魚をとったりする人々もいます。かくして、冷たさが深いところの水に影響をもたらすことはまったくありません。ところがしかし、水面に近い部分では、凍結によってきわめて大きな変化が生じ、そのために、水が自らのうちへとむりやり押し返され圧搾されると、船を破壊してしまうのであり、それは、最近、皇帝とともにイストロス川で冬を越した人々が語っているとおりなのです(3)。しかしながら、われわれに関して生起することがらもまた十分な証拠を与えてくれます。すなわち、われわれは湯浴みの後や大汗をかいた後、よりひんやりと感じるのですが、それは、弛緩してほぐれた身体に、空気といっしょに大量の冷たさを受け取るからなのです。水もまた同じこのことをこうむります。つまり、水があらかじめ熱せられていると、空気の影響をより受けやすいものとなるので、水はいっそう冷たくなります(4)。また、沸騰水を汲みとって空中にぶら下げておくひとは、ほかでもなく、大量の空気と混合させるということをおそらくやっているのでしょう。したがって、ファウォ

F
リヌスよ、冷の本源的な力を空気に帰する議論は、以上のような説得力のある根拠に基づくものなのです。

950

一三　しかし、水に冷の本源的な力を帰する議論もそれ自身また、同様に諸々の根拠を有していて、たとえばエンペドクレスは何か次のように語っています。

　まずは見よ、あらゆるところで明るく熱い太陽を。
　そしてまた、あらゆるものにおいて暗くもあり冷たくもある雨を。(5)

すなわち、暗さを明るさに対置するように冷たさを熱さに対置することで、エンペドクレスは、明るさと熱さが同じ本質存在に属しているように、暗さと冷たさもまた同じ本質存在に属している、とわれわれが結論することを許容したのです。そして、暗さが空気にではなく水に属しているということは、感覚が証言しています。端的に言って、空気によって暗い色にされるものはまったくないのに対して、水によってはすべてが暗い色にされるからです。(6) というのも、もしあなたがこの上なく白い羊毛や衣服を水のなかへと投入すると、それが暗い色になるのが見られ、湿り気が熱によって蒸発させられるか、何かねじったり重しを載せたりすることで絞り出されるかするまでは、黒いままでとどまるからです。また、地面に水

(1)『食卓歓談集』六九〇B―E参照。
(2)たとえば、マケドニアの北東のトラキアの人々。『陸棲動物と水棲動物ではどちらがより賢いか』九八六F参照。また、プリニウス『博物誌』第八巻一〇三、アイリアノス『動物奇譚集』第六巻二四、第十四巻二六も参照。
(3)おそらく、プルタルコスの友人のソシウス・セネキオが従軍した戦争で、ローマ皇帝のトラヤヌスがダキア人と戦った第二次のダキア戦争（一〇五―一〇七年）の折のことであろう。イストロス川とは現在のドナウ川。
(4)同様の主張については『食卓歓談集』六九〇C参照。
(5)エンペドクレス「断片」二一・三行および五行（DK）。
(6)『イシスとオシリスについて』三六四B参照。

B (950) 滴が降りかかったところは黒くなりますが、そうでないところは以前と変わらないままです。それから、水そのものについても、一番深い部分はその集塊のゆえに最も暗く見えますが、空気に近い部分は輝いていて明るく見えるのです。そして、ほかの液体のなかでもオリーヴ油は一番透き通っていますが、それは最も多くの空気を含有しているからなのです。そのことの証拠は軽さで、この軽さのゆえに、油は空気で持ち上げられてあらゆるものの表面に浮くのです[1]。また、油は波の上に振り撒かれると、海に凪を引き起こしさえします。その理由は、アリストテレスが主張していたように[2]、油の滑らかさゆえに風がその上を滑っていくからというのではなくて、むしろ、波は、およそ湿の質をもつあらゆるものによって打撃を与えられると消失するからなのです。また、オリーヴ油に固有のことですが、これは深いところでも輝きと明るさとを与えます。それは湿の質をもつものが空気によって分散させられるからなのです。じつのところ、海において油は、C 夜を徹する人々のために、海面上にだけ光をもたらしてくれるだけではなく、海面下においても、潜って海綿を捕る人々の口から吹き散らされると彼らに光を提供してくれます[3]。だから、空気は水と比べてもそれほどの暗さをもってはいないし、水ほどの冷たさももってはいないのです。たしかに、オリーヴ油は、湿の質をもつほかのどのものよりも多くの空気を含有していて、最も冷たくなくて、凝結するにしても柔らかく固まります。混ぜ合わされた空気は、固い凝結が起こることを阻止するからです。また、鉄でできた針や服の留め金、そして道具でも細かいものは、これを水ではなくて油に浸けますが、それは水の過度の冷たさが道具をゆがめてしまうのを恐れてのことなのです。じつのところ、論拠を吟味する場合は、色彩に基づいてでなく以上の点に基づいてなされるほうがより公正です。というのも、雪も霰も氷も、それが最も明るくなる

D のは、最も冷たくなるのと同時のことだからです。逆に、木タールは、蜂蜜とくらべてより熱くもあり、より暗い色でもあるのです。

一四　それにもかかわらず、空気はそれが暗い色でもあるがゆえに冷たいのだと主張する人々が、空気はそれが明るくもあるから熱いに違いないと考えるひともいることに気づいていないのにわたしは驚くのです。というのも、重いものと安定しているものが冷たいものと近しく類縁関係にあるように、暗い色のものが冷たいものと同様の関係にある、というわけではないからです。すなわち、熱に与らない多くのものは輝きを分けもつけれども、冷たいものに敏捷で軽くて上昇性をもったものはひとつもありません。むしろ、雲でさえ、それが空気の本質存在とよりいっそう類縁的関係にあるかぎりで、中空高くもち上げられるのです。けれども、雲が湿り気へと変化すると、直ちに落下するとともに、熱だけでなくその軽さもまた失ってしまい
E ます。それは、冷が内部に生じることによります。そして反対に、熱が到来するときはいつも、雲の本質存在が空気へと変化すると同時に上方へと運ばれるために、雲はまた逆の動きを見せるのです。

なおまた、消滅ということからなされる議論も正しくありません。なぜなら、滅んでいくものの各々は、

(1) オリーヴ油の特性や空気との関係については『食卓歓談集』六九六B、七〇二B参照。

(2) これについては通常、擬アリストテレス『問題集』第三十二巻第十一問が参照されるが、そこで紹介されているのは、潜水するひとの耳にオリーヴ油を入れることで海水を滑り出させて鼓膜が破れることを防いでいるという見解である。

(3) 海綿捕りについては『陸棲動物と水棲動物ではどちらがより賢いか』九八一E参照。また、オッピアノス『漁夫訓』第五巻六三八、六四六―六四八行も参照。

そのものと正反対のものへと消滅していくのではなくて、その正反対のものによって消滅していくからです。ちょうど、火が水によって空気へと消滅していくように。じっさい、アイスキュロスは水について、たとえその言い回しは悲劇流のものであっても正しい仕方で述べていたのです。すなわち、水とは、

　火の狼藉に終止符を打つ裁き手である。[1]

また、ホメロスは、神話の作法というよりむしろ自然哲学風のやり方で、戦いにおいてヘパイストスを川と、アポロンをポセイドンと、敵対させました。[2] そしてアルキロコスは、ことばと裏腹な思いをもつ女について、悪くはない言い方で語っていました。[3]

　悪だくみを胸に秘め、一方の手で水を、
F もう一方の手で火を運んでいた。

ペルシア人のもとでは、諸々の嘆願のやり方のなかで最も緊要にしてあらがいえないやり方とは、嘆願者が火を手にし、川に踏みいって、もしもかなえられなければ火を水のなかに投げ入れるぞと脅すものでした。このひとの場合、願っていたものはかなえられましたが、しかしその脅しのゆえに――これは法に背き自然に反するものとなっているという理由で――罰を受けることにもなってしまいました。「火を水と混ぜ合わせること」という、不可能事に関するこの万人に知れ渡ったことわざ表現こそ、次の点を立証するものと思われます。すなわち、水は火と敵対し、火は水によって滅ぼされ、そして、消し去られることで罰を受ける
951 のであって、空気によって滅ぼされるわけではなく、逆に空気は火の本質存在を支え、これを変化させるこ

とで受容するのです。じつのところ、何であれ、消滅するものが変化していく先のその当のものが、もとのものと正反対のものであるとするなら、火が水以上に空気と正反対のものに見えるというのはいったいなぜなのでしょうか。それというのも、空気は凝集されることで水へと変化し、稀薄にされることで火へと変化するからです。ちょうど、今度は逆に、水が稀薄化によって空気へと滅んでいき、凝縮によって土へと滅んでいくように。このわたしの考えるところでは、これらの変化は、両者の相互の親和性と類縁性によるのであって、一方が他方に対して正反対で敵対的であることによるのではありません。しかし、あの人々[4]は、どちらの仕方で主張しているにしても、論証をだいなしにしてしまっています。じっさいたしかに、彼らが、空気それ自体が凝結するところをけっして見たこともないのに、水は空気によって凝結するのだと主張することは、やはりこの上なく不合理なことなのです。なぜなら、雲、靄、そして空の黄色い斑紋は凝結したものではなくて、湿っていて蒸気様の空気が凝集したものであり濃密化したものだからです。ところが、湿り気がなく乾燥した空気は、このような変化が生じる程度にまで冷たくなるのを許容することなどありません。というのも、じつのところ、山であっても、雲も露も靄もかかることのないものがあります。というのも、そうした山々

B

(1)アイスキュロス「断片」三六〇（Radt）。

(2)ホメロス『イリアス』第二十一歌三三〇―三八二、四三五―四六九行。川とはクサントス川。

(3)アルキロコス「断片」一八四（West）＝八六（Diehl）。『共通観念について』一〇七〇A、『デメトリオス伝』三五でも引用されている。

(4)おそらく九五〇Dで、空気は暗い色であるがゆえに冷たいのだと主張していた人々。

(951) は、その頂きが、清澄で湿り気をもたない空気の層にまで達しているからなのです。このことからして、空気と混じり合った湿り気と冷たさを空気に与えているのが、下層での濃密化と凝集という作用にほかならないということは、まったくもって明らかです。

C 一五　ところで、大きな川の下層部が凍結しないのはもっともなことです。なぜなら、上層部が凍結すると蒸発気を通過させることがなく、むしろ蒸発気は、内部に閉じ込められるとともに跳ね返されて川の深部の水に熱を渡すからです。このことの証拠としては、氷が融解すると、溶け出た水から今度は逆に大量の蒸気が上方へと運ばれていくという事実があります。だからこそ、動物たちの身体も冬場にはよりいっそう熱をもつのです。というのも、外部の冷によって内部へと圧搾された熱を動物たちは自分自身のうちに保持しているからです[1]。

また、水を汲み出して空中にぶら下げておくと[2]、水から熱が放逐されるだけでなく、冷たさもまた放逐されます。だから、よく冷えた飲み物を飲みたいと思うひとは、雪[3]や雪を圧し固めることで作られた湿ったものを、少しでも動かさないようにします。なぜなら、運動は熱と冷の両方を取り除きうるものだからです。

D それから、このような力が、空気には備わっていなくて、むしろ水に備わっているということについては、ひとは次のように論じることで新たに論証することができるでしょう。まず第一に、空気は、アイテール[天界気][4]に近接していてそれと接触していると同時に、回転運動をする火の質をもったこの本質存在から接触されてもいますから、その空気がアイテールの力と正反対の力をもっているというのは、筋の通った話ではありません。じっさい、二つの物体が、接触していて境界において連続していながら、互いに影響をおよ

E

ぼし合わないということはどうあっても不可能なことですし、もし相互に影響し合うなら、弱いほうが強いほうの力で汚染されないということも同じく不可能なことなのです。また、自然が、まるで共同性を創造するものでも協調性を創造するものでもなく、むしろ戦争と闘争の創造者でもあるかのように、滅ぼされる側のものを滅ぼす側のものと並べて配置したというのもまた、道理に合わないことなのです。じじつ、自然は万有形成のために諸々の反対物を利用しています。そして自然が利用するそれら反対物は、混じりけのないものでもなければ敵対し合うものでもなく、むしろ、一定の場所と位置——これは反対物の間に織り込まれていて、対立物相互の破壊をもたらすものではなく、逆に、相互協調と共同をもたらすものです——に従って交替をします。そして空気はまさにこの場を占めているのです。つまり空気は、水よりも先に火[5]の下に拡散されたあとで、両方に渡って拡がり、これらをひとつに集めますが、それ自体は熱くも冷たくもなく、むしろ冷と熱が混合したものであり結び合わされたものです。空気においてこれらが混ぜ合わされると、その混合物は、無傷のままに穏やかに、正反対の関係にある両極端[6]を送り出したり受け容れたりするのです。

(1) 季節の変化に応じた外気温と動物の身体内の温度の関係については『食卓歓談集』六三五C参照。
(2) 九四九F、および『食卓歓談集』六九〇B—Eを参照。
(3) 『食卓歓談集』六九一C—六九二A参照。
(4) アイテール（天界気）を基本要素のひとつとしたアリストテレスにおいては、火、空気、水、土が月下の世界を、アイテールが天界を構成しているとされ、前の四者の本性的運動が直線運動であるのに対して、アイテールのそれは永遠の円運動とされている。
(5) この「火」はアイテールのこと。
(6) 両極端とは熱と冷のこと。

一六　それからまた、空気はあらゆるところで同等ですが、他方、冬はあらゆるところで同じわけではなく、寒さもまたそうです。じっさい、ひとが居住する世界では、ある領域は寒くて非常に湿っていて、またある領域は乾燥していて暑いのですが、それは偶然によるのではなく、むしろ冷と湿とを含んだ単一の本質存在が存しているからなのです。たとえば、リビュエではその大部分が暑くて水がありませんが、スキュティア、トラケ、そしてポントスを遍歴したことのある人々は、これらの地域が大きな沼沢を有しており、また多くの深い川の流れに貫かれていると伝えています(1)。中間にある地域自体については、沼沢の近くや湿地となっている領域は、湿ったものからの蒸発気のために、ことのほか寒い。だから、ポセイドニオスが、湿地の空気が新鮮で湿り気を帯びていることが寒さの原因であると主張するときに(2)、議論のもっともらしさを台無しにしたわけではなく、むしろそれをよりいっそう説得力のあるものにしたのです。なぜなら、もし冷たさがその起源を湿ったものから得ていなければ、新鮮な空気がつねに比較的冷たいと思われることもなかっただろうからです。だから、次のように語るホメロスは、よりいっそう正しかったのです。

夜明け前に、川からの冷たい風が吹いてくる(3)。

彼はこのように語ることで冷たさの源泉を示していたのです。

さらにまた、感覚はしばしばわれわれを欺くのであり、われわれが冷たい衣服や羊毛に触れるときはいつも、湿ったものに触れていると思ってしまうのですが、それは、湿と冷の両方に、共通の本質存在が存していて、両者の自然本性は類縁的で親和的だからです。厳寒地帯では、その寒さが、青銅製であれ陶土製であれ容器を破砕することが多くあります。それは、なかが空のときではなく満杯となっているときです。というのも、冷たさによって水が容器に圧力を加えるからです。じっさいに、テオプラストスは、空気が水をさながら鋲のごとくに用いることで容器を破砕すると述べています。[4] しかし注意してください。これは、正しくという以上に巧妙に語られているのではないでしょうか。なぜなら、言われているとおりだとすると、木タールや乳で満たされている容器のほうが「水で満たされている容器」よりいっそう空気で破砕されやすいだろうからです。

B

しかしながら、水はそれ自体で本源的に冷たいものだと思われます。というのも、水は、ちょうどその湿性のゆえに火の乾性と、そして重たさのゆえに火の軽さと反対の関係にあるように、冷たさのゆえに火の熱さと反対の関係にあるからです。概して、火は、崩壊をもたらしうるものであり分離を引き起こしうるものですが、他方、水は、その湿性によりひとつにまとめ結びつけるがゆえに接着性があり保持力をもっているものです。これについては、エンペドクレスも、火のことを「呪われの争い」、湿ったもののことを「とらえて離さぬ愛」[5] と、それらに言及するたびにこう呼んで示唆を与えていました。なぜなら、火の糧は火へと

(1) リビュエはアフリカ全土を指すこともあれば、エジプトから現在のリビアあたりまでの領域を指すこともあるが、ここではアフリカ全土。スキュティアは黒海以北の領域、トラケはギリシア北東部のマルマラ海とエーゲ海に面した領域、ポントスはここでは黒海の南の領域を指す。

(2) ポセイドニオス「断片」九四（Edelstein / Kidd）。

(3) ホメロス『オデュッセイア』第五歌四六九行。

(4) テオプラストス「断片」一七四（Fortenbaugh）。

(5) 「呪われの争い」はエンペドクレス「断片」一七–一九（DK）、「とらえて離さぬ愛」は「断片」一九。

(952) C

変化しうるものであって、そのように変化するのは火と類縁性をもち親和的であるものですが、他方、水のように火と正反対のものは簡単には火へと変化しえないからなのです。水自体は言わば不燃物で、湿った牧草であれ濡れた木材であれ、素材を燃えにくいものとするのであって、それらの瑞々しさにより黒くて鈍い火焔を立ち昇らせるのです。というのも、水はその冷たさでもって自然本性上の敵と戦うように熱いものと戦っているからです。

一七　そこで、先に言及した人々のあの主張と以上の議論を対比しながら吟味してください。なぜなら、クリュシッポス(1)は、空気は暗い色でもあるがゆえに本源的に冷たいのだと考えたために、水のほうが空気よりもいっそうアイテールから離れていると主張する人々(2)のことしか言及しなかったからです。そして、彼らに対して何かひとこと言ってやりたくなって、クリュシッポスは、「もしそうであるとしたら、われわれは

D

土がアイテールから最も遠く離れているという理由で、土もまた本源的に冷たいと主張するでしょう」と、この説を何かまったく許容しがたい奇異な説としてはねつけながら、述べたのです。しかし、わたしとしては、土について説明を与えることは、真実らしくもっともらしい議論と無関係なわけではないと思われるのであり、そこでわたしは、クリュシッポスが空気のためにとりわけよく利用した論点から始めることにします。ではその論点とは何か。それは、空気が本源的に暗くてそして本源的に冷たい、という点です。というのも、この人物が、これらふたつの力の対立関係をとりあげたうえで、対立関係にある一方が他方に必ず随伴していると考える場合、きっと土とアイテールの間に無数の対立と反発が存することになるだろうし、そのとき、あの［冷と熱の］対立関係も当然ながらこれらと類似したあり方をしているのだと考えるひとがい

E るだろうからです。じっさい、土は、ただたんに重いものとして軽いものと対立関係にあり、落下するものとして上方へと昇っていくものと対立関係にあるだけではなく、また、濃密なものとして稀薄なものと対立関係にあるだけでもなければ、緩慢で安定しているものとして不安的で動きやすいものと対立関係にあるだけでもなくて、むしろ、最も重いものとして最も軽いものと、最も濃密なものとして最も稀薄なものと、そして最後に、自ら動くことのできるものとして自らを動かすことのできないものと、そして中間の領域を占めるものとしてつねに円運動をするものと、対立関係にあるのです。だから、あれほどに重大であれほどに数多い対立に冷と熱の対立も随伴しているということは的外れなことではないのです。「そのとおりです。

F けれども、火は明るく輝いています」とクリュシッポスは言うでしょう。しかし、土は黒くないですか。たしかに、土はあらゆるもののなかで最も黒く、また最も暗いものです。空気こそは何よりも先に光に与るのであって、それは可能なかぎりすばやく変化させられ、光に満たされると、自らを光の身体として提供しながらいたるところにその光輝を分配するのです。すなわち、ディテュランボス作家のとある人物が語っていたように、太陽は、昇ると、

すぐさま空を歩む風でもって巨大な家を満たす[3]。

(1)『初期ストア派断片集』Ⅱ四二九b(*SVF*)。プルタルコス『ストア派の自己矛盾について』一〇五三E参照。
(2)九五一D参照。
(3)「作者不詳断片」一〇六六(*PMG* / Page)=Ⅲ「作者不詳断片」九五(*LG* / Edmonds)=ii二〇二(*ALG* / Diehl)。

それから、空気は下降していきながら、光の一部を沼沢や海に投げ入れ、川の深みは空気が至りつくかぎり
で明るく笑いさざめくのです。[1] そして、諸々の物体のなかで土だけがつねに光なく、太陽や月によって照ら
されても傷つくことはなくて、ただし、土はそれらによって熱を与えられ、入り込んだ熱がそのわずかな深
さのところまで暖めることを許容するのです。ところが光は、土が固いためにそこを通っていくことはなく
953 て、それが照らし出すのは表面一帯であり、それで、内側の部分は、暗黒、カオス〔空隙〕、そしてハデス
〔冥府〕[2]と呼ばれているのです。だから、かのエレボス〔幽冥〕[3]も、地下の、そして地中の闇となったのです。
それからまた、詩人たちは夜が大地から生じたのだと神話で物語っていますし、[4] 他方、数学者たちは、夜と
は太陽を遮る大地の影である、と論証しているのです。[5] じっさい、空気は、ちょうど太陽によってそれが光
で満たされるように、大地によって影で満たされています。そして空気のうちの光のない部分は、大地の影
が浸食しているのと同じだけのひろがりをもつ夜の広さなのです。だから、人間たちも暗闇のなかで草を食
む多くの動物たちも、夜間であっても戸外の空気を利用しているのですが、それは、空気が、何らかの仕方
B で光の名残と散在する輝きの流れとを保持しているからなのです。しかし、家をもっていて屋根の下に暮ら
しているひとは、まさに大地が四方八方から取り囲んでいるために、まったく目が利かず光もない状態にあ
ります。またさらに、動物たちの皮も角もすべて、その硬さのゆえに光を通過させることはないのですが、
のこぎりで切られ磨かれる場合はいつも、空気がこれらと混ぜ合わされるために、半透明になるのです。ま
た、わたしの思うところでは、大地がことあるごとに詩人たちによって黒くもあると言われていますが、[6] そ
れは大地が暗いものであり光りをもたないものであることによるのです。だから、暗さと明るさの間の、大

いに尊重されている対立関係も、空気というよりむしろ土に属するものという結果になります。

一八　しかしながら、これは、現在探究されている問題から離れてしまっています。というのも、これま
C でに、明るく輝くものであっても冷たいものが多くあり、また影のようにぼんやりとしていて暗いものであっても熱いものが多くあることが示されてきたからです。しかし、冷には、次に挙げるような、より類縁的な力が属しています。すなわち、重いこと、安定していること、濃密であること、そして不変であることがそうです。さらにまた、これらのうちのどの力も空気と無関係であるのに対して、これらのすべてが水以上に土と関わりをもっています。そのうえ——これは感知できるほどのことですが——冷たいものは最も固くて、ものを硬化させ、また抵抗性があるのです。たとえば、テオプラストス(7)は、寒さで凍った魚を地面に

(1) アイスキュロス『縛られたプロメテウス』九〇行および本篇九五〇B参照。
(2) 九四八Fでの語源説明を参照。
(3) ヘシオドス『神統記』一一五行参照。
(4) エンペドクレス「断片」四八（DK）およびプルタルコス『プラトン哲学に関する諸問題』一〇〇六F参照。
(5) 『月面に見える顔について』九三一F参照。
(6) 土の黒さや暗さについては、ホメロス『イリアス』第二歌六九九行、第十五歌七一五行、第二十歌四九四行、『オデュッセイア』第十一歌三六五行、第十九歌一一一行、アルクマン「断片」三六（*LG* / Edmonds）= ii 二七（*ALG* / Diehl）、サッポー「断片」三八（Edmonds）などを参照。
(7) テオプラストス「断片」一七五（Fortenbough）。

(953) 投げつけると、ちょうどガラスでできたものや陶器のように、壊れて粉々になる、と語っています。また、
D 過酷な風と雪に行く手を阻まれたテュイアスたち[1]を助けるためにパルナッソス山に登った人々の外套が、凝
結することで、非常に硬く木のようになって、拡げられると破れて裂けてしまうほどだったということを、
デルポイであなた自身も耳にしたでしょう。そして、過度の寒さは、不動性と固性のゆえに、腱を曲がりに
くくし舌にことばを失わせます。身体の湿っていて柔らかい部分をその寒さが硬直させるからなのです。

一九　ここまでの考察に照らしてみて、帰結することがらがどのようなものなのかを次のようにして考察
してください。つまり、おそらくどのような力も、それが優勢となった場合には、自らが圧倒するものを変
容させ、それ自身へと変化させることを、もともとの本性としているのです。じっさい、熱に制圧されたも
のは炎上するし、風に制圧されたものは気化するし、また、水中に落ちたものは、そこから逃れ去ることが
E できなければ、溶けて液化します。だから、すっかり冷却されたものも本源的に冷たいものへと必ず転化す
るのです。ところで、凍結とは冷却のきわまったもので、これは、冷たさが完全に制圧してしまったことで
湿り気が凝結し熱が搾り出される場合に、つねに最後は異化と石化で終わる凝結です。こんなわけで、深い
ところの土はすべてがいわば霜であり氷なのです。というのも、混じりけがなく軟らかくなりえない冷は、
アイテール[2]から最も遠くはなれたところへと押し戻されて、その場所に留まっているからです。エンペドク
レス[3]は、次のような目に見える地形、すなわち断崖、峻峰、岩山が、大地の奥深くで燃え上がっている火に
F よって立ち上がり、これに支えられて隆起しているのだと考えています。しかし、むしろ明らかなのは、熱
が搾り出されてそこから飛び去っていったその当のこれらの地形すべてが、完全に冷によって「凝結させら

れた（パゲーナイ）」ということです。だからこそ、これらは「パゴイ［岩山］」とも呼ばれているのです。(4)その多くは、頂きの部分においても熱が追い出されたところが黒くなっていて、外観は火で焼かれたもののように見えます。(5)なぜなら、冷たさは、ものによってよりよくこれを凝結させることもあれば、それほどに凝結させないこともありますが、本来、冷たさを本源的に内包しているものを最もよく凝結させるからです。じっさい、もし軽くすることが熱に固有のことなら、最も軽いものが最も熱いということになるでしょうし、逆に、軟らかくすることが湿り気に固有のことなら、最も軟らかいものが最も湿り気を帯びていることになるでしょう。ちょうどそのように、もし凝結させることが冷たさに固有のことでもあるのなら、必然的に、最もよく凝結したものが最も冷たいものでもなくてはならないのであって、すなわち土がそうです。しかるに、本性において最も冷たいものはたぶん本源的にもまた冷たいものなのです。その結果、土は本源的にも本性的にも冷たいということになります。そして、このことはたしかに感覚にも明白なことなのです。じっさい、陶土も水より冷たいのであり、また、ひとは火に土をかぶせ掛けてこれを消します。そして、鍛冶屋

(1)ディオニュソス（バッコス）神の信女。年毎にパルナッソス山で祭儀を執り行なっていた。パウサニアス『ギリシア案内記』第十巻第四章三、プルタルコス『デルポイのEについて』三八八E、『イシスとオシリスについて』三六四Eを参照。

(2)九五一D参照。

(3)『ソクラテス以前哲学者断片集』第三十一章A六九（DK）。

(4)冷による岩石の凝結については、擬アリストテレス『問題集』第二十四巻第十一問参照。また、プルタルコス『食卓歓談集』六九一Bも参照。

(5)火山の噴火口のこと。

(954) たちは、鉄が火で熱せられて溶融してくると、流動性が高くなりすぎるのを止めて冷却するために、大理石
B や石膏を鉄に振りかけます。また、土埃が運動競技者たちの身体を冷まして汗を乾かすということもあります[1]。

二〇　また、われわれは冬には地面から離れた高い場所へと移動して、できるだけ大地から隔たったところに逃れていきますが、逆に夏には低いところから離れようとしないで、下へと降りてどこか適切な避難場所を追い求め、そうして大地の腕のなかでの生活を満足のいくものと見なしているのですが、いったいどんな必要があって、毎年われわれはこんなふうに家のなかで移動し住む位置を変えることとなっているのでしょうか。われわれがこうしたことをしているのは、土が冷たいためにわれわれが感覚によって土へと導かれ、また、土を本源的にかつ本来的に冷たいものだとわれわれが識別しているからではないでしょうか。たしかに、冬場に海岸近くで生活することは、ある意味では大地から避難することと言えます。なぜなら、わ
C れわれは、氷が張るほど寒いためにできるだけ土からは遠ざかり、むしろ海上や海の近辺の空気――これは熱をもっています――で身を包むわけですから。それから再び、夏になると炎暑のため、われわれは土から生まれた陸地の空気を熱望するのです。それは、その空気自体が冷たいからではなくて、空気が自然本性的にかつ本源的に冷たいものから発生しているとともに、ちょうど水に浸して鍛えられる鉄のように[2]、空気が土のなかの力によって鍛えられるからなのです。じっさい、流れをもつ水でも、最も冷たいのは、岩や山のなかから流れ出てくるものであり、井戸の水では、最も深い井戸の水が最も冷たいのです。というのも、これら井戸の水については、深さゆえに外部からの空気がもはや混入することがないからですし、他方、先の

D

流水の場合は、混じりけのない純粋な土を通って流れ落ちているからです。たとえば、タイナロン(3)のあたりにある流れがそうで、これを人々はステュクス(4)の水と呼んでいますが、その水は、岩からわずかずつちょろちょろと注いでいて、ことのほか冷たくて、ただひとつ驢馬の蹄(5)をのぞいて他のいかなる容器もこれを容れておくことができないほどで、この水は他の容器だとそれを裂いたり破砕したりするのです。

二一　さらに、われわれはたしかに、あらゆる土が類としてものを収斂させ冷たくする性質を本来そなえている、ということを医者たちから聞いています。そして、彼らは、採鉱によって得られる鉱物のなかで、薬として使用するための、ものを収斂させ保存する効能を自分たちに提供してくれる多くの鉱物を数え上げているのです。すなわち、土の基本要素は、ものを切る力をもっているわけでもなく、運動的なものでもなく、稀薄でもなく、鋭利さももたず、柔弱でもなく、拡散しやすいわけでもなくて、むしろ立方体(6)のようにゆるがず確固とした基盤を有しています。それゆえに、土は重さをもっているのであり、また、冷たさ——こ

(1)冷却の方法については、『食卓歓談集』六六〇Cおよび『プラトン哲学の諸問題』一〇一一Bを参照。
(2)『神託の衰退について』四三三Aおよび本篇九四六C参照。
(3)ペロポネソス半島南端の岬で、冥府への入り口となっている洞窟があるとされていた。ピンダロス『ピュティア祝勝歌』第四歌四四行を参照。
(4)冥府に通じているとされる川で、神話ではオケアノスとテテュスの娘。ティタン神族との戦いでゼウスの味方となったことの褒美として、神々の誓言は彼女の水にかけて誓われることとなり、けっして取り消すことのできないものとされた。
(5)プリニウス『博物誌』第三十巻一四九、アイリアノス『動物奇譚集』第十巻四〇参照。
(6)『ローマ習俗問答』二八八Eおよびプラトン『ティマイオス』五五D—E参照。

E れこそまさに、土がそもそももっていた力ですが――は、湿ったものを濃密化し、強力に圧縮し、搾り出す
ことにより、その不均衡ゆえに身体に身震いや震えを生起させるのです(1)。また、もしも熱が放逐されるか消
失させられて土が完全に支配するなら、それは、物体に凝固して死んでいるような状態を引き起こすでしょ
う。だからこそ、土は燃えることがまったくないか、あるいは燃えるにしてもわずかずつかろうじて燃える
だけなのです。ところが空気はどうかというと、しばしばそれ自身から火焔を吹き出し、いったん火がつけ
られると、それは流れるように拡がって、そして稲光のように輝きます。熱が湿り気を糧とするのです(2)。じ
つのところ、発火しやすいのは、木材の堅い部分ではなくて湿り気を含んだ部分です。その部分の湿り気が
蒸発すると、堅くて乾いた部分が灰となって後に残ります(3)。これもまた変化し費消されるのだということを、
F 功名心から張り合って証明しようと努める人々は、しばしばオリーヴ油や脂肪にそれを混ぜ込んで燃やすの
ですが、彼らはそうすることで何の目的も達成していないのです。むしろ油分を含んだ部分が燃える場合も
つねに、土の質をもつ部分はどうしても残留し存続するからです。だから、土は場所の点でそれが占めてい
るところから動くことがありえないだけでなく、本質存在の点でも変化しえないものであるため、古人が静
止性と凝固性のゆえにこれを「ヘスティア［竈］(4)」と呼んだことは、この女神がまさしく「神々の館に留まっ
ている」かぎりにおいてこの上なく適切なことなのです。そして、自然哲学者のアルケラオス(5)が述べていた
ように、土の紐帯が冷なのです。なぜなら、たとえ土が暖められ熱せられる本質存在であっても、いかなる
ものもこれを弛緩させることはなく、また軟化させることもないからです。

955 また、空気と水の冷たさについてはこれを知覚するが、土の冷たさはそれほどでもないと考える人々は、

最も近くにある土を見ているのであり、そのような土は、空気と水と太陽と熱で充ち満ちた混合物であり混成物となっていたものなのです。こうした人々は、アイテール[6]が自然本性的にかつ本源的に熱いのではなく、沸騰した水や灼熱の鉄がそうであり、その理由は、これらを感じ取りまた触れることはできても、本源的で純粋でそして天空の質をもつ火は触覚で捉えることができないから、と明言する人々と何の違いもないのです。同様にして、この人々は、奥底の土——何にもましてこれこそは、ほかのものから区別された土それ自体だとひとは思うでしょう——を知覚することもできないのです。しかし、そうした奥底の土の例は、先の岩山に関するところでも見られる[7]のです。つまり、岩山はその奥底から強烈で耐えがたい寒さをもたらします。また、より冷たい飲み物を欲する人々は水のなかに小石を投入しますが[8]、それは、新鮮で混じりけのないものとしてこれらの石からもたらされる冷たさに応じて、水がより緻密になりそして硬くなるからなのです。

B

(1)九四八B参照。
(2)アリストテレス『形而上学』A巻第三章九八三b二二—二三および擬アリストテレス『問題集』第二十八巻第五問も参照。
(3)『食卓歓談集』六四九B、六八七A参照。
(4)プラトン『パイドロス』二四七Aおよび本篇九四八B参照。また、エウリピデス「断片」九四四（Kannicht）も参照。
(5)アルケラオス「断片」一a（DK）。アルケラオスは前五世紀のアテナイ出身の哲学者で、アナクサゴラスの弟子にしてソクラテスの師であったとされる。
(6)九五一D参照。
(7)九五四C—D。
(8)『食卓歓談集』六九〇F—六九一C参照。

(955)

二二　したがって、古《いにしえ》の知者たちや学識ある人々が、土の質のものと天界の質のものとは混じり合うこ
とのありえないものであると想定したのは、ちょうど天秤の場合のように[1]、場所の点での上方と下方という
ことに着目してのことではなくて、むしろ、力における差異に基づいて、熱く明るく俊敏で軽いものを、神
C
的で永遠なる自然本性に割り当てて、他方、暗く冷たく動きの緩慢なものについては、それは死者や地下の
者たちの不運なもち分であると主張してのことなのだと考えなくてはなりません。動物の身体でさえ、それ
が呼吸し旺盛であるかぎりで、詩人たちが語っているように、熱と生命を享受しているのですから[2]。しかし、
身体がこれらを奪われてしまって土だけの領域に置き去りにされた場合、冷たさと凍るほどの寒さがすぐさ
まこれをとらえます。それは、自然本性的に熱が土の質のものよりむしろそれ以外のあらゆるものに内在し
ているからなのです。

二三　ファウォリヌス、以上のことを、別の人々によって主張されていることと比較してみなさい。そしてもしもそれがもっともらしさの点で不足しているわけでもなければ、大いに凌駕しているというわけでもないなら、不明確なことがらにおいては同意を与えるよりも判断を保留するほうがより哲学的な態度であると考えて、ドグマ［教説］には別れを告げなさい。

（1）天秤の比喩に関しては、たとえば『どのようにして若者は詩を学ぶべきか』二一Dを参照。

（2）ホメロス『イリアス』第二十二歌三六三行のような箇所が念頭におかれているのかもしれない。

水と火ではどちらがより有益か

三浦　要　訳

955D 一　「水は最良であるが、金は燃え立つ火である」と、ピンダロスは言っている[1]。結果として、この詩人

E は、遠慮なしに金に第二位の場を与えていることになる。そして、ヘシオドスが次のように語るとき、彼もこれに同意しているのである。

そしていちばん最初に生まれたのはカオス［空隙］であった[2]。

なぜなら、大多数の人々には、彼が、水の「流れ注ぐこと」というあり方に基づいて、水のことを「カオス」の名で呼んだのだと思われているからである[3]。しかし、［火と水の］各々を支持する証人は勢力において相等しいようである。というのも、火が万有の始源であり、それはいわば種子のようにそれ自身からあらゆるものを形成し、そして焼尽の際にはそれ自身へとあらゆるものを受容するのだ、と主張している人々[4]もいるからである。各々をどういう人たちが支持しているかは措いておくとして、われわれとしては、それぞれを支持する諸々の論拠について、それらがわれわれをどちらの方によりいっそう導いてくれるのか、吟味検討することとしよう。

二　ところで、より有益なものとは、われわれがどんなときもたえず最も多く必要としているものであり、

F ちょうど、道具や器具、そして――ゼウスにかけて、友よ――どんな時にもどんな状況においてもわれわれ

を手助けしてくれる準備ができているもののことではないだろうか。ところが、火はいつも有益であるわけ
956 ではなく、むしろ時としてわれわれは、それによって圧倒されて、それから遠ざかることがある。しかし、
水は、冬でも夏でも、健康な者にも病人にも、昼でも夜でも、用いられている。人がそれを必要としないと
きはない。たしかに、死者たちは、「リバス〔流れ〕」、すなわち湿り気を欠いており、まさにそのために生
命を奪われているがゆえに「アリバンテス〔死体〕」と呼ばれているのである。(5) そして、ひとは、火がなく
てもたいていの場合、生存してきたが、水がなければけっして生きてはこられなかった。さらにまた、最初
から存在していて、人間が初めて現われるやいなやずっと人間とともにあったもののほうが、後になって発
見されたものよりも有益なのである。なぜなら、明らかに自然は水のほうを絶対に必要なものとして与えた
のに対して、火については、何らかの偶運や工夫が、余計な使用のために発見したものだからである。それ
ゆえ、水が人々に所有されていなかったときのことを語ることはできないし、神々や英雄たちのだれかがそ
B の発見者であると言われることもない。じっさい、水は彼ら人間が現われたのとほとんど同じときから存在
していたのであり、むしろ彼らが生まれてきたことは水が引き起こしたことなのである。しかし、言われて

(1) ピンダロス『オリュンピア祝勝歌』第一歌一行。
(2) ヘシオドス『神統記』一一六行。
(3) 「カオス（空隙）」の語源を「流れ注ぐこと（キュシス）」に求める見解。じっさいには語源的に両者は無関係である。
(4) ストア派のこと。『初期ストア派断片集』Ⅰ九八—一〇七—一〇九b（*SVF*）、プルタルコス『ストア派の自己矛盾について』一〇五三A—Bを参照。
(5) 「アリバース（複数形アリバンテス）」の「ア」を否定や欠如を意味する接頭辞と見なすことから出てきた俗説。

いるところでは(1)、火の使用はほんの昨日か一昨日にプロメテウスによって〈与えられたものであって、だから、それまでのわれわれの〉生活からは火が〈奪われていたのだが(2)〉、しかし、水がないということはなかったのである。そして、これが詩のうえでの虚構でないことは、現在の生活のありようがその証左である。すなわち、火をもたず、家や竈をもたず、露天で生活する一定の人種が存在している。そしてキュニコス派のディオゲネスも、火の使用を最小限にして、そのために彼は蛸でさえ生で食べて、「諸君、わたしは君たちのためにこんなふうに我が身を危険にさらしているのだ」と言っていた(3)。ところが、水がなければ、だれも生きることがよいことであるとも可能であるとも考えはしなかったのである。

C 三 では、わたしが人間の自然本性を説明しながら無用に委細をつくしているのはいったいどうしてか。その理由は、多くの、いやむしろ無数の種類の生物がいるというのに、人間だけが火の使用を心得ているほぼ唯一の生物であるのに対して、他のすべての生物は火を使わない生活を送り、火を使わないで栄養摂取を行なっているからである。つまり、人間以外のすべての生物は、草地で生きるものも空を飛ぶものも地を這うものも、いずれも火を使わないで根や果実や肉を食べることによって生存している。ところが、水がなければ、海棲生物も陸棲生物も空を飛ぶ生物もけっして存在していなかった。それというのも、肉食動物でさえ、アリストテレスの言うところでは(4)、水を飲まないものがいるとのことであるが、しかしそれらの動物も肉のなかに含まれる水分を用いることによって生きながらえているからである。だから、より有益なものとは、それなしではいかなる生物の自然本性も存立することがなくまた存続することもない、その当のもの、ということになる。

四　では、探究の対象を、火を利用する人々から、われわれが利用する事物、つまり植物や果実へと移すことにしよう。これらのうち、あるものは完全に熱を欠いており、またあるものは、ごくわずかではっきり
D とはわからないほどの熱しかもっていない。しかし、湿り気の自然本性は、およそ発芽し生育して実を結ぶかぎりのすべてのものを生み出すのである。そして、乾燥した食物に属するものと考えられている小麦ですら、変化と発酵と溶解によって液体に属することになるというのに、蜂蜜、葡萄酒、オリーヴ油、そしてそのほか何であれわれわれが葡萄を搾り、牛の搾乳をし、あるいは蜂蜜の巣房を切り取ることによって獲得するかぎりのもの、しかも、どういう状態のものであるかがだれの目にも明らかなものを、どうしてわたしは数え上げる必要があるだろうか。

五　さらにまた、より有用なものとはけっして害をおよぼすことのないものである。ところで、火は、そ

(1) たとえば、アイスキュロス『縛られたプロメテウス』二五四行、プルタルコス『いかに敵から利益を得るか』八六E―F参照。

(2) 〈 〉は原テクストにおける欠損で、底本の補訳に従った。

(3) キュニコス派はアンティステネス（前四五五頃―三六〇年頃）もしくはシノペのディオゲネス（前四一二／〇三頃―三二四／三二一頃）が創始したとされるいわゆる小ソクラテス学派の一つ。ディオゲネスは、通俗的価値や制度を否定し、自然に即した克己自立のあり方を理想とした。彼の逸話については、『肉食について』九九五C以下を参照。またディオゲネス・ラエルティオス『ギリシア哲学者列伝』第六巻第二章も参照。

(4) アリストテレス『動物誌』第七巻第四章五九三b二九および第十八章六〇一a三二を参照。

れが流れをなすとこの上なく破壊的であるのに対して、[1] 水の自然本性はけっして有害なものではない。さらに、ふたつのもののうち、より有益なものとは、より安価で何の準備がなくてもそれ自身で有益性を提供してくれるもののほうである。ところで、火から有益性を得るには経費と燃料が必要であって、それゆえに、
E 豊かな人々のほうが貧しい人々よりも、そして貴族たちのほうが平民たちよりも多く火の恩恵に与っている。しかし、水は、公平であり平等であるという、ひとへのこの慈悲深さをもそなえているのである。なぜなら、水は自足的でありそれ自体で完結した善きものであるがゆえに、何の道具も工具も必要ないからである。

六　それからまた、何倍にも増加させられると自らの有益性を損なってしまう、そういうもののほうが、有用性の点で劣る。ところで、火とはまさにその類いのもので、さながら何でもむさぼり食う獣のように、傍らにあるものを片端から費消し、そのため、火が有益であるのは、それ自身の自然本性によってよりもむしろ、使用方法と使用技術と使用における節度によってなのである。これに対して水は、けっして人に恐怖を感じさせるものではない。さらにまた、二者のうち、他方との共同ができるもののほうが有用である。ところで、火は湿り気を受容することがないし、また湿り気との共同関係によって有用となるわけでもないが、
F 水は火と共にあると有益なのである。じっさいたしかに、熱い水には治癒力があって治療に十分適応可能なものである。そもそも湿った火というものをひとは見いだしえないだろうが、水は、冷たいときと同様に熱いときも人間にとって有益なのである。

七　さらにまた、基本要素は四つあるが、[2] 水は言うなれば第五の要素たる海をそれ自身から生みだすので
957 あって、ほかの多くの点でもそうであるが、とくに往来通好という点で、他の要素に劣らず有益なのである。

だから、この要素は、われわれの生がかつては未開でひととのつきあい方も分からなかったときに、相互扶助と相互分与によってその欠点を矯正して、共同と友愛を生み出すことでわれわれの生を結びつけて、そうしてこれを完全なものにしてくれたのである。ところで、ヘラクレイトスは、「もし太陽がなかったならずっと夜だっただろう」と言っていたが[3]、ちょうどそのように、海がなければひとはあらゆる生き物のなかで最も野蛮で最も困窮していたことであろう。しかしじっさいには、海はギリシア人にインドから葡萄をもたらし、ギリシアからは海のむこうへと穀物の用い方を伝え、また、ポイニキア［フェニキア］からは忘却に抗して記憶をとどめるものとしての文字を移入することで[4]、人間たちのほとんどの種族が葡萄酒のない状態、穀物のない状態、そして無学無知の状態となることを阻止してくれたのである。だから、基本要素をもうひとつ余分にもっているのに、どうして水のほうが有用でないことがあるだろうか。

B

八　さてそこで、ひとは、これと反対の側の見解を擁護していったい何を主張できるだろうか。それはこうである[5]。つまり、まずは宇宙万有の制作のための四つの基本要素が、あたかも優れた制作者のような神の

(1) キケロ『神々の本性について』第二巻第四十一章、『初期ストア派断片集』I 一二〇（*SVF*）参照。
(2)『冷の原理について』九四七E参照。
(3) ヘラクレイトス「断片」九九（DK）。なお、プルタルコス『偶運について』九八Cでは「もし太陽がなかったなら、ほかの星々があってもわれわれは夜だけを過ごすことになる」ということばで引用されている。
(4) エウリピデス「断片」五七八（Kannicht）、プルタルコス『食卓歓談集』七三八A参照。
(5) 以下に述べられる論拠については、たとえば『初期ストア派断片集』II 四一八、五八〇、I 一七一（*SVF*）、キケロ『神々の本性について』第二巻第二十三―二十八章を参照。

(957) もとにあり、他方、これら四つの基本要素はというと、それぞれが相互に端的な相違点を有している。つまり、土と水は、万有の下に置かれてあって、ものがそこから形作られ組成されるところの、ちょうど素材のようなものであるとともに、秩序と配置を分けもち、そして生長させ産出する力をも分けもっているのである――ただし、これらを残りの基本要素である空気と火から受け取る範囲内においてであるが。これら空気
C と火は、産出力と制作力を行使し、そのときまで生命なき状態にあったもの［土と水］を生成作用に向けて励起するのである。次に、火と空気というこれら二者の相違だが、火のほうは支配し指揮をとる。そしてこのことは帰納推論から明らかなのである。すなわち、熱の本質存在をもたない土は不毛であり実りをもたらさないが、火が支配して徹底的に熱すると、土を成熟させて産出へと向かうよう促していくのである。なぜなら、何ゆえに岩石や荒涼とした山肌が不毛であるかということについて、ひとは、それが全面的に火を分けもっていないか、もしくは分けもっていてもほんのわずかでしかないから、という理由以外に何も見いだすことができないだろうからである。

九　また、総じて水は、ほかのものを保全したり産出したりする点で申し分ないどころか、むしろまったく不十分で、火が欠如すると水にとっても消滅のもとになるほどである[1]。なぜなら、熱は各々のものを――ほかのものもそうだが水についても同様に――その本質的なあり方において保持し、その固有の本質
D 存在において保全するからである。ところが、火が離れ去ったり不足したりしているときには、水は腐敗するのであって、つまり熱の欠如は水にとって死であり消滅することなのである。たしかに、沼沢や、およそ淀んでいたり何か出口のない窪みに滞留していたりする水などは、どれも悪水であって最後には腐敗するの

E

だが、それは、これらの水が運動にほとんどまったく与っていないためなのである。じっさい、運動は各々のものに内在する熱をあおりたてることでそれらを保全するのである。同じ水でも運動によって熱が維持されているがゆえにこの上なくよく動きよく流れる水のことを、われわれはまたそのように［流れという名で］も呼んでいるが、それは「生きている」ということを言わんとしてなのである。[3] ところで、二つのもののうち、相手に対してその本質的あり方の根拠を与えていた──まさに火が水に対してそうしていたように──もののほうが、どうしてより有益でないということがあろうか。それからまた、それを完全に取り除かれると生き物が死んでしまうような、そういうもののほうがより有益なのである。なぜなら、それを奪われては生き物が存在しえない、その当のものが、その生き物が存在していたときのその根拠をも与えていたことは明らかだからである。ところで、湿り気は死者にも存していて、完全に退出していくということはない。なぜなら、さもなければ死者の身体が腐敗することはないということになるだろうから。というのも、腐敗というのは、乾燥したものから湿ったものへと転化することではなく、[4] むしろ、肉に含有されていた湿り気が朽壊することだからである。また、死は、熱の完全なる消失以外の何ものでもない。それゆえに死者

（1）『食卓歓談集』七二五A、六五七F以下を参照。
（2）悪水とは、たとえば、死海における塩水など。なお、動かない水が最後に腐敗するということについては、『「隠れて生きよ」について』一一二九D、『食卓歓談集』七二五Dを参照。
（3）運動と熱の関係については『健康のしるべ』一二三A参照。
（4）この箇所は、すべての写本で否定辞がなく「転化することであり」となっているが、底本に従い否定辞を補って訳出した。腐敗の定義については『食卓歓談集』六五八A参照。また、アリストテレス『気象論』第四巻第一章も参照。

は最も冷たい。もしだれかが剃刀で死者を襲ったなら、死者は、過剰な冷たさによって剃刀の刃ですらその切れ味を鈍くさせるのである。生きている者自体においてもまた、ちょうど、骨、毛髪、そして心臓から遠く離れた部位がそうであるように、火の含有量が最も少ない部位は最も鈍感なのである。じじつ、より大きな違いを生み出しているのは、おおよそは火の現前であろう[1]。なぜなら、植物や果実を生み出しているのは湿り気ではなく熱をもった湿り気だからである。たしかに、水でも冷たいものは、ものを生み出す力があまりないか、あるいはまったくないかのいずれかなのである。ところがしかし、もしも水がそれ自身の自然本性において実りをもたらしうるものだったなら、それはどんなときでも独力で果実をもたらさなければならないはずだが、じっさいには反対で、有害でさえあるのだ[2]。

一〇　別の起点から考えてみよう。火を火として用いるためにわれわれが水を必要とすることはない。むしろ、それは反対に妨げとなる。なぜなら、水は火を消して消滅させるからである。他方、たいていの場合、火なしで水を使用することはない。じっさい、熱せられれば水はより有益となるが、そのままだと有害なのである。海についても熱がこれをより有益なものにしたが、それは海水のほうがほかの水より暖かいためである。というのも、海は少なくともそれ以外の点ではほかの水と何の違いもないからである[3]。その結果、二つのもののうちで優れているのは、他方のものを必要とせずに、それ自身で自らを使用に供するものなのである。さらにまた、水は沐浴したり体を洗ったりしている人々にとっては接触というただひとつの点においてのみ有益であるのに対して、火はあらゆる感覚において有益である。じっさい、火は、触覚を通じて感じられるものであると同時に遠く離れたところから見られるものでもあり[4]、そのため、ほかにも種々ある火の

B 効用に、この多彩なありようというのも付加することができるのである。

一一　というのも、人間は火なしで生存していたときがあったと主張するのはばかげたことであり、人間は火がなければまったくもって存在することすらできないからである。しかし、ちょうどほかのものにおいてもそうであるように、この種のものにもさまざまな差異がある。外部からの火を必要としない人々もこのことを経験するのであるが、それは彼らが火というものを必要としていないからではなくて、自らの内部に熱をありあまるほど過剰に有していることによるのである。これは、およそ火を必要としないほかの生き物たちについても語られるべきことである。(5) だから、この点に関してもまた火の効用のはうがどうやらまさっ

C ているようである。水は外部にあるものを必要としないようなそういうものではけっしてないが、これに対して火は、その大いなる卓越性のゆえに自足的でもあるのだ。だから、外部の同盟者が必要とならないように国家の体制を整える将軍が優れた将軍であるのと同様に、基本要素もまた外部からの助けを往々にして必

(1) この一文は原テクストが損なわれていて、底本以外の読みとして「生きているものと生きていないものとの違いは火が現前しているかいないかという点からくる」という読みも提案されている (Schultz, D'Ippolito / Nuzzo)。

(2)『食卓歓談集』七三五F参照。

(3)「海についても」から「何の違いもないからである」までの文は、原テクストでは次の節の三行目の「……さまざまな差異がある。」の後におかれているが、文脈に合致しないために、底本ではこの節に移す提案に従っている。

(4)『冷の原理について』九四八D参照。

(5) この一文は、原テクストではこの節の第一パラグラフの最後におかれているが、底本では文脈に基づいてこの位置に移されている。

(958) 要とすることのないもののほうがまさっているのである。

しかしながら、ひとは正反対の観点からこう考えることもできるだろう。つまり、われわれは推論に従ってよりよきものを把握できるから、ただわれわれだけが最もよく用いるその当のものがより有用である、と。それというのも、人間にとって理性と比べて他のいったい何がそれ以上に有用であり、よりいっそう得になるというのだろうか。ところがしかし、獣に理性は備わっていない。ではどうなるのか。このことのゆえに、われわれのより優れた部分の洞察力によって発見されたものが、はたしてそれほど有益ではないということになるだろうか。

D 一二　さて、われわれが議論のこの点に到達したからには、生にとって技術よりも得になるものとはいったい何ということになるのだろうか。あらゆる技術を発見し、かつまたそれらを保持しているのは火である。だからこそ、人々はヘパイストス〔鍛冶と火の神〕を技術の創始者と見なしているのである。さらにまた、アリストンは[1]、人間たちにはほんのわずかな生の期間しか与えられなかったのに、あたかも税の取り立て人のように、眠りがその人生の半分を取り去っていくと言う。だがわたしだったら、それは暗闇の仕業なのだと言うであろう。夜の間ずっと目覚めたままでいるということもありうるだろうが、しかし、もし昼間がもっている善きものを火がわれわれに与えてくれず、昼と夜との違いをなくしてしまったならば、目覚めていることの利点は何もないことになろう。だから、人間たちにとって生きること以上に得になるものが何もなくて、そして、火がその生を何倍にも延ばすとしたならば、どうして火があらゆるもののなかで最有益でないことがあろうか。

E

一三　さらにまた、諸感覚の各々が最大限に分けもっているその当のものが最も得になるものではないだろうか。ところで、どの感覚も、湿り気の自然本性をもったものをそれ自体として――つまり空気や火がそこに混じり合うこともないままに――用いることはないのに対して、火は生命力を生み出すがゆえにあらゆる感覚がこれを分けもっていて、とりわけ身体における諸感覚のなかで最も鋭敏な視覚がそうであり[2]、それは視覚が火の集塊[3]だからであって、また、この視覚が神々に対する信心[4]を引き起こしたのだということ、以上のことにあなたは気づかないだろうか。さらにまた、プラトンが述べているように[5]、われわれは天空にあるものたち［天体］のさまざまな運動に合致したかたちを魂に装わせることができるのも視覚によってなのである。

(1)『初期ストア派断片集』Ⅰ四〇三（*SVF*）。なお、アリストテレス『ニコマコス倫理学』第一巻第十三章一一〇二b七も参照。

(2) 視覚の鋭さについてはプラトン『パイドロス』二五〇D参照。なお、プルタルコス『食卓歓談集』六五四D―E、六八一Eも参照。

(3)『初期ストア派断片集』Ⅱ六五二、六五五（*SVF*）参照。プルタルコス『哲学者たちの自然学説誌』八九〇Aでは、同じ規定を視覚ではなく太陽についてストア派が与えているとされている。ストア派における視覚の火的性質については『初期ストア派断片集』Ⅱ八六三、八六六（*SVF*）を参照。

(4) 自然における諸々の驚異を目の当たりにするとき、そこに神の存在を認め、尊崇や憧憬や畏怖といった宗教的感情を抱くことになる。

(5) プラトン『ティマイオス』四七A―B参照。

陸棲動物と水棲動物では
どちらがより賢いか

中村　健　訳

一 アウトブロス(1) レオニダスは、「テュルタイオス(2)とはどのような詩人だと思うか」と問われた際、「若

959 B 者たちの心を鼓舞する善き詩人だ」と答えた。詩を通じて若者たちに気概や野心を伴った高揚感を植え付け、戦いでは命を惜しまないような気持ちにさせた、というわけである。そこで、友人たちよ、私が恐れているのは、昨日読み上げられた『狩猟礼賛』(3)が、私たちのなかの狩り好きの若者たちを過度に焚き付けて、彼らが他のことを二の次か取るに足らないことと考えるようになり、完全に狩りに惹きつけられてしまうのではないかということだ。実際、私自身も再び年甲斐もなく情熱がよみがえるように感じられ、ちょうどエウリピデスのパイドラのように、「犬どもをけしかけ、斑模様の鹿の群れを追いかけ(4)」たいという気持ちになったのだ。それほどにも、昨日の話は、強固で説得力のある議論を提示して、私の心を捉えたのだ。

C ソクラロス まったくそのとおりです、アウトブロス。実際、あの詩人(5)は久しぶりに自らの弁論術を呼び覚ましたようです、若者たちを喜ばせ、彼らと春を謳歌しながらね。とくに私が気に入ったのは、剣闘士たちを引き合いに出して次のように語る点です。つまり、何にも増して狩りは称賛に値するのです。なぜなら、われわれの内には生得的にか後天的にか武器を使った人間同士の戦いに喜びを感じる部分があるのですが、狩りは、そのような喜びの大部分を別の方向へと逸らして、［人間の］知性的な技術や勇敢さが、［動物の］知性的でない力や暴力に対抗するという罪のない光景を見せてくれるからであり、エウリピデスの一節を称賛

するものでもあるからなのです。

人間の力はいかにも弱い。だが、
巧緻なる知恵によって、
海原や大地や天空をゆく恐ろしき種族を
押さえつける。(6)

D

二　アウトブロス　しかし、親愛なるソクラロスよ、人間たちのあいだで無神経さが広がるようになったのは、そこからだと言われており、流血を味わい、狩りや猟で鍛えられた残虐さは動物の血や傷を不快に思わず、むしろ動物が屠られ死んでいくのに喜びを感じると言われている。その次には、ちょうどアテナイであったようになるのだ。(7) つまり、三十人政権によって最初に死刑になった者は讒訴人で、それに相応しい［死刑に値する］と言われ、二番目の者も三番目の者も同様だったのだ。しかし彼らは、そこから少しずつエスカレートし、公正な人々にまで手をかけるようになり、ついには最善の市民たちに対してまで躊躇しない

(1) プルタルコスの父。

(2) 前七世紀のスパルタのエレゲイア詩人。雄々しい詩でスパルタの兵士を鼓舞し勝利に導いたとされる（『クレオメネス伝』二、『スパルタ人の名言集』六一参照）。

(3) この作品の著者が誰であるのかについては、解釈者のあいだで見解が分かれている。補註A参照。

(4) エウリピデス『ヒッポリュトス』二一八行。現存するエウリピデスの原文とは少し異なる。

(5)「あの詩人」が誰を指すのかについては、解釈者のあいだで見解が分かれている。補註A参照。

(6) エウリピデス『アイオロス』断片二七（Nauck）。

(7)『肉食について』九九八Bでも同様の記述が見られる。

E ようになったのだ。同様に、最初にクマやオオカミを殺した者は称賛されていたのだ。また、あるウシやイ
ノシシは、目の前に置かれた供え物を食べたかどで告発されていて、殺されるに相応しかったのだ[1]。しかし、
それからシカや野ウサギやノロジカが食べられるようになり、さらにはこれが誘因となって、ヒツジや、あ
る所では、イヌやウマの肉までもが食べられるようになったのだ。彼らは、ソポクレスの言葉にあるように[2]、
「家の炉端にいる」ガチョウやハトを、イタチやネコがするように飢えのせいや栄養のためにではなく、愉
しみや味わいのために引き裂いて細切れにし[3]、本性的に残忍で野蛮な部分を増長させ、憐みへと屈すること
F のないようにし、温和な本性の大半を鈍麻させたのだ。それは、ピュタゴラス派の者たちが[4]、人間愛や憐み
960 の心を育てるために、野生動物への優しさを習慣としたのとはちょうど逆のことである。というのも、習慣
は徐々に馴染んでくる感情の方へと人間を導くことができるからである。

しかし、どうしてなのか分からないが、われわれは気づかないうちに、昨日あった議論や今日これから行
なわれる議論とかけ離れているとも言えない議論にはまり込んでいるのだ。君も知っているように、昨日わ
れわれは、すべての動物が多かれ少なかれ理解力と理性の機能を分け持つことを認めて、狩り好きの若者た
ちに、無教養でも不快でもないような仕方で、海の獣と陸の獣のあいだの知性をめぐる討論会を提案したの
だ。そして今日、その討論会の裁定をわれわれが行なうことになると思う。もしアリストティモスとパイ
B ディモスがこの提案を受けて立つのであればね。というのも、彼らのうちの一方は、仲間たちの前で、陸上
こそが思慮において優れた動物を生み出すと提唱したのだし、もう一方は、海こそがそうだと提唱したのだ
から。

ソクラロス　彼らは受けて立つでしょう、アウトブロス。彼らは間もなく到着するでしょう。というのも、朝早くに、彼らが準備しているのを見かけたからです。だが、もしあなたが良ければ、討論会の前に、昨日の話に関することで、昨日は話す時機を逸したり、ワインや飲み物のせいで真剣に話せなかったことを、もう一度振り返っておきましょう。なぜなら、実際のところ、ストア派から何らかの返答のようなものがあると思われたからです。(5) ちょうど、死すべきものには不死のものが、滅ぶべきものには不滅のものが、物質に
C は非物質的なものが対置されるように。ちょうどそのように、理性的なものがあるならば、非理性的なものがそれに対置、対比されねばならず、これらの対比のうちでも、この対比だけは、不完全なまま放置されたり、片手落ちであったりしてはならないと思われたのです。

三　アウトブロス　愛すべきソクラロス、いったい誰がそのようなことを考えるだろうか。理性的なものはこの世に存在するが、非理性的なものは存在しないなどと。実際のところ、魂を持たないもののうちには、

(1) アテナイでは真夏のスキロポリオンの月の一四日目に、アクロポリスのゼウスの祭壇において、「ブーポニア（牛殺し）」と呼ばれる犠牲の儀式が行なわれた。伝説によれば、この儀式の起源は、ゼウスへの供え物として用意されていた穀物を牛が食べてしまったことに神官が腹を立て、牛を殺したことにあるという。ポルピュリオス『肉食の禁忌について』第二巻一〇、二九―三〇参照。

(2) ソポクレス「断片」七八二（Nauck）。

(3) この箇所から五節の終わり（九六三F）までの議論のほぼすべてが、ポルピュリオス『肉食の禁忌について』第三巻二〇―二四で引用されている。

(4) 九六四F参照。『肉食について』九九三A参照。

(5) ストア派は対立関係についてさまざまに論じた。『初期ストア派断片集』II一七二以下（SVF）参照。

(960)

非常に多くの非理性的なものが存在するのであり、われわれは、さらにこれ以上には、理性的なものとの対比物を必要とはしていないのだ。むしろ、魂を持たないものはすべて、理性と理解力を持たないものとして、魂に伴って理性と理解力を持つものに対置されるのである。だがもし、自然は不具であるべきではなく、魂を持つ自然は、理性的な部分も、非理性的な部分も有するはずだと考える者がいるのならば、また別の者は、

D

魂を持つ自然が、表象能力を持つ部分も、持たない部分も有し、また、感覚能力を持つ部分も、持たない部分も有すると考えるだろう。それは、自然が、同じ種類のものについては、そのような対立的、対比的な所有と欠如を、均衡のとれたものとして保有するようにするためである。だがもし人が、魂を持つもののうちに、感覚能力を持つものと持たないものの両方を求めたり、さらには、表象能力を持つものと持たないものの両方を求めるのが馬鹿げているのであれば――というのも、魂を持つものはすべて本性的に感覚能力や表象能力を持つのだから[1]――そうであれば、その人物が、魂を持つもののうちに、理性を持つものと持たないものの両方を求めることも適切ではないだろう。なにしろ、理解力も持たずに感覚を分け持つものなど何一つないと、また、動物には本性的に感覚や衝動が備わっているように、何らかの思惑や理性の力が備わって

E

いない動物はいないと信じている人々と、彼は対話しているのだから。というのも、彼らは自然が行なうことはすべて何らかの目的のためであり、何らかの目的に向けてであると、正しくも語っているが[2]、その自然が動物に感覚能力を与えたのは、単に受動的に何かを感覚できるようにするためではないのだから。そうではなく、存在するたくさんのもののうち、あるものは自分に親近であり[3]、あるものは疎遠であるのだから、一方を避け、他方と協力することを学ばなければ、片時も生き延びることはできなかっただろう。だから感

覚は個々の動物に対して、それら両者の認知を等しく与えるのである。また、本性的に何らかの理性を働かせたり、判断したり、記憶したり、注意を払ったりすることのないものには、有益なものを感覚した後にそれを受け取ったり追い求めたりすること、他方で、有害で苦痛を与えるものを感覚した後にそれを避けたり、
F
それから逃れたりすることは起こりえないのだ。しかし、もしそれらの動物から、予期や記憶や目標や準備や希望や恐れや欲望や悩みといったものを取り上げてしまうなら、それらに目や耳が備わっていても何の役にも立たないだろう。利用価値を持たない感覚や表象であれば、すべて取り除かれた方が、苦労したり痛みを感じたり苦しんだりするよりもましだろう。それらを避ける方法が備わっていないのだから。
961
さらに、自然学者ストラトン(4)の議論は次のようなことを示している。すなわち、まったく考えなしに感覚

(1) アリストテレスとは異なり、ストア派やプルタルコスは、植物は魂を持たないと考えていた。『もの言えぬ動物が理性を用いることについて』九九二D。また、『初期ストア派断片集』Ⅱ七〇八―七一二（*SVF*）参照。

(2) アリストテレスは『政治学』第一巻第二章一二五三a九その他において「自然は何も無駄なことを行なわない」と語っている。またストア派もこの見解を採っていたことがアプロディシアスのアレクサンドロスによって証言されている。『初期ストア派断片集』Ⅱ一一四〇（*SVF*）参照。また、『食卓歓談集』六四六C参照。

(3) プルタルコスはしばしば、ストア派の議論に反論する際に、ストア派の用語や教説を用いてその不整合性を明らかにしようと試みている。ここで用いられている「親近な（オイケイオス）」という用語はストア派のオイケイオーシス論を示唆している。『初期ストア派断片集』Ⅲ一七八以下（*SVF*）参照。また補註B参照。

(4) ペリパトス派（アリストテレス学派）の哲学者。リュケイオンの三代目学頭。主に自然学的研究を行なった。

するということはありえないのだ、と(1)。実際しばしば、目で文字を追っていたり、話が耳に届いていたりしても、われわれが他のことに注意を払っているせいで、気づかなかったり、頭に入らなかったりすることがある。その後、再び意識を戻して、おろそかにされていたことごとを拾い上げて、追いかけ、たどっていくのである。次のことも、そのような意味で語られていたのである(2)

知性（ヌース）が見て、知性が聞く。他のものは耳が聞こえず、目も見えない。

B なぜなら、思慮が備わっていなければ、目や耳で受け取られたものが感覚を生み出すことはないのだから。だから、クレオメネス王も、酒席で詩の朗誦が行なわれこれが称賛されたとき、良かったと思うかどうか尋ねられたのだが、他の者たちに判断するように命じたのである、なぜなら自分の心はペロポネソスにあるから、と。それゆえ、感覚が備わっているものには、必ず、考えも備わっていなければならないのである、もしわれわれが、考えることによって感覚できるように本性的に生まれついているのであるならば。

C だが、感覚が自分の仕事をするためには、知性を必要とはしないものとしてみよう。しかし、動物にとって友好的なものと敵対的なものを区別する感覚がなくなってしまった場合、それ以降は、いったい何が苦痛を与えるものや有益なものを記憶し、それらを恐れたり、欲求したりするのだろうか。また、それらがそこにないときには、いったいどうやって、巣や隠れ家、さらには獲物のための罠、襲ってくるものからの逃げ方などを工夫して、準備する能力が動物に備わるというのだろうか。そして、あの人々(3)は次のような話を何度も繰り返している。つまり、『手引き(4)』のなかでいつも、「目標」を「達成の示唆」と定義し、また、「計画」を「衝動の前の衝動」、「準備」を「行為の前の行為」、「記憶」を「感覚によって現在形で把握された命題の、過去形での把握」と定義している。(5) これらのうち、理性に関わっていないものは何一つないが、これらのすべてが、あらゆる動物に備わっているのだ。(6) ちょうど、当然ながら、知性に関わることごともそうであるように。それらのうち、蓄積されているものを、彼らは「概念」と呼び、活動しているものを「考え」と呼んでいるのだが。彼らは、感情はすべて等しく「無思慮な判断や思わく」であると同意しているのに、(7)

D

驚くべきは、彼らが、獣たちの内にある多くの怒りや恐れや、実際のところ、妬みや嫉妬の働きや活動を見落としていることである。彼ら自身、イヌやウマが間違いをしたときには罰を与えるが、それは無目的に行なうのではなく、しつけのためであり、痛みによってそれらの動物に苦しみの気持ちを植え付けるが、われわれはそれを後悔と名付けている。

---

(1)ストラトン「断片」一一二(Wehrli)。

(2)エピカルモス「断片」二四九(Kaibel)=一二(DK)。プルタルコスはこの一節をたびたび引用している。『運について』九八C、『アレクサンドロスの運または徳について』三三六B参照。

(3)ストア派のこと。

(4)クリュシッポスはその著作のタイトルに何度か『……への手引き(入門)(エイサゴーゲー)』という言葉を用いている。『初期ストア派断片集』II一四以下、III付記(2)一七(SVF)参照。

(5)『初期ストア派断片集』III一七三(SVF)参照。

(6)つまり、「目的」「計画」「準備」「記憶」はすべて理性の働きによるものだが、これらはすべて動物に備わっている、ということ。

(7)『初期ストア派断片集』I二〇五以下、III三七七以下(SVF)参照。またプルタルコス『倫理的徳について』四四九C参照。

また快楽に関しては、一方で、耳を通じての快楽は魅惑と呼ばれ、他方で、目を通じての快楽は幻惑と呼
ばれるが、[1]人々は動物に対してどちらの言葉も用いている。というのもシカやウマは、パンパイプ（シュー
E リンクス）やフルート（アウロス）に惑わされるのだし、[2]また人々はロートスパイプ（ポーティンクス）[3]を使っ
てカニ[4]を穴から無理やり呼び出したりもするからである。また、歌ったり手を叩いたりすると、アロサ[5]が水
面へと昇ってきて近づいてくる、[6]という報告もある。また他方で、ミミズクは、目の前に踊っている人々が
いると、楽しげにリズムに合わせて熱心に肩をくねらせているうちに、幻惑されて捕らえられてしまう。[7]

だが、これらのことに関して愚かにも、動物は喜びもしなければ、怒りもせず、恐れもせず、準備もせず、
記憶もせず、ただ、ミツバチは「あたかも記憶しているかのよう」だとか、ツバメは「あたかも準備してい
るかのよう」だとか、ライオンは「あたかも怒っているかのよう」だとか、鹿は「あたかも恐れているかの
F よう」だとか語る人々[8]は、もし動物は見たり聞いたりするのではなく「あたかも見ているかのよう」で「あ
たかも聞いているかのよう」であるとか、鳴いているのではなく「あたかも鳴いているかのよう」であると
か、そもそもまったく生きておらず「あたかも生きているかのよう」であるなどと語る人々がいたら、その
ような人々に対してどのように対応するのか、私には分からない。というのも、このような主張は、自明の
真実に反している点にかけては、あの連中の言っていることと同じようなものだと私は得心しているからだ。

四　ソクラロス　ではアウトブロス、私もその点に関して説得されたものとしてください。しかし、人間
962 の習慣や生活、行為、生き方と、動物のそれらを比較することによって、私は、動物のその他諸々の欠点と
ともに、次のような欠点をも見出しています。つまり、理性は徳を目的として生じたのですが、動物たちが

その徳を気にかけているようにはまったく見えず、また、徳に向けての成長もなければ、徳を欲求することもないのですから、徳という目的に到達することができない動物たちに、自然が徳の端緒（アルケー）を与えたなどということがどのようなことなのか、私にはまったく分かりません。

アウトブロス　しかしソクラロス、次のことはあの連中にとっても不自然だと思われないだろうか。つま

(1)『初期ストア派断片集』Ⅲ四〇〇（*SVF*）＝ディオゲネス・ラエルティオス『ギリシア哲学者列伝』第七巻一一四。

(2)プリニウス『博物誌』第十一巻一三七では、イルカが音楽に惑わされて捕らえられると語られている。

(3)アテナイオス『食卓の賢人たち』第四巻一八二eでは、リビュアに生えるロートスの木（エノキの類）から作られる笛だとされている。

(4)アイリアノス『動物奇譚集』第六巻三一参照。

(5)ニシン科シャッド亜科の魚。

(6)アイリアノス『動物奇譚集』第六巻三二、アテナイオス『食卓の賢人たち』第七巻三二八fでは、音楽を聴くと水面から飛び跳ねるトリッサあるいはトリキスという魚の話が語られている。

(7)『似て非なる友について』五二B、『食卓歓談集』七〇五A、アテナイオス『食卓の賢人たち』第九巻三九〇f、アイリアノス『動物奇譚集』第十五巻二八、プリニウス『博物誌』第十巻六八、アリストテレス『動物誌』第八巻第十二章五九七b二二以下参照。

(8)ストア派のことか。『初期ストア派断片集』Ⅱ八八七（*SVF*）では、クリュシッポスがこの「あたかも」「いわば」という表現（*ὡσανεί*）を用いていたことがガレノスによって証言されているが、この用例は人間に関するものである。セネカ『怒りについて』第一巻三では、人間以外の動物は怒りを持たない、というのも怒りは理性の敵であるが、理性のないところには怒りは生じないから、と語られている。またアリストテレスは『動物誌』第四巻第九章五三六b九―一三において、鳥の分節化された発声は「あたかも発話のようなもの（*ὥσπερ διάλεκτον*）」と言いうる、と語っている。

り、子孫に対する情愛を、われわれの協調性や正義の端緒だと定め(1)、また、動物たちのあいだにそのような
情愛が強く満ち溢れているのを見ておきながら、彼らは動物たちが正義を分け持っていないと語ったり、主
B 張したりするのである。しかし、半ロバ(2)は生殖のための器官を欠いてはおらず、つまり、外性器と子宮を
持っており、快楽とともにそれらを用いることはできるが、繁殖という目的には到達しないのである(3)。だが
また別の仕方で、次のことを考えてみてくれ。ソクラテスやプラトンのような人々が、いかなる奴隷にも劣
らず悪徳を分け持っており、奴隷と同程度に愚かで節度がなく不正であると主張するのは馬鹿げているので
はないか。したがってまた、動物たちが潔白ではなく、徳に到達していないことを、理性の矮小さや弱さで
はなく、理性の欠如として批判することは馬鹿げているのではないか。彼らは、悪徳は理性に関わると同意
C しているが、あらゆる動物が悪徳に染まっているのだから。実際、多くの動物が臆病さや節度のなさ、不正、
悪しき性格を持っているのをわれわれは目撃しているのだ。だが、自然本性的に理性の正しさ(4)を持たないも
のは〈そもそも理性を持たない(5)〉、と主張する者は、サルが自然本性的に醜さを持たず、カメが自然本性的
に緩慢さを持たない、なぜならそれらの動物はそれぞれ美しさや素早さを示していないから、と主張する者
と何ら変わりがないのだ(6)。さらに、そのような人物は、目の前にある明白な違いを見落としている(7)。という
のも、一方で理性は自然に備わっているが、他方において、優れていて完成された理性は努力と教育から生
まれるからだ。それゆえ、理性の機能は魂を持つものすべてに備わっているが、彼らの求めている「理性
の」正しさや知恵は、人間でさえそれを保持していると彼らは語ることができないのだ(8)。というのも、視力
D に対する視力の違いや飛行に対する飛行の違いがあるように（なぜならタカとセミは同じように見るわけで

はないしワシとイワシャコは同じように飛ぶわけではないのだから）、そのように、理性の機能を持つもの

（1）『子供への情愛について』（とくに四九五C）参照。また、補註B参照。

（2）雄のロバと雌のウマの交雑種であるラバ、もしくは、雄のウマと雌のロバの交雑種であるケッテイのこと。生殖能力を持たない。アリストテレス『動物の発生について』第二巻第七―八章、プリニウス『博物誌』第八巻一七三参照。

（3）つまり、半ロバが交尾しても生殖の目的を果たすことができないのと同様に、動物は子孫に対する情愛を持っていても完全な正義には到達していないということか。ここでアウトブロスはいったんストア派に譲歩しているように見えるが、以下で論じられるように、完全な正義に到達していないということは徳とまったく関わりを持たないということを意味しないだろう。

（4）ここで語られる「理性の正しさ（*ὀρθότης λόγου*）」という表現は、ストア派がしばしば用いた「正しいロゴス（*ὀρθὸς λόγος*）」という用語を思い起こさせるかもしれない。『初期ストア派断片集』Ⅲ四、三三二、三六〇、五〇〇、五〇一、五六〇、六一九、六八二（*SVF*）参照。

（5）底本に従い *μηδὲ λόγον δέχεσθαι*（ポルピュリオス）を挿入して読む。

（6）つまり、動物が理性を正しく用いていない（完全な理性を持ってはいない）という理由で、だから動物は理性を少しも持たない（悪しき仕方でさえ理性を持っていない）と主張することは、サルは美しさを持っていないので醜くさえない（美醜の尺度において悪しき位置にさえいない）、あるいは、カメは素早さを持たないので鈍間でさえない（遅速の尺度において悪しき位置にさえいない）と主張することと同じくらい馬鹿げている、ということだろう。

（7）つまり、完全な理性を持っているわけではないことと、まったく理性を欠いていることの違い。

（8）プルタルコスは、現実には人間が完全な知性や徳を備えているわけではないこと、さらには、ストア派もそれを認めていることを指摘している。『共通観念について』一〇七六B、『ストア派の自己矛盾について』一〇四八E参照。

すべてに同列に、頂点に達するほどの柔軟さや鋭敏さが備わっているわけではないからだ。[1] なぜなら、動物
たちのあいだには、協調性や勇敢さ、さらには食料の確保や遣り繰りに関する抜け目のなさについての多く
の事例があるように、不正や臆病さ愚かさなど反対の事例も多くあるからだ。これから若者たちのあいだで
討論会を開くこと自体がそれの証言となっている。というのも、両者のあいだで何らかの違いがあると思っ
ているから、一方の者たちは陸棲動物のほうが、他方の者たちは海棲動物のほうが自然本性的により徳に近
E づいていると主張しているのだから。このことは、コウノトリとカバを比べてみても明らかである（という
のも、コウノトリは父親を養うが、[2] カバは母親と交わるために父親を殺すからだ）[3]。また、ハトとイワシャ
コを比べてみても明らかである。なぜなら、イワシャコは、雌が卵を抱いているときには交尾を受け入れな
いので、［雄が］卵を隠したり壊したりするのだが、[4] 他方でハトは世話を引き継いで、交代で卵を温めたり、
率先してヒナに餌をあげたりするが、雌があまりに長いあいだ巣を離れていると、雄が雌をつついて卵やヒ
ナの方へと押しやるからだ。[5] またアンティパトロスは、清潔さに無頓着な点でロバとヒツジを非難してい
F るが、[6] 私にはどうして彼がヤマネコとツバメのことを見落としたのかが分からない。というのも、そのうち
のヤマネコのほうは尿を埋めて見えないようにして完全に処理してしまうし、ツバメのほうも、ヒナたちに、
巣の外に身体をひねって便を放つように教えているからだ。[7] しかし、なぜわれわれは、ヒツジはイヌよりは
愚かであると言うような仕方で、ある樹木が別の樹木よりも愚かだとは言わないのだろうか。また、シカは
963 ライオンよりは臆病だと言うような仕方で、ある野菜が別の野菜よりも臆病だとは言わないのだろうか。あ
るいはそれは、動かないもののうちで一方が他方よりも鈍間《のろま》だということがなく、話せないもののうちで一

方が他方よりも声が小さいということがないのと同様に、思慮する能力が自然本性的に備わっていないものすべてのうちでは、より臆病だとか、より愚鈍だとか、より不節制だとかいうことはないからだろうか。他方、思慮する能力は、それぞれの動物にそれぞれの仕方で、多く備わったり少なく備わったりすることで、目に見える違いを生み出してきたのだ。

五　ソクラロス　しかし、人間が、物覚えの良さや機知の点で、また正義や協調性に関する性質において動物を上回る度合いは驚くべきものですよ。

アウトブロス　実際のところ、友よ、動物たちの多くが一方では大きさや足の速さ、また他方では視力の B 良さや聴力の正確さにおいて、あらゆる人間よりも優れているのだ(8)。しかし、だからと言って、人間が視力

(1) 動物のなかでも知性の優劣があることについては、『もの言えぬ動物が理性を用いることについて』九九二D参照。また、フィロン『動物について』二九参照。

(2) アリストテレス『動物誌』第九巻第十三章六一五b二三以下、アイリアノス『動物奇譚集』第三巻二三参照。

(3) 『イシスとオシリスについて』三六四A、アイリアノス『動物奇譚集』第七巻一九参照。

(4) アリストテレス『動物誌』第九巻第八章六一三b二七以下、アイリアノス『動物奇譚集』第三巻一六参照。

(5) アリストテレス『動物誌』第六巻第四章五六二b一二、第九巻第七章六一二b三四以下、アイリアノス『動物奇譚集』第三巻四五参照。

(6) タルソスのアンティパトロス『初期ストア派断片集』Ⅲ第二部第三章四七（*SVF*）。

(7) アリストテレス『動物誌』第九巻第七章六一二b三〇、プリニウス『博物誌』第十巻九二、フィロン『動物について』二二参照。

(8) プリニウス『博物誌』第十巻一九一参照。

(963) を持たないとか、無力であるとか、耳を持たない、ということではないのだ。そうではなく、〈たとえシカ
よりも遅くとも、われわれは走れるのだし、たとえ〉タカよりも劣っていても〈見ることができるのだ〉(1)。
自然はわれわれから強さや大きさを奪い取ってしまわなかったが、われわれはそれらの点においてはゾウや
ラクダと比べれば取るに足らないのである。したがって、同様に、たとえ動物が人間よりも考えが鈍く、理
解が悪いとしても、まったく理解力や思慮がないとか、理性を持たないとは言わないようにしよう。そうで
はなく、ぼやけたり曇ったりした目のように、貧弱で混濁した理性を持っているのだと言おう。もしこれか
らすぐ後で、教養があり好学の若者たちが、動物の事例をたくさん——一方の者は陸から、他方の者は海か
C ら——ここで集めるのを待ち構えているという状況でなければ、僕自身が動物たちの物覚えの良さや、性質
の良さについての無数の事例を、我慢せずに君に話してあげただろうに。皇帝の劇場から桶やたらいで汲ん
できた、そのようなたくさんの逸話(2)は、美しきローマがわれわれに与えてくれたのだが。それでは、これら
については新鮮で手付かずのままに、彼らが披露する討論のために取っておくことにしよう。

だが、ある小さな問題について君と落ち着いて考察してみたいのだ。すなわち、僕が思うに、身体の個々
の部位や機能には何らかの固有の欠陥や不具合や病いがあるのだ。たとえば、目の見えないことや、足の不
具合、舌のもつれは他のいかなる部位にも現われない。実際、自然本性的に見ることのできない部位には盲
D 目ということはありえないし、自然本性的に歩くことのない部位には足の不具合はありえず、君も舌を持た
ない部分のどもりや、自然本性的に話すことのない部位の舌足らずなどということは言わないだろう。した
がって、思慮したり、考えたり、推論したりすることが自然本性的にできないものを、錯乱しているとか、

正気を失っているとか、狂乱しているとは呼ばないのではないか。というのも、能力を持っていないものが、その能力に関して調子を悪くすることはできないのだから。調子の悪さとは、その能力の不足であったり、その能力の不具合であったり、その他何らかの仕方でその能力が損なわれていることなのだから。しかし、もちろん君は狂ったイヌに出くわしたことがあるだろう。私は狂った馬に出くわしたことがある。また、ウシやキツネも狂うと言う人々もいる。だが、狂ったイヌがいることは議論の余地がないのであるから、これで十分だし、そのことは、この動物が理性や少なからぬ理解力を持つことの証拠になる。狂犬病とか狂乱状
E 態とか呼ばれるのは、この理性や理解力が掻き乱されて動揺した状態なのだから。実際、われわれは、イヌの視力や聴力が悪化するのは見かけない。しかし、人間が鬱になったり狂ったりする場合には、思慮したり、推論したり、記憶する機能が損なわれ、悪化しているのだと言うのでなければ、おかしなことである（というのも、われわれは習慣的に、正気を失っている人々は、それらの機能の点で「自分を見失って」いて「分別をなくしている」と語るからである）。同様に、狂犬病にかかったイヌたちに関して、自然本性的に思慮したり、推論したり、記憶したりする部分が混乱に陥り錯乱しているから、最愛のものたちの顔も認識できず、生まれ育った住処を逃げ出してしまうのだと考えるのではなく、彼らが何かそれとは別の状態にあるの
F だと考える者は、明白な事実を見過ごしているか、あるいは、そこからの帰結を見てはいても、真実と争っているように思われる。

（1）ポルピュリオスによる挿入。

（2）九六八C参照。

六　ソクラロス　あなたのお考えは正しいように私にも思われます。実際のところ、ストア派[1]やペリパト
ス派の人々は、これに真っ向から反論しているのですが。つまり、もしすべての動物に理性が備わっていた
ら、正義は完全に形を失い、実質を失うが、正義はそれ以外の在り方を保てないのだ、と。というのも[2]、一
964 方で、動物たちに配慮をしなければ、われわれは必然的に不正をしていることになるし、他方で、動物たち
を利用しないのであれば、われわれの生活は不可能になるか、不自由なものとなるからです。そして、動物
から得られる便益を放棄するなら、ある意味においては、われわれは動物の生を送ることになるでしょう[3]。動物
実のところ、私は数えきれないほどの多くの遊牧民や洞窟居住者たちを除外していますが、彼らは肉以外の
食べ物を知りません。もし私たちが、理性的でわれわれと同族であるかぎりのすべての動物たちに相応しい
仕方で、彼らに害を加えることなく注意深く接することを学んだなら、自分たちが文化的、人道的に生活し
ていると考えている私たちには、陸上や海においてどのような仕事が残されているというのか、山ではどの
B ような技術が残されているのか[4]、どのような生活の秩序が後に残されるのか、それを言うことは難しいで
しょう。したがって、古来の規則や法を守らなければ、生活かあるいは正義のどちらかを破壊するこの苦境
への薬も治療も、私たちは手に入れることはできないのです。ヘシオドスによれば、自然本性を分割し個々
の種族を個別的に定めたお方は、この規則や法によって、

　魚や獣や空を飛ぶ鳥たちに
お互いを食べることを認めた、なぜなら彼らのあいだには正義（ディケー）がないから。
他方で、人間たちには正義を与えた[5]

お互いに対して。しかし、私たちに対して正しい行ないをすることができないものどもに対しては、私たちが不正を行なうこともないのです。なぜなら、この議論を拒絶する者たちは、広い道であれ、小さな道で
C あれ、正義が入り込んでくる他の道も残しておかないからです。

七　アウトブロス　友よ、君がいま語ったそれらのことごとは、あの人々の「心からの本音」(6)だ。だが決して、陣痛に苦しむ女たちにしてやるように、簡単に苦しまずに正義をわれわれに産んでもらうためにと、その哲学者たちに安産のお守りを身につけさせてやってはならない。というのも、彼ら自身もエピクロスに対して、最も重大な事柄のために、きわめて取るに足らない些細な事柄、つまり、一つの原子がわずかに逸れるということを認めないのだから。(7)それは、星や生き物や偶然が(8)入り込むようにし、かつ、われわれ自身

---

(1)『初期ストア派断片集』Ⅲ三七三（*SVF*）。

(2)ここから六節の終わりまで（九六四A—C）がほぼそのままポルピュリオス『肉食の禁忌について』第一巻第四章四—第六章一に引用されている。

(3)『いかに敵から利益を得るか』八六D参照。

(4)*ἔργον* や *τέχνη* は、Helmbold（p. 347 note e）のように「地上や海中や空中の、獣や魚や鳥」を意味すると理解するのではなく、地上や海や山における人間の仕事、技術、営みを意味すると考える。

(5)ヘシオドス『仕事と日々』二七七—二七九行。アイリアノス『動物奇譚集』第六巻五〇参照。

(6)エウリピデス『イノ』断片四一二（Nauck）。プルタルコス『似て非なる友について』六三A参照。

(7)エピクロス「断片」二八一（Usener）。『「ティマイオス」における魂の生成について』一〇一五B—C参照。

(8)Sandbach の提案する *κατὰ τύχην* ではなく、写本どおりに *καὶ τύχη* と読む。なお、ここで「星や生き物」が言及されているのは、原子の逸れによって、これら合成体の形成が可能となるからであろう。補註C参照。

による裁量が滅びてしまわないようにするためのものなのだが[1]。だが、彼らに相応しいのは、明らかになっ
ていないことを証明すること、あるいは、何か明らかなことを受け入れることであり、また、正義について
は、動物たちに関して何らかのことを勝手に前提しない[2]ことなのである、もしそれが同意されてもいなけれ
D ば、別の仕方で証明されてもいないのならば。というのも、正義へと至る道は別にもあり、それは危険でも
非常に険しくもなく、転覆した明白な事実の中を通り抜けるわけでもない。そうではなく、ソクラロスよ、
それは君の友人である私の息子[3]が、プラトンの導きによって[4]、争いは好まないが教えに従い学ぶことが好き
な者たちに示している道なのだ。なぜなら、動物たちをあのように扱っている人間が完全に不正から免れて
いるわけではないということは、エンペドクレス[5]もヘラクレイトス[6]も真実として受け入れており、彼らは幾
E 度も嘆き、自然を非難しているのだから。つまり、自然は必然であり、争いであり、混じり気なしの純粋な
部分を持たず、多くの不正な苦しみを通じて完成させられているのだ、と。あるときには、彼らは、生成そ
のものも不正から、つまり不死のものが死すべきものと結合するときに生じると語り[7]、また、生み出された
ものは、自然に反して、生み出した親から引き裂かれた手足によって養われると語っている[8]。しかし、その
一方で、そのような非難は過度に厳しく辛辣であるように思われる。他方で、それとは別の適度な忠告もあ
り、それは動物たちから理性を奪うことなく、かつ、動物を適正に利用する者たちの正義を救うものである。
古代の賢者たちがそのような忠告を導入したときには、貪欲さと贅沢が団結してそれを追放し廃絶したのだ
が、後にピュタゴラス[9]は再びそれを採用し、不正を犯さずに利益を得ることを教えたのである。なぜなら、
F 一方で社会性がなく単に有害な動物を罰したり殺したりし、他方でおとなしく人間に友好的な動物を手なず

965

けたり、個々の動物が本性的に適している仕事の共同作業者とするのは不正ではないからだ。これらをアイスキュロスの描くプロメテウスは、

馬や驢馬の種、雄牛の血統
奴隷の代わりになり、労役を引き受けてくれるもの

としてわれわれ人間に「与えた」と語っている[10]。また、イヌを番犬として利用し、乳を搾り毛を刈るためのヤギやヒツジを放牧するのも不正ではないのだ。というのも、宴席のために人間が魚料理やガチョウの肝を用意することもなく、ウシや子ヤギを細《こま》切れにすることもなければ、また闘技場をうろつくこともなく、狩りを楽しんだり、意に反する動物を無理やり戦わせたり、本性的に身を守ることさえしない動物を殺したりしなければ、人間によって生が奪われ、生命が破壊されることがないのだから。というのも、僕が思うに、

（1）エピクロスは決定論的世界を回避し自由意志を擁護するためにランダムな原子の逸れを導入した。それに対してストア派は決定論（運命論）を保持しながらも自由意志は擁護できるとした。補註C参照。

（2）Pohlenz に従い *προδήλων προσήκει καὶ μή τι* と読む。またしたがって、この文を疑問文とはせず、平叙文として理解する。

（3）プルタルコス本人。

（4）プラトン『法律』第六巻七八二C参照。

（5）エンペドクレス「断片」一三五以下（DK）参照。

（6）ヘラクレイトス「断片」八〇（DK）参照。

（7）エンペドクレス「断片」一一五（DK）参照。

（8）エンペドクレス「断片」六三（DK）参照。

（9）九五九F参照。

（10）アイスキュロス『解き放たれたプロメテウス』断片一九四（Nauck）。

(965)
B
遊んで楽しんでいる者は、共に遊び楽しむ者と交流するのでなければならないのだから。ビオン(1)は、子供たちが遊びでカエルに石を投げるが、カエルのほうはもはや楽しんではおらず、本当に死んでしまうと語っているが、そのように、狩りや釣りをして楽しむ者が、苦しんで死ぬものや、あわれにも幼い仔やヒナから引き離されるものを利用するようなことがあってはならないのだ。というのも、不正を行なっているのは、動物を利用する者たちではなく、動物を残酷に乱暴に野蛮に利用する者たちなのだから。

八　ソクラロス　慎んでください、アウトブロス。非難はそこで止めにしてください(2)。今近づいて来ているこの多くの人々は、みな狩りをやるのですから。彼らを変えることは容易ではありませんし、彼らを嫌な気にさせる必要もありません。

C
アウトブロス　君の助言はもっともだ。だが私もよく知っているよ、エウビオトスや私のいとこのアリストン、デルポイのディオニュシオスの息子たちのアイアキデスとこのアリストティモス、また、エウテュダモスの子のニカンドロス、彼らが、ホメロスの言い方では、陸上の狩りに「通じている(3)」ことをね。また、それゆえに、彼らはアリストティモスの側につくだろう。逆に、島や沿岸部の住人として、「海の仕事を気にかけている(4)」メガラのヘラクレオンやエウボイアのピロストラトスらをパイディモスは取り巻きにしてやって来るのだ。

テュデウスの息子はどちら側に属しているのか分からない(5)のだが、これと同様に、われわれと同世代(6)の仲間、このオプタトスは、狩猟の女神アグロテラにして漁の女

神ディクテュンナでもある女神を、(7)
　海からもたくさん、山からもたくさん
　狩りの獲物で(9)

D

祀っているのだから、彼はどちらの側に身を置くつもりもなくわれわれの許に来ているのは明らかである。あるいは、われわれの推測は間違っているだろうか、親愛なるオプタトスよ。君が若者たちの公平で中立的な審判になるだろうというのは。

オプタトス　あなたのお考えはまったくもって正しいものです、アウトブロス。というのも、争いにおいてどちらの側にもつかない者たちを罰するソロンの法(9)は長いあいだ、機能していませんからね。

---

(1)おそらくキュニコス派の哲学者ボリュステネスのビオン。

(2)『月面に見える顔について』九四〇Fで同様の表現が用いられている。

(4)ホメロス『オデュッセイア』第五歌六七行。

(5)ホメロス『イリアス』第五歌八五行。

(6)ここでアウトブロスがソクラロスに対して、オプタトスのことを「われわれと同世代（ἡλικιώτης）」と呼んでいることはこれまで解釈者たちを悩ませてきた。そもそもアウトブロスとソクラロスは異なる世代に属しているし、また、オプタトスという人物を同定する際に問題となるからである。詳しくは解説三四三頁を参照。

(7)アグロテラは「狩りを好む」、ディクテュンナは「網で捕らえる」ことで、いずれも女神アルテミスの添え名。意味をとって、本文のように訳した。

(8)「作者不詳悲劇断片」四一五a（Kannicht / Snell）。

(9)『ソロン伝』二〇、『神罰が遅れて下されることについて』五五〇C、『政治家になるための教訓集』八二三F、アリストテレス『アテナイ人の国制』第八章五参照。罰則は市民としての権利の剥奪であった。

アウトブロス　こちらの方で、われわれのところに座りなさい。もし証人が必要になっても、アリストテレスの書物[1]には迷惑をかけずに、動物のことに通じた君の言うことに従って、正しく語られていることに票を投じるためにもね。

ソクラロス　では、若い人たち。順番に関して、君たちのあいだで何か合意のようなものができているのだろうか。

E

パイディモス　できています、ソクラロス。大いに論争はありましたが。では、エウリピデスが言うように、

　運の子である、くじが[2]

その任に当たっているのですが、くじは、海の動物よりも先に、陸の動物の弁論を指名しています。

ソクラロス　では、アリストティモス、いい頃合いだから、君から話してくれ、僕らは聞くことにするよ。

九[3]　アリストティモス　法廷は訴訟人たちに対して……[4]、しかし、産卵の頃にメスを追いかけて、精子を使い切ってしまう魚もいます。また、ボラの一種で、沖ボラと呼ばれるものは、自らの粘液から栄養を取ります[5]。またタコは、

　火のない家、悲しみに沈んだ住処で

F

自分の体を食べて冬をやり過ごすため[6]、そのような意味で、怠惰であるのか、感覚が麻痺しているのか、貪欲なのか、あるいは、これらすべてなのです。それゆえ、プラトンもまた、若者たちが海の動物の漁に熱を上げるのを法で定めて禁じています、あるいはむしろ、熱を上げないように祈ったのです[7]。というのも、バ

スやアナゴやブダイとの闘いで苦労しても[8]、勇敢さの訓練にもならなければ、知的な練習にもならず、強さや素早さをもたらすわけでもないからです。しかしこの陸上では、気概のある動物たちは戦いを仕掛ける者たちの冒険心や勇敢さを鍛え、狡猾な動物は攻撃してくる者たちの思慮や知性を鍛え、足の速い動物は追いかける者たちの強さと勤勉さを鍛えます。そしてこれらの点が陸上での狩りを素晴らしいものたらしめているのです。しかし海での漁はそれらのいずれについてもそのような評判を得ていません。しかし、友よ、アポロンは「狼殺し」の称号を得ていますが[9]、神々の誰も「アナゴ殺し」の称号を求めませんでしたし、また

(1)『動物誌』や『動物生成論』などの動物関連著作。
(2)エウリピデス「断片」九八九(Nauck)。
(3)この九節から二四節にかけて、陸棲動物の優れた知性を示すさまざまな逸話がアリストティモスによって語られることになる。また、二五節から三六節にかけては、水棲動物の知性に関するさまざまな逸話がパイディモスによって語られることになる。これらの逸話は、プリニウスの『自然誌』や、アイリアノスの『動物奇譚集』で語られている逸話と非常に似通っている(あるいはほぼ同じとも言える)ため、プルタルコスが、彼らと基本的に同じさまざまな情報源を利用してこの作品を執筆したことは明らかである。しかし、プルタルコスらが用いた主要な情報源が何であったのかについて確定的なことは分かっていない。
(4)ここでテクストが欠落している。
(5)アリストテレス『動物誌』第八巻第二章五九一a一三、アテナイオス『食卓の賢人たち』第七巻三〇七a参照。
(6)ヘシオドス『仕事と日々』五二四行。この他にも、タコが自分の足を食べる話は、アイリアノス『動物奇譚集』第一巻二七でも見られる。他方、アリストテレス『動物誌』第八巻第二章五九一a四や、本篇九七八Fでは、この説は否定されている。
(7)プラトン『法律』第七巻八二二D―E。
(8)Hartman に従って、*διαπονοῦσι ἐν τοῖς* と読む。
(9)アポロンとオオカミの関係についてはアイリアノス『動物奇譚集』第十巻二六参照。

(966) アルテミス[1]は「鹿射ち」の称号を得ましたが、神々の誰も「ヒメジ射ち」の称号を求めませんでした[2]。人間にとっても、イノシシやシカ、また実際のところ、ノロジカや野ウサギを捕まえる方が、それを買うよりも立派なことであるとして、なんの驚くことがありましょう。他方で、マグロやイセエビやカツオは、それを
B 自分で釣り上げるよりも、買ってくる方がより威厳があるのです。というのも、それら海の動物が全般的に、覇気や創意や悪賢さを欠いているために、海の狩りが見栄えのしない、張り合いのない、卑屈なものになっているからです。

一〇　一般的に、動物が理性を分け持つことを哲学者たちが論証する際の証拠は、動物に備わる、目標や準備や記憶や感情[3]、子供への配慮や快適さへの喜び、痛みを与えるものに対する復讐心、さらには、必要なものを見つける能力、勇敢さや協調性や自制心や度量の大きさなどの徳の表出なのです。ですから、海の動物に関しては、そのような証拠をまったく示さないのか、それとも、何か完全にぼんやりとしていて、推測する者にとっては非常に見て取ることの困難な光のようなものを示しているのか、考察してみましょう。有
C 足の陸上動物の場合には、いま語られたそれぞれの特徴の、明瞭で明白で確実な証拠を把握し、見て取ることができるのですが。

ですから、最初に、雄牛が戦いの際に土ぼこりを立て[4]、イノシシが牙を研ぐことの[5]、目的や準備のほどを見てもらいたいのです。またゾウは、食料を得るために樹木を掘り返したり切り倒したりしますが、そのような樹木のせいで牙がすり減って鋭さを失ってしまうため、それらの目的のためには一方の牙を用い、もう一方の牙は防御のために常に鋭く尖った状態を保っているのです[6]。またライオンは常に、歩く際に足を固く

握り、爪も内側に隠しているのですが、それは爪をすり減らして鋭さを失わないようにするためであり、[7] また、追跡者たちにとって辿りやすい足跡を残さないようにするためなのです。実際、ライオンの爪の跡は容易には見つけられず、追跡者たちはかすかで不明瞭な爪跡に出くわしても、誤った方向へと導かれ、道を外れてしまうのです。[8] また、きっとあなた方も聞いたことがあると思いますが、エジプトマングースは、戦いに際して鎧を身に着ける重装歩兵にまったく引けを取らないのです。ナイルワニに攻撃を仕掛けようとするときに、大量の泥を身にまとい、身体の周りに覆いを固めるのです。[9] またわれわれは、ツバメの子作りのための準備を実際に見ていますが、[10] 彼らがいかに上手に硬い干し草を土台のようにして基礎を築き、その後に、

D

(1) ホメロス『イリアス』第二十一歌四七〇行では「野獣たちの女王、女狩人アルテミス」と呼ばれている。本篇九六五C参照。

(2) アポロンが「アナゴ殺し」、アルテミスが「ヒメジ射ち」と呼ばれないことに対する返答は、本篇九八三E—F参照。

(3) 本篇九六一C—D参照。

(4) オッピアノス『猟師訓』第二巻五七行参照。

(5) アイリアノス『動物奇譚集』第六巻一、フィロン『動物について』五一参照。

(6) プリニウス『博物誌』第八巻八、アイリアノス『動物奇譚集』第六巻五六参照。

(7) 『詮索好きについて』五二〇F参照。

(8) アイリアノス『動物奇譚集』第九巻三〇では、ライオンは行きつ戻りつして足跡を残し、狩人が容易に追跡できないようにすると語られている。

(9) アリストテレス『動物誌』第九巻第六章六一二a一六以下、アイリアノス『動物奇譚集』第三巻二二参照。ただし、これらの文献では、マングースが泥を身に着けて戦う相手はコブラであるとされている。

(10) アリストテレス『動物誌』第九巻第七章六一二b二一以下、プリニウス『博物誌』第十巻九二、フィロン『動物について』二二参照。

E より軽いもので周りを固めているところを。そして、もし巣が何か粘々《ねばねば》した泥のようなものを必要としているのを見て取ったなら、湖や海の水面のそばを飛び回り、羽毛で水面に触れ、水分で重くならない程度に湿らせて、そして埃を集めて巣を漆喰で塗り固めて、緩んで滑り落ちそうな部分を繋ぎ止めるのです。形の点では、彼らの作るものはかどがなく、多面体でもなく、できるかぎりなめらかで球形に仕上げます。というのも、そのような形は安定していて収容力があり、かつ、策略をめぐらせる動物に外側から摑むとっかかりをあまり与えないからです。

また、クモの巣の技をみましても、(1)これは女性の織機や狩人の網の両方の祖型となっているものでありますが、ただ一点に関してのみひとが賛嘆しているわけではないでしょう。すなわち、糸や網目の細密さ、不
F 連続的な糸というよりも、秘かに混ぜ合わされた何らかの粘着物によって作り上げられた滑らかな膜のような連続性と緊密さ、さらに、見つからないようにするために表面を空気のように靄のかかったように染色していることです。また、すべてのなかでもとりわけ優れているのは、その装置を運転し操舵する技術です。つまり、何か獲物が網にかかったときに、それに感づいて、思慮し、優れた網打ち人のように素早くそれを一所にまとめてからめとる技術です。これは、実際にそれが起こっているのを日常的に見て観察しているた
967 め、信用のおける話となったのですが、さもなければ作り話のように思われたでしょう。それはリビュアのカラスの話(2)がわれわれに以前そう思われていたのと同様です。彼らはのどが渇くと、［瓶に］(3)石を投げ入れて嵩を増し、くちばしが届く範囲に来るまで水を引き上げるという話です。しかしその後、私が船でイヌを見かけたとき、周りに船員がいなかったために、そのイヌはオリーヴ油が完全には満たされていない甕にた

くさんの石を放り込んだので、より重いものがより軽いものに比べて下に沈むことによって油の上昇が生じるなどということを、そのイヌがどうやって思いつき、理解しているのか、と私は大変驚いたのです。

B クレタ島のハチと、キリキアのガンについても同様の話があります。すなわち、クレタ島のミツバチは風の強い岬を飛び回ろうとする際には、風に飛ばされないようにと、小さな石によって体を安定させるのです(4)。他方で、ガンはタウロス山脈を超える際には、ワシを警戒して、静かに見つからないように山を越えるために、まるで自分たちのやかましくておしゃべりな部分にくつわをかませて制御するかのように、かなり大きな石を口にくわえるのです(5)。ツルの飛行に関する話も有名です(6)。すなわち、彼らは、風が強くて速いときに飛ぶ際には、天候がいいときのように、横一線に並んだり、三日月形に膨らんだ形で飛ぶのではなく、すぐに三角形に集まり、頂点のところで風を切り裂いて脇へと流し、隊列が分裂しないようにするのです。

C また彼ら

---

(1)クモの巣作りに関しては、アリストテレス『動物誌』第九巻第三十九章六二三a七以下、アイリアノス『動物奇譚集』第一巻二一参照。

(2)アイリアノス『動物奇譚集』第二巻四八、プリニウス『博物誌』第十巻一二五参照。

(3)写本のままだと意味が分かりにくいため、Pohlenz は κάδοις を挿入することを提案する。

(4)アイリアノス『動物奇譚集』第五巻一三、プリニウス『博物誌』第十一巻二四参照。また、アイリアノス同書第二巻一ではツルが、プリニウス同書第十巻六九ではミミズクが強風の中を飛ぶ際に石を重しにすることが語られている。

(5)『お喋りについて』五一〇A―Bでも同じ話が語られている。

(6)アイリアノス『動物奇譚集』第三巻一三参照。また、プリニウス『博物誌』第十巻六三では、ガンやハクチョウが同様に三角形の隊形で風を切り裂いて飛ぶことが語られている。

が地上に降りているときには、夜に見張りを担当するものたちは、片足で身体を支え、もう一方の足で石を抱えて保持しています。というのも、石を持つ力の緊張によって、長いあいだ起きた状態に保たれるからです。しかし石を離してしまうと、石は下に落ちて、すぐに落とした者を目覚めさせるのです[1]。したがって、ヘラクレスについてまったく驚くことはないのです、彼が脇に弓をはさんで、

強い腕でそれを抱え、
右手で棍棒をつかんで寝ている[2]

D

のだとしても。またさらに、サギの賢さを目撃したことがあるなら、閉じたカキの開け方を最初に思いついた人間にも驚かないでしょう。というのも、サギは閉じた二枚貝を飲み込んだときには、［お腹の］温かさのせいで二枚貝が口を緩めて開くのを感じ取るまでは、不快さを我慢し続けるのですから。それから、口を開いたところを吐き出して、食べられる部分を引き剝がすのです[3]。

二　また、アリの家計管理や準備について正確に詳述するというのは不可能ですが、しかしそれを完全に省いてしまうというのも軽率でしょう。というのも、自然にはより大きくてより美しいものを映し出す、このような小さな鏡のようなものは他にはなく、ちょうどきれいなしずくに映し出されるように、アリにはあらゆる徳が映し出されるのですから。「そこにあるのは愛[4]」、つまり協調性であり、また、彼らの中には勇敢さの似像としての勤勉さがあり、さらには、自制心の種子がたくさんあり、思慮や正義の種子もたくさんあるのです。ですから、クレアンテス[5]は動物が理性を分け持つとは主張していないのですが、次のような光

E

景に出くわしたことがあると語ったのです。(6) つまり、アリたちが、死んだアリを運んで、別のアリ塚のところまでやって来たそうです。すると、アリ塚から何匹かのアリが出てきて、先ほどのアリたちとまるで会話をするかのようにしてから、再びアリ塚に戻っていったのです。そしてこのようなことが二度か三度起きたそうです。最終的には、一方のアリたちが、まるで死体の身請け金のように、食料をアリ塚から運んで来ると、もう一方のアリたちがそれを受け取り、死体を引き渡して去って行ったそうです。

F

　また、アリがお互いと出くわしたときの思い遣りも、万人に知られたことです。つまり、荷物を運んでいないものが、運んでいるものに出くわしたときには、何も運んでいない方が道を譲り、道を通してやるのです。(7) また、重くて運びにくいものを齧ってバラバラに分解してしまうのもよく知られていることですが、これは大人数で運びやすくするためなのです。また、アラトスは、アリが卵を外に並べて冷やしている様子を雨の兆しだと見なしています。

---

(1) アイリアノス『動物奇譚集』第三巻一三、プリニウス『博物誌』第十巻五九参照。
(2)「作者不詳悲劇断片」四一六（Nauck）。
(3) アイリアノス『動物奇譚集』第三巻二〇ではペリカンが、プリニウス『博物誌』第十巻一一五ではハシビロガモが同じ方法で貝を食べると語られている。
(4) ホメロス『イリアス』第十四歌二一六行。
(5) 前三三一―二三二年。ストア派の哲学者。ゼノンの後を継いでストア派二代目の学頭となった。
(6)『初期ストア派断片集』I 一一六（*SVF*）。アイリアノス『動物奇譚集』第六巻五〇でも同じ話が語られている。
(7) アイリアノス『動物奇譚集』第二巻二五参照。

空ろな巣穴からアリたちが、卵をすべて
もっと急げと運び出す(1)。

968 またある者たちは「卵」ではなく、保存された木の実という意味で「所有物」[を運び出す]と書いています。なぜなら、アリたちは、食料にカビが生えているのに気づいたり、食料が腐敗しダメになるのを恐れる場合にはそれらを運び出すからです。しかし、アリの知性に関するどのような着想をも上回っているのは、彼らが小麦の発芽を予測していることです。すなわち、小麦はいつまでも乾燥していて腐らないままでいるというわけではなく、発芽に向けて変化しつつある際には、分解して乳状化(2)するのです。ですから、芽が出て食料としての価値を損なうようなことなく、彼らにとっていつまでも食べられるようにしておくために、小麦がそこから芽を生やす部分である、胚芽を彼らは食べつくしてしまうのです(3)。

私は、調査のためにアリ塚をまるで解剖のように切断してしまう人々(4)のことは容認しません。しかし、聞
B くところによると、入り口からの通路はまっすぐではなく、他の生き物にとっては通り抜けるのが容易ではなく、枝分かれする地下道や抜け道の備わった紆余曲折の通路を経て、最終的に三つの空洞へと行きつくそうです。そのうちの一つは彼らの共有の居住空間であり、もう一つは食糧庫、三つ目には彼らは死体を安置しているそうです(5)。

一二　では、アリに続いて、ゾウを話に持ち出しても間が悪いとはあなた方は考えないと思います。それは、小さい身体だけでなく、大きな身体にも宿る知性の本性を理解するためですが、知性は後者の中に見当たらないわけではないし、前者に欠けているわけでもないのですから。したがって、一方で、ゾウが劇場で

C 学び習って披露している色々な種類の姿勢や動きを称賛する人々もいます。それらの芸のうち、複雑で巧妙なものは人間が行なう場合でさえ、記憶し保持するのがまったく容易ではないのです[6]。他方で私自身としては、むしろ、純粋で混じり気のないものとして、動物が自発的に、教えられなくても示す性質や動きのなかにこそ、際立った知性を見出すのです。

実際、ローマにおいて遠くない昔に、たくさんのゾウが何らかの危険な姿勢を披露したり、ねじれた動きで回転することを教えられていたのです。そのなかでもとくに物覚えの悪い一頭が、いつも叱られてしばしば罰も受けていたのですが、ある晩に、自分一人で、月に向かって覚えたことを繰り返して練習しているところを目撃されているのです[7]。

D また、ハグノン[8]の話では、シリアで以前、ゾウが家で飼われていたのですが、調教師は毎日、量り一杯分

---

(1) アラトス『星辰譜（パイノメナ）』九五六行。
(2) これが正確にどのような現象なのかは不明だが、『水と火ではどちらがより有益か』九五六Dでも同様の現象が語られており、そこでは麦が発酵や分解によって液体化する（ビールのことか）と語られている。
(3) プリニウス『博物誌』第十一巻一〇九、フィロン『動物について』四二参照。
(4) 写本のまま（*πληροῦντας*）だと理解不能のため、Bernardakis に従い、*πηροῦντας* と読む。
(5) アイリアノス『動物奇譚集』第六巻四三では、雄の部屋、雌の部屋、貯蔵部屋に分かれていると語られている。
(6) アイリアノス『動物奇譚集』第二巻一一では、ゾウが習得するさまざまな芸が語られている。
(7) プリニウス『博物誌』第八巻六参照。
(8) タルソスのハグノン。アカデメイア派懐疑主義者カルネアデスの弟子。

の大麦を受け取ると、その半分をかすめ取って、着服していたのです。しかしあるとき、主人がそばにいて
見ていたので、調教師は量り一杯分すべてを注ぎ与えたところ、ゾウはそれを見ると、鼻を使って大麦を分
割して、一杯分を半分にずつに分けたために、調教師の不正をできうるかぎり最も雄弁に告発することに
E なったのです。また別のゾウは、調教師がいつも大麦に石や土を混ぜて量りに入れていたので、彼が肉を煮
ている鍋の中に、灰をつかんで放り込んだそうです。[1] また別のゾウはローマで、子供たちにいじめられてい
たときに、ペンで鼻を刺した子供たちのうちの一人をつかんで高く持ち上げ、地面に叩き付けそうになった
のです。しかし、そばにいた人々から悲鳴が上がると、子供をそっと地面に戻して、その場を離れたのです
が、それくらいの幼い子供には怖がらせるくらいが十分な罰だと考えたからなのでしょう。

野生の独立したゾウに関しては、他にも驚くべき話が、とくに河を渡る際の話が報告されています。すな
わち、一番若くて背の低いゾウが身を挺して率先して渡るのです。他のゾウたちは立ち止まってそれを眺め
るのです。なぜなら、もしそのゾウがその大きさで流れを渡ることができるのなら、もっと大きなゾウたち
F には危険を冒すに際してそれをずっと上回る安全性があることになるからです。[2]

一三　では議論のこの段階まで来たのですから、似ているので、キツネの話を無視しないほうが良いと私
には思われます。さて、物語を語る者たちによれば、[3] デウカリオンのハトが箱舟から放たれて、再び戻って
きた場合には嵐の証拠となり、飛び去った場合には天候が良い証拠となったと言われています。他方で、ト
ラキア人たちは今でも、凍った河を渡ろうとするときには、キツネを使って氷の硬さを判定させているの
969 です。[4] すなわち、キツネは静かにゆっくりと進み、耳を広げるのです。そして水がすぐ下に流れる音を聞き

取ったなら、氷が厚くなっておらず、薄くて渡ることができないと判断して立ち止まり、誰かが許可すれば、岸に戻るのです。しかし音がしなければ、勇気を出して河を渡るのです。しかし、これは理性を伴わない感覚の正確さであるなどとは、主張しないようにしましょう。(5) むしろこれは、感覚から成る次のような推論なのです。つまり、「音を出すものは動いており、動いているものは固まっておらず、固まっていないものは液体であり、液体は陥没する」という推論です。また問答家たち(6)は、イヌが枝分かれする道の上で、複数の

(1) アイリアノス『動物奇譚集』第六巻一二参照。

(2) プリニウス『博物誌』第八巻一一では、大きなゾウが先に歩くことで川底がより深くなることを避けるために、一番小さなゾウが先頭を歩くとされている。アイリアノス『動物奇譚集』第七巻一五では、ゾウが水面上に鼻を出して川を渡ると語られている。

(3) 旧約聖書『創世記』第六—九章のノアの箱舟の話を始めとして、大洪水によってほとんどの人類が滅びたという伝説は世界各地で伝えられている。デウカリオンのバージョンについては、アポロドロス『ギリシア神話（ビブリオテーケー）』第一巻第七章二、プラトン『ティマイオス』二二A以下参照。

(4)『冷の原理について』九四九D参照。

(5) チャールズ・ダーウィンもその著書『人間の由来』第二章において、そりを引くイヌたちが氷の薄い場所に来ると、かたまって走るのをやめて分散して走るという報告を紹介している。そこで彼は、この行動は経験による学習なのか、教えられたものなのか、あるいは本能によるものなのかを問うている。ダーウィンの議論とプルタルコスの議論の類似性については、補註C参照。

(6) ストア派のこと。以下の「イヌの三段論法」の議論はクリュシッポスによるものとされている。『初期ストア派断片集』II二〇六—二〇七（*SVF*）（＝フィロン『動物について』四五—四六）、アイリアノス『動物奇譚集』第六巻五九、セクストス・エンペイリコス『ピュロン主義哲学の概要』第一巻六九、ポルピュリオス『肉食の禁忌について』第三巻第六章三参照。

(969) B 選言肢を用いて、独りで次のように推論すると主張しています。つまり、「獲物が行ったのはこの道か、あ
るいはこの道〈か、あるいはこの道〉[1]である。しかし、この道には行っていないし、この道にも行っていな
い。したがって、残りの道を行ったのである」と。このとき、感覚は小前提を与えているだけですが、理性
は大前提と、大前提からの結論を導出しています。しかし、イヌはこのような証拠を必要としてはいません。
というのも、このような証拠は間違っているし、詐欺的でもあるからです[2]。すなわち、まさに感覚が、足跡
や分泌物によって獲物の逃げ道を示しているのであり、それは選言命題や連言命題[3]など用いないからです。
しかし、イヌの自然本性は、その他多くの行動や反応や彼らに相応しい振る舞いを通じて見て取ることがで
きるのですが、それらは嗅覚的、視覚的な行動ではなく、思慮や理性によってのみ行なったり見たりするこ
C とができる行動なのです。ですが、狩りでのイヌの自制心や従順さや機知についてあなた方に講釈すれば私
は笑いものになるでしょうね、そのようなことは日常的に見たり接したりしているでしょうから。

また、ローマ人のガルバが内戦で殺されたときには、番犬で彼を護衛しているイヌを兵士たちが取り囲ん
で刺し殺してしまうまでは、誰も彼の首を切り落とすことができなかったのです[4]。また、［エペイロスの］王
ピュロスは旅行中に、殺された者の身体を見張っているイヌに遭遇したのです[5]。そして、そのイヌが三日間
D ものも食べずに留まり、そばを離れないと聞いた王は、遺体については埋葬するように命じ、そのイヌにつ
いては彼の隊列に加えて世話をするように部下に命じたのです。数日後、閲兵式があり、兵士たちは座って
いる王の前を行進し、あのイヌは王の傍らでおとなしくしていました。しかし、主人を殺した者たちがそば
を通り過ぎるのを見ると、激しいうなり声をあげて彼らに襲いかかり、ピュロスの方を見て何度も吠えたの

です。その結果、その者たちは、王だけでなくその場にいたすべての人々に疑念を抱かれました。そのため、彼らはただちに捕らえられ、尋問されたのですが、また多少は外的な証拠も付け加わったために、殺人を認めて、罰せられたのです。

E また、賢人ヘシオドスのイヌもそのようなことをしたと言われています。つまり、そのイヌは、ヘシオドスを殺した、ナウパクトスのガニュクトルの子供らを告発したと(6)。しかし、われわれの父親たち自身がアテナイに滞在していた頃に聞いた話のほうが、これまでに語られたことよりも明白な事例なのです。すなわち、ある者がアスクレピオスの神殿に押し入り、供え物の金銀を少量だけ奪い、ばれないだろうと考えてこっそりと抜け出したのです。ですが、カッパロスという名前の番犬が吠えても、神殿の者は誰も耳を傾けなかっ

---

(1) 底本に従い ἢ τήνδε を挿入して読む。

(2) ここではめずらしく、ストア派が動物に過度な知的能力を帰属させようとしているのに対して、プルタルコスがそれを批判している。

(3) 『初期ストア派断片集』Ⅱ二〇七（SVF）（＝ディオゲネス・ラエルティオス『ギリシア哲学者列伝』第七巻七二）では、複合命題の種類として連言命題や選言命題についても説明されている。

(4) アイリアノス『動物奇譚集』第七巻一〇でも同様の話が語られている。このガルバとはローマ皇帝のセルウィウス・スルピキウス・ガルバを指すと考えられているが、プルタルコス自身の『ガルバ伝』二七においてはイヌの話は語られていない。

(5) アイリアノス『動物奇譚集』第七巻一〇、プリニウス『博物誌』第八巻一四二参照。

(6) 九八四Dにおいてこの後の経緯が語られる。

たため、そのイヌは逃走する神殿泥棒を追いかけました(1)。はじめのうちは、石を投げられたのですが、イヌ
F は立ち去りませんでした。日が出てからも、近くには寄ってこないのですが、目を離さずに見張り、追いか
けてきて、泥棒がエサを投げても受け取りませんでした。泥棒が寝ているあいだは夜通しで見張り、再び歩
き出せば立ち上がって追いかけて、遭遇する旅行者たちには尻尾を振るのですが、その男に対しては吠えて
近づいてくるのです。神殿の盗難を追及していた者たちは、彼らに遭遇した人々からこれらのことを聞き、
また同時に、イヌの色や大きさを聞いて、ますます熱心に追及を行ない、そしてその男を捕まえて、クロ
970 ミュオン(2)から引き戻したのです。帰る際にそのイヌは、威張って意気揚々と先頭を歩き、まるで神殿泥棒を
自分の捕らえた獲物だと見なしているかのようでした。こうして、人々は、彼に公費で食料を配給し、また、
これからずっと世話をしてあげるよう神官たちに託すことを投票で決め、昔のアテナイ人たちの半ロバに対
する人道的行為に倣ったのです。すなわち、ペリクレスがアクロポリスにヘカトンペドス神殿(3)を建設した際、
当然ながら、くびきを付けられた多くの動物によって毎日、石が運ばれました。すると、熱心に働いていた
B けれども、今や老齢のせいで放免されたラバのうちの一頭が、ケラメイコス(4)に戻ってきて、石を運ぶくびき
の動物に出会うたびに一緒に引き返して付いて行き、まるで励まし元気づけているかのようだったのです。
このため、人々は彼の名誉心を称賛し、ちょうど老齢のゆえに衰えた競技選手に対する配給のように、投票
の結果、公費で養うことを命じたのです(5)。

一四　したがって、私たちには動物に対していかなる正当な借りもない(6)と語る者たちは、海棲動物や水棲動物に限ってのみ、適切に語っていると言わねばなりません(7)。というのも、あれらの動物はまったく友好的

ではなく、情愛を欠いており、何の愛らしさもないのですから。また、ホメロスは、野蛮で友好的でないように思われる者に対して、「きらめく海が君を産んだ」[8]と美しく語ったのですが、それは海が気の良いものや穏やかなものを何も生み出さないと思ってのことなのです。
C しかし、陸上動物に対してもこういった理屈を持ち出すような人は、辛辣で野蛮なのです。あるいは、リュシマコスでさえ[9]ヒュルカニアのイヌ[10]に対して何らの正当な借りはない、とそのような人は言うでしょうね[11]。そのイヌは死んでいる彼の許に独りで寄り添い、遺体が焼かれた際には、駆け寄って身を投げ出したのですが。また、ワシも同じことをしたと言われています。そのワシは、王ではありませんが、ピュロスという名の、ある一般市民に飼われていました。すなわち、彼が死んだ際、遺体のそばにたたずみ、遺体が運ばれるときには、寝台のまわりを飛びまわり、最後

(1)アイリアノス『動物奇譚集』第七巻一三参照。
(2)メガラとコリントスの間、コリントス地峡にある村。
(3)パルテノン神殿のこと。
(4)アテナイの一地区。陶工が多く住み、また公共の墓地があった。
(5)『大カトー伝』五、アイリアノス『動物奇譚集』第六巻四九、アリストテレス『動物誌』第六巻第二十四章五七七b三四、プリニウス『博物誌』第八巻一七五参照。
(6)九六四B参照。
(7)オッピアノス『漁夫訓』第二巻四三行以下参照。
(8)ホメロス『イリアス』第十六歌三四行。
(9)アレクサンドロス大王の後継者の一人。『政治家になるための教訓集』八二一A、アイリアノス『動物奇譚集』第六巻二五、プリニウス『博物誌』第八巻一四三参照。
(10)古代ペルシア帝国の一部。カスピ海南岸。
(11)底本のように φήσῃ (Madvig) と読むのではなく、写本どおりに φήσει と読む。

(970) には焼き場に向かって身を投げ出して、共に焼かれたのです。

D また、王ポロス[1]のゾウは、アレクサンドロスとの戦いにおいてポロスが深手を負ったとき、たくさんの槍を優しく気遣いながら鼻で取り除いてやりました。そして、自らもすでに状態が悪くなっていたのですが、王が失血して崩れ落ちそうになっているのに気づくまではあきらめず、それから、王が倒れてしまわないようにと穏やかに身をかがめて、王が痛みなく降りられるようにしたのです。

また、ブーケパラス[2]は馬具を付けていないときには、馬丁が上にまたがるのを許したのですが、王家の前飾りと首飾りで飾り立てられているときには、アレクサンドロス本人以外は近づかせなかったのです。しかし他の人々が試みに近づこうとすれば、面と向かって攻撃し、大きくいないて、真っ先に遠くに離れて逃
E げ出せなかった者たちにのしかかり、踏みつけるのでした。

一五　これらの事例の話があなた方には少々雑多に思われているということに私も気づいていないわけではありません。しかし、優れた性質を持つ動物たちがただ一つの徳だけを表わす行動をとるところを見つけるのは、容易にできることではありません。むしろ、彼らの名誉心は愛情深さのうちにも表われていますし、生まれながらの賢さは育ちの良さのうちに表われています。また悪賢さと知性は気概や男らしさから切り離されてはいないのです。しかし、個々の性質を切り離して区分したいと考えている者たちの目には、イヌはおとなしさと同時に気高い精神をも表わすのです、座りこんだ者たちからは回れ右をする［攻撃を控える］際には。おそらく、そのことも次のように語られているのですが。

F 彼らは吠えながら襲い掛かった。しかしオデュッセウスは
抜け目なく座りこみ、彼の手からは杖がすべり落ちた(3)。

というのも、彼らは、ひざまずいて服従にも等しい姿勢をとる者たちにはもはや攻撃しないのですから(4)。
また人々が言うには、最も優れたインド犬で、アレクサンドロスにとくに称賛されたイヌは、シカが放た
971 れても、イノシシが放たれても、クマが放たれても、平静を保って座り、見過ごしたのですが、ライオンが現われると、すぐに立ち上がって戦う態勢になったため、ライオンを自分のライバルと見なし、その他すべての動物を見下していたのは明らかなのです(5)。

また、野ウサギを追うイヌたちは、自分たちで殺す場合は、獲物を引き裂くのを喜び、血を貪欲にするのです。他方で、よく起こることですが、野ウサギが絶望して自らをあきらめてしまい、持ちうるかぎりの息も使い切り、逃げ道の果てに息絶えた場合には、イヌたちは死体のところまで追いついても、まったく触りもせず、尻尾を振ってたたずみ、まるで肉のためではなく勝利や負けず嫌いのために争っているのだと言

(1)『アレクサンドロス伝』六〇参照。

(2)アレクサンドロスの愛馬。「ブーケパロス」とも。「牛の頭」を意味するこの名は、一説には臀部に牛頭の焼き印があったためと言われている。プリニウス『博物誌』第八巻一五四、ゲッリウス『アッティカの夜』第五巻二参照。

(3)ホメロス『オデュッセイア』第十四歌三〇行以下。

(4)プリニウス『博物誌』第八巻四八では、ライオンについて同様のことが語られている。

(5)プリニウス『博物誌』第八巻一四九には、アレクサンドロス大王がインドに遠征した際に、アルバニア王が巨大なイヌを献上したとある。このイヌは他の動物は見過ごしたが、ライオンやゾウには立ち向かったという。

(971) わんばかりなのです。

一六　悪賢さの事例は多くありますが、キツネやオオカミ、またツルやニシコクマルガラスの小細工は
B 放っておきましょう、というのもそれらは明白なものですから。私が用いる証人は賢者のなかでも最古のタ
レス(1)ですが、彼が一計を案じてラバを出し抜いたことは少なからず称賛されたと言われています。すなわち、
塩を運んでいる半ロバのうちの一頭が河に入った際、うっかり転んだのですが、塩が溶けてしまったために
立ち上がるときには軽くなったので、その原因に感づき、それを覚えたのです。その結果、河を渡るときに
はいつもわざと屈んで、容器を水に浸し、座り込んでこちら側とあちら側のそれぞれに身体を傾けるように
なったのです。するとそれを聞いたタレスは、塩の代わりに羊毛と海綿で容器を満たし、それを背負わせて
C から、半ロバを追いたてるように命じたのです。するとその半ロバは、いつもの習慣を行ない荷物を水で満
たした際に、自分にとって益のない小細工を行なっていることを悟り、それ以降は、うっかり水が荷物に触
れることさえないように、非常に慎重に注意深く河を渡るようになったのです(2)。

またイワシャコはそれとは別の悪賢さを示すのですが、同時にそれは愛情深さを備えています。彼らは追
いかけられてもまだ逃げることができない雛鳥には、仰向けに寝転んで、土くれやごみなどをちょうど日除
けのように体の上にかぶせるよう習慣づけるのです。母鳥自身は追跡者を別の方へと誘い出し、自分に注意
D を引き付け、追跡者の足元を飛んでは少しずつ飛び上がるのです、そうやって捕まってしまうかのように思
い込ませて雛鳥たちから遠く引き離してしまうまでは(3)。

また野ウサギはねぐらに戻る際には、子ウサギたちをそれぞれ別の場所に連れて行くのですが、しばしば

子ウサギたちはお互いから一〇〇プース[4]も離れているのです。それは、人間やイヌがやって来ても、皆が同時に危険に陥ることのないようにするためなのです。親ウサギ自身は走り回って色々な場所に足跡を残すのですが、最後にそれらの足跡から遠くに離れるように大きな跳躍をして、そうしてから眠りにつくのです[5]。

E　また、雌のクマは冬眠と呼ばれる状態になるときは、完全に無感覚になり重くなって動けなくなる前に、巣をきれいにし、そして潜り込もうとするときには、つま先立ちでできるだけ宙に浮いて軽やかな、いつもと違う歩き方をして、背中の方から身体を巣穴に入れるのです。

また、シカの雌はたいてい道のそばで子を産むのですが、それは肉食獣がそこには近づかないからなのです[6]。また雄ジカは脂肪がつき肉付きが良くなったせいで身体が重くなったと感じると、逃げるのに自信がない場合は、隠れて、見つからないようにすることで身を守るのです[7]。

F　また、ハリネズミが自分を守り防御する姿からこんな格言が生まれたのです

---

(1)ミレトスの自然哲学者。「七賢人」の一人。

(2)アイリアノス『動物奇譚集』第七巻四二参照。

(3)『もの言えぬ動物が理性を用いることについて』九九二B、『子供への情愛について』四九四E、プリニウス『博物誌』第十巻一〇三、アイリアノス『動物奇譚集』第三巻一六、アリストテレス『動物誌』第九巻第八章六一三b一〇以下参照。

(4)一プースは約三〇センチメートル。アイリアノス『動物奇譚集』第十三巻一一参照。

(5)アイリアノス『動物奇譚集』第六巻四七参照。

(6)アリストテレス『動物誌』第九巻第五章六一一a一七参照。

(7)プリニウス『博物誌』第八巻一一三、アリストテレス『動物誌』第九巻第五章六一一a二二参照。

キツネは多くを知るが、ハリネズミは一つ大きな技を知っている。[1]

というのも、イオン[2]が言うように、キツネが近づくと、

まわりがとげだらけの身体をくるりと丸めて、
じっとして触ることも噛みつくこともできない。[3]

しかし、彼らの子供に対する配慮はさらに巧妙なのです。というのも、晩秋になると葡萄の蔓の下に入り込
んで、前足を使って房から葡萄を地面に振り落として、その上を転げ回り、とげで葡萄を拾い上げるのです。
972 昔、私たちが子供の頃、葡萄の房が這いつくばったり歩いたりしているような光景を見たのですが、ハリネ
ズミはそうやって葡萄をいっぱいにくっつけて歩いていたのです。[4]そうして、巣の中に降りていき、自分の
身体から[5]子供たちが取って食べられるように、分け前を与えるのです。また、彼らの巣には穴が二つあって、
一方は南に向いていて、もう一方は北に向いています。風の変化に前もって気づいたときには、帆を動かし
て船を操縦するように、向かい風のほうを閉めて、もう一方を開けるのです。[6]ですから、キュジコスの人は
これを知って、これから吹く風を自分で予言しているという世評を得たのです。

B 一七　また、ゾウは知恵を伴った協力関係を示すとユバ[7]が語っています。すなわち、狩人たちはゾウの落
とし穴を掘り、細い木や軽いゴミなどで覆いをかぶせるのですが、ゾウが群れになって歩いているときに、
そのうちの一頭が穴に落ちてしまった場合には、残りのゾウたちが木や石を運んできて投げ入れて、落とし
穴の隙間を埋めていき、落ちたゾウが簡単に登れるようにするのです。[8]また彼が言うには、ゾウたちは教え

西洋古典叢書

月報 132

2017＊第6回配本

スーニオン岬のポセイドン神殿

目次

2018年3月
京都大学学術出版会

プラトンをめぐる争い——クリュシッポスとプルタルコス

近藤　智彦

プルタルコスの哲学を単なる折衷とする見方は近年では批判され、その独自性に着目する研究が盛んになっているが、『モラリア』が哲学史研究者にとって彼以前および同時代の哲学に関する貴重な資料であることに変わりはない。『モラリア11』所収の学説誌（偽作を含む）は文字どおり「資料集」であり、『ソクラテス以前哲学者断片集』や『初期ストア派断片集』に多くの断片を提供している。『モラリア』がなければその痕跡すら失われただろうものも多い。

その一つに、初期ストア派の代表的哲学者クリュシッポスによる『正義について——プラトンへの反論』という著作の断片がある。この散逸した著作にプルタルコスが言及しているのは、二篇のストア派批判の論考『ストア派の自己矛盾について』と『共通観念について——ストア派に答える』（いずれも『モラリア13』所収）の計四箇所においてである。ここでは、プラトンを批判するクリュシッポスをプルタルコスが批判しているこの資料を出発点として、古代におけるプラトンをめぐる争いの様子を垣間見ることにしたい（ランプリアスの目録によるとプルタルコスには『正義について——クリュシッポスへの反論』［第五十九番］という論考もあったが、残念ながら現存していない）。

このクリュシッポスの著作の主要な批判対象は、正義を主題としたプラトン『国家』だったと考えられている。たとえば次の箇所で紹介されるクリュシッポスの批判は、

『国家』第一巻の一節（三五一D—三五二A）を対象にしていることが語句の類似から推測できる。また、不正を魂の部分間の「内乱」とする見方はさらに『国家』第四巻で「魂の三部分説」にもとづいて展開されることになるから（四四四B）、そのことも念頭に置かれていたはずである。

> また、プラトンが不正について、それは魂の不和であり、内乱であって、不正を抱えている当の人々の間でもその力を失うことはない、むしろ、悪しき人間を自分自身と争うように仕向けるのだ、と言ったとき、クリュシッポスはこれを攻撃して、自分自身に不正を加えるという言い方は場違いである、なぜなら、不正というのは他者との関係においてあるのであって、自分との関係である訳ではないからだ、と主張している。［以下略］（一〇四一B。以下、戸塚七郎訳を一部改変）

他者との関係において成り立つと一般に考えられる正義や不正の概念をプラトン『国家』の規定は正しく捉えていないのではないか、という点は現代の研究者も指摘する問題である。だがそれにとどまらず、この批判の背後には魂観の根本的対立があった。クリュシッポスは魂の内部に理性的部分と非理性的部分の区別を認めず、魂のはたらきを理性的な「主導的部分」の統轄下に一元論的に捉えたのだ。

この対立においてプルタルコスが支持するのは、言うまでもなくプラトンの「魂の三部分説」の側である。実際『倫理的徳について』（『モラリア6』所収）では、ストア的な魂の一元論を批判して、魂に理性的要素と非理性的要素の二重性を認めることの重要性を説いている。それに応じて、人が目指すべき倫理的徳も、感情のような非理性的要素を抹消するストア的「無感情（アパテイア）」の状態ではなく、むしろ感情に一定の秩序を与えることで成立する「中庸」の状態にあるとされることになる。このたび出版される『モラリア12』所収の動物に関する一連の論考——動物倫理への関心の高まりを受けてあらためて注目されている——も、やはりこうした魂の捉え方をめぐるストア派との対立を基軸としている。ストア派が人間のみに理性を帰属させ他の動物を正義の考慮の埒外に置いたのに対して、プルタルコスは人間と動物とを理性的要素と非理性的要素の両方に与っているものとして連続的に捉えるのだ。

再びクリュシッポス『正義について——プラトンへの反論』に戻ろう。次の箇所で紹介されるクリュシッポスの批判は、プラトン『国家』第一巻で老人ケパロスが、老年になると自分がそれまで犯してきた不正のために死後罰を受けることになるのではないかという恐れを抱くようになる、と述懐した箇所（三三〇D―三三一C）に向けられている。

> 『プラトン（その人）への反論――正義について』の中では、冒頭からすぐ神々についての論に跳びかかり、ケパロスが神々への恐れによって不正から手を引かせようとしているのは正しくないし、また、神による懲罰についての議論は間違って伝えられ易く、心に多くの動揺と、互いにぶつかり合うもっともらしさとを与えるがゆえに、正反対の方へと連れ去る、なにしろ、女たちが小さな子供を非行から遠ざけるのに用いる妖怪や化物と変わるところはないのだから、と言っているのである。（一〇四〇A―B）

ケパロスの言葉を「不正から手を引かせようとしている」と読むのも、そもそもそこにプラトンの見解を見出すのも、解釈として奇妙ではある。だがクリュシッポスはおそらく、『国家』最終巻の有名な「エルの物語」で語られる死後の賞罰のことも視野に入れていたのだろう。実際『国家』では第九巻まで正義それ自体の価値が説かれてきたにもかかわらず、最後になぜ死後の賞罰について語られる必要があったのか、この点は今も解釈者を悩ませている。少なくとも、徳さえあれば即この生で幸福が得られると説くストア派の立場からすれば、死後の賞罰という究極の「飴と鞭」を持ち出すのは、余計であるばかりか人々の考えを「正反対の方へと連れ去る」危険すらあるように思えただろう。次のクリュシッポスの批判も、同じく徳の至高性を捉える上でのプラトンの不徹底を指摘するものである。

> 『プラトンへの反論』の中では、プラトンは健康をよいものと認めているように思われる、と言って非難を加え、もし快楽や健康とか、その他［道徳的に］美しくはないものがよいものと認められるようなら、正義だけでなく、寛大さも、節制も、その他の徳のすべても無に帰せしめられる、と言っているのである。（一〇四〇D）

以上の点に関してプルタルコスはいかなる立場をとっているだろうか。彼が健康すら「よいもの」から除外するストア派の立場を現実から乖離したものと考えていたことは確かである（一〇六〇B―D）。もっと興味深いのは死後の賞罰に関する彼の見解である。『神罰が遅れて下されることについて』（『モラリア7』所収）の「テスペシオスの物語」をはじめ、死後の魂の物語はプルタルコスのお気に入りの題材であった。本『モラリア12』所収の『月面に見える顔について』にも、興味深い魂の彷徨の物語が見出せるだろう。長年デルポイの神官職も務めたプルタルコスは、彼自身の保守的とも言える宗教的態度をプラトン主義哲学に適うものと考えていたに違いない。それはアカデメイア派の穏健な懐疑主義の流れを汲み、人間の理性の限界を率直に認める立場であった。その立場からすると、ストア派は何でも理屈で分かるかのように奢り高ぶって、「神々についての信仰に見られる父祖伝来のしきたり」（一〇七四E）まで変えているように見えたのだろう。

　ここまで、クリュシッポスとプルタルコスの間のプラトンをめぐる争いを瞥見してきた。「クリュシッポスは、プラトンにもその他の人々にも、この種の［言葉尻を捉える］やり口で手厳しく噛みついている」（一〇三八E）とプルタルコスは批判しているが、彼の批判もその点では五十歩百歩と言わざるをえないところがある。とはいえ、彼らの批判の応酬のうわべだけに目を奪われてはならない。クリュシッポスのプラトン批判もプルタルコスのクリュシッポス批判も、単なる「批判のための批判」ではなかったと考えられるからである。クリュシッポスは「魂の三部分説」をとらなかったとはいえ、徳を魂の何らかの意味での調和として捉える根本的発想はプラトンから受け継いでいた。死後の物語への安直な依拠は批判したかもしれないが、神の摂理に対する信はストア哲学の中核に位置するものであり、そうした世界観の最も重要な源はやはり『ティマイオス』をはじめとするプラトンの著作だったのである。さらに、徳こそが幸福の鍵と説くプラトン『国家』のプロジェクトの全体的な方向性は支持し、そこから多くを学んだはずである。クリュシッポスによるプラトン批判は、まさにそのプラトンのプロジェクトを――議論を取捨選択したり概念に調整を施したりすることで――発展させるための企てだったのだ。プルタルコスのクリュシッポス批判も実はそうしたことを承知の上でなされており、そこには批判の応酬を通して真理への接近を試みるという知的営為に彼自身も参与するのだという意識があったに違いない（プルタルコスの論考の多くがプラトンと同じく対話形式をとっていることも、この点と無縁ではないだろう）。こうした古代における生々しい知の共同探究の只中に私たち読者をタイムスリップさせてくれること、これこそ『モラリア』の最大の魅力ではなかろうか。

【参照】Tomohiko Kondo, 'Chrysippus' criticism of the theory of justice in Plato's *Republic*', in N. Notomi & L. Brisson (eds.), *Dialogues on Plato's* Politeia (Republic), Academia Verlag, 2013, pp. 366-370.

（西洋古代哲学・西洋古典学／北海道大学大学院文学研究科准教授）

連載

西洋古典雑録集（6）

カルネアデスの板

ローマの歴史においてカトーという名の人物が二人いる。マルクス・ポルキウス・カトー・ケンソリヌスはその一人であるが、同名の曾孫と区別するために、大カトーと通称される。カルタゴ相手の第二次ポエニ戦争（ハンニバル戦争）で頭角を現わした共和制期の政治家であり、監察官（ケーンソル）に就任したことからケンソリヌスという名が最後につく。弁論にすぐれ、ローマ古来の遺風を重んじ、その峻厳な性格から市民に愛された人物である。前一五六／五五年、この大カトーが晩年の八〇歳に近い頃に、ギリシアのアテナイからの使節団がローマにやって来た。その顔ぶれは、ストア派のセレウケイアの（通常はバビュロニアの、と呼ばれる）ディオゲネス、ペリパトス派のクリトラオス、そしてアカデメイア派のキュレネのカルネアデスである。話を伝えるゲリウス『アッティカの夜』（第六巻一四）やプルタルコス『マルクス・カトー伝』（二二）によれば、ボイオティアの町オロポスを略奪した件で、ローマがアテナイに課した賠償金の免除を求める使節としてやって来たのであるが、その役目とは別に、三人は各々ローマの市民の前で哲学の講演をおこなったという。彼らはその弁舌によって民衆を魅了したが、とりわけ強烈な印象をあたえたのがカルネアデスであった。

このカルネアデスの議論はキケロの『国家』第三巻において紹介されていたのであるが、生憎肝心の部分が失われてしまっていて、後三世紀後半のキリスト教作家ラクタンティウスが『神の教理（*Institutiones Divinae*）』（第五巻一四）において再録しているところから、その内容が知られる。その記録によれば、カルネアデスは民衆の前で「正義」を擁護する議論を全面的に展開したのであるが、その翌日には前日に正義を称賛したみずからの議論を覆し、これを否定する論証をおこなったという。これに何よりも驚いたのは大カトーであった。巧妙な論理を操る哲学者らを苦々しく思っていた彼は、ローマの市民たちがみずからの行動や戦争から得た名声よりも、言論による名声を愛好するようになることを恐れ、元老院を説得して哲学者たちを町から追い出すように仕向けたと言われている。

もっとも、カルネアデスの議論の目的はローマ市民を煙に巻くことではなく、正義について確たる発言はできないとする当時のアカデメイア派の懐疑論的な立場を示すためのものであった。そして、そのために使われたと考えられているのが、いわゆる「カルネアデスの板」である。これについてはラクタンティウスのほかにも、著者不明の「プラトン『テアイテトス』註解」（六―二〇―三二）が言及している。これによると、「カルネアデスの板」は以下のような議論であった。船が遭難したときに、二人の人間が海に投げ出された。そして、目の前には一枚の板がある。その時にこれにしがみついて自分を救うのは是か非かという問題である。他人を溺れさせるのは正義の行為ではない。しかし、自分が死ぬと分かっていて、もうひとりの人間に板を差し出すのは正義にかなってはいても、愚かな行動だと言える。では、人はどちらの行動をとるべきなのか。

この問題は現今の思想家もよく取り上げるものであるので、ご存じの向きもあるだろう。しかし、この遭難者と板の問題に言及したのは、実はカルネアデスだけではなかったことは案外知られていない。中期ストア派の代表的な哲学者にパナイティオスがいるが、その弟子にロドスのヘカトン（前一〇〇年頃）という人がいて、キケロがパナイティオスとともに影響を受けた人物なのであるが、ヘカトンはその著作『義務について』においてまったく同じ例に言及している。この作品は今では散逸してしまっているが、その第六巻はキケロによればこうした例を集めたものであったらしい。カルネアデスが挙げたような板の問題の他にも、船で何かを捨てねばならないとき、高価な馬を捨てるべきか、安価な奴隷を捨てるべきか、というような問いもある。これは自分の財産を取るか、人間性（フーマーニタース）を取るかの選択である。船の遭難者の例では、二人が賢者と愚者の場合、賢者と賢者の場合とに分けているところが面白い（キケロ『義務について』第三巻八九）。カルネアデスは最初、右のディオゲネスに学んだのであるが、その後アカデメイア派に転向している。その彼が取り上げた例はもともとストア派で論じられたものであった。そうした例を用いながら、ストア派の独断的な立場を攻撃したのである。ディオゲネスの師がクリュシッポスであったが、カルネアデスはクリュシッポスの著作を丹念に研究するなかでみずからの立場を構築していった。つまりは、相手が挙げた例を使って、その相手を攻撃したわけである。この哲人は「クリュシッポスなくしてストア派なし」という文句をもじって、「クリュシッポスなくしてカルネアデスなし」（ディオゲネス・ラエルティオス『哲学者列伝』第四巻六二）とよく語っていたという。

（文／國方栄二）

西洋古典叢書

［2017］全７冊

★印既刊　☆印次回配本

●ギリシア古典篇

アイリアノス　動物奇譚集　1★　中務哲郎 訳

アイリアノス　動物奇譚集　2★　中務哲郎 訳

デモステネス　弁論集　5☆　杉山晃太郎・木曽明子・葛西康徳・北野雅弘 訳

プラトン　エウテュプロン／ソクラテスの弁明／クリトン★　朴　一功・西尾浩二 訳

プルタルコス　モラリア　12★　三浦　要・中村　健・和田利博 訳

ロンギノス／ディオニュシオス　古代文芸論集★　戸高和弘・木曽明子 訳

●ラテン古典篇

アンミアヌス・マルケリヌス　ローマ帝政の歴史　1★　山沢孝至 訳

●月報表紙写真――アッティカの半島最南端に突き出たスーニオン岬は、ギリシア本土への海上交通を扼する寄港地として、早くから独自の繁栄を誇っていた。先端の高台に立つポセイドン神殿はアテナイの「黄金時代」、前四四〇年代に建造されたもので、ほぼ同時代に建てられたアテナイのアゴラー（公共広場）にあるヘパイストス神殿と設計上の特質に共通点が見られることから、両者は同一建築家の指揮監督によるものと考えられている。基壇の大きさは約一三・五×三一メートルで、その上にドーリア式の石柱（大理石製）が、南面に九本、北面に六本（うち四本は二十世紀半ばに再建）、アーキトレーヴ（梁）とともに残されていて、往時の全容を窺うことができる。写真は東側につづく台地からの遠望で、洋上に見えるのはパトロクロス島である。（一九七九年三月撮影　内山勝利氏提供）

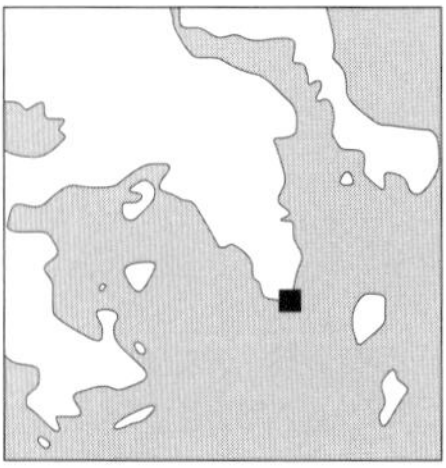

C

られずとも神々へのお祈りを行なうのであり、海では沐浴し、太陽が顔を出せば手のように鼻を上にあげて礼拝するのです。[9] それゆえに、プトレマイオス・ピロパトル[10]が証言したように、この動物は最も神々に愛されているのです。というのも、彼はアンティオコスを打ち負かしたときに、とりわけ盛大に神を讃えたいと思い、その他のありとあらゆるものとともに、四頭のゾウを勝利の生贄として捧げたのです。すると彼は夜に夢を見たのですが、そこで神があの馬鹿げた生贄のせいで怒って彼を脅してきたので、神の怒りをなだめ

(1) この格言はゼノビオスによって前七世紀の詩人アルキロコスに帰されている（「断片」二〇一（West））。また、プラトン『国家』第四巻四二三E参照。
(2) 前五世紀のキオス島出身の詩人。彼の作品はわずかな断片や作品名が伝えられるのみである。
(3) イオン「断片」三八（Nauck）。
(4) アイリアノス『動物奇譚集』第三巻一〇では無花果、プリニウス『博物誌』第八巻一三三では林檎を針に刺して集めると語られている。
(5) Helmbold に従い、ἀφ᾽ αὑτοῦ と読む。
(6) 九七九A参照。ハリネズミが風を予知することについては、アリストテレス『動物誌』第九巻第六章六一二b四以下、プリニウス『博物誌』第八巻一三三参照。
(7) ヌミディアの王、後にマウレタニアの王（在位、前二五―後二三年）であるユバ二世。「断片」三二（Müller）。
(8) 九七七D―Eでは、パイディモスによってこの話の信憑性が問われている。アイリアノス『動物奇譚集』第八巻一五参照。
(9) プリニウス『博物誌』第八巻一では、マウレタニアの森でゾウの群れが川で沐浴した後に、新月を礼拝すると語られている。アイリアノス『動物奇譚集』第四巻一〇でもゾウが新月を、第七巻四四では太陽を拝むと語られている。
(10) エジプト王プトレマイオス四世（前二四四―二〇五年）。前二一七年にラピアの戦いでセレウコス朝のアンティオコス三世を打ち破った。

(972) るためのさまざまな方法を用い、殺されたゾウたちの代わりとして四頭の青銅のゾウを建立したのです。[1]
ライオンの協調性もこれに劣りません。というのも、若いライオンたちは、動きの遅いすでに年を取った
ライオンたちを狩りに連れて行くからです。そして老ライオンたちが疲れると、その場に寝転んでとどまる
D のですが、若いライオンたちは狩りを続けるのです。そして何であれ獲物を手に入れれば、鳴き声を仔ウシ
の鳴き声に似せて、彼らを呼ぶのです。老ライオンたちはそれを聞くとすぐに駆けつけて、共に獲物をむさ
ぼります。[2]
一八　多くの動物が見せる愛情は、粗野で激烈なものもありますが、非人間的とは言えない品の良さを備
え情愛に満ちたつながりを持つものもあるのです。アレクサンドレイアのあるゾウの愛情もそのようなもの
だったのですが、彼は文献学者のアリストパネスの恋敵だったのです。[3]というのも、アリストパネスは花飾
り売りの少女に恋をしていたのですが、そのゾウも彼に劣らず少女に恋をしていることが明らかだったから
です。なぜなら、彼が市場を通るときには、いつも彼女に果物を持って行き、長いあいだそばにたたずんで、
E 鼻を手のようにして彼女の肌着の中に差し入れ、胸もとの美しい部分を優しく触っていたものだからです。[4]
また、アイトリアの女性に恋をした大蛇[5]は、夜になると彼女のもとを訪れ、肌を接して彼女の身体の下に
潜り込んで絡みつき、わざとにせようっかりにせよ、決して彼女を傷つけないようにしていたのですが、夜
明け頃には必ずきちんと立ち去っていたのです。しかし、ヘビがそのようなことをやり続けたために、縁者
たちが彼女をどこか遠くに引っ越させてしまったのです。ヘビは、三晩か四晩、彼女のもとには来なかった
のですが、おそらく彼女を探し回ってさまよい、うろうろしていたのでしょう。しかし苦労して何とか見つ

F け出すと、いつもそうだったように優しく巻き付くのではなく、もっと荒っぽくとぐろで彼女の両手を身体へとしばりつけ、もう一方の尻尾の先端の部分で彼女のすねを鞭打ち、罰を与えるというよりは大目に見てやるという意味合いを含んだ、どこか軽くて愛情を持った怒りを示したのです。

また、少年を愛したアイギオンのガチョウや、キタラー弾きのグラウケに恋い焦がれた雄ヒツジについては、有名な話ですし(6)、あなた方も多くのお話で飽き飽きしておられるでしょうから、これらについてはやめておきましょう(7)。

973 一九　ムクドリやオオガラスやオウムは会話することを学ぶのであり、分節化したり調音したりできるほどに柔軟で模倣的な発声を調教師たちに提供しているため、私が思うに、彼らは学習能力に関して他の動物

(1)アイリアノス『動物奇譚集』第七巻四四で同じ話が語られている。また第七巻二ではゾウが神々に愛されていることを示す逸話が語られている。
(2)アイリアノス『動物奇譚集』第九巻一参照。
(3)ビュザンティオン出身の文献学者アリストパネス。アレクサンドレイア図書館長。
(4)アイリアノス『動物奇譚集』第一巻三八、プリニウス『博物誌』第八巻一三参照。
(5)アイリアノス『動物奇譚集』第六巻一七では、大蛇がユダヤ人の女に恋をしたという同様の話が語られている。
(6)アイリアノス『動物奇譚集』第五巻二九参照。また、プリニウス『博物誌』第十巻五一には、エジプト王プトレマイオスの竪琴弾きの少女グラウケにガチョウとヒツジが恋をした話が語られている。
(7)アイリアノス『動物奇譚集』第十二巻三七では、人間に恋をしたニワトリやカラスの話が語られている。

(973) たちを擁護し、弁護しているのです。つまり、動物たちには発話されるロゴス[1]も分節化される声も備わって
いるということを、ある仕方でわれわれに教えているのです。ですから、吠えたり呻いたりするだけの声量
がない動物たちと、それらの動物との比較を認めるのはまったく馬鹿げています[2]。このような鳥たちの、天
然で、教えられたわけではない歌声には、最も雄弁で最も美声の詩人たちも証言するほどの音楽と優美さが
備わっていて、彼ら詩人たちは自分たちの最も甘美な作品や詩をハクチョウやナイチンゲールの歌に例えて
いるのです[3]。しかしまた、学習することよりも教えることのほうがより理性的なのですから、われわれは今
B や、動物たちはそのようなこともしていると語るアリストテレスの言うことを聞かねばなりません。すなわ
ち、ナイチンゲールが雛鳥に歌い方を教えているところが目撃されている、と彼は語っています[4]。また、小
さい頃に捕らえられ、母鳥から離れて育てられた鳥は歌が下手だということも、彼を支持する証言になり
ます[5]。というのも、母鳥とともに育てられた鳥たちは、報酬のゆえにあるいは評判のために、歌を教えられ
たり学んだりするのではなく、楽しいからこそ歌を競い合っており、歌声の必要性よりも美しさを愛してい
るからなのです。

この点に関しては、あなた方に話すべき逸話があるのですが、私はそれを目撃した多くのギリシア人や
ローマ人から聞いたのです。すなわち、ある床屋がローマで、ギリシア人の広場[6]と呼ばれる区域の向かいに
C 店を構えていたのですが、彼は多様な音色と多様な音質で鳴く、素晴らしいカケスを飼っていました。そし
てこのカケスは、人間の言葉や動物の鳴き声や機械の音を反復していたのであり、誰も強制していないのに、
どんな言葉も見逃さずに反復し、どんな音も見逃さずに真似することを習慣として、誇りにしていたのです。

さて、近隣のある裕福な者がたくさんのラッパの演奏に見送られて埋葬されるということがあったのですが、慣例どおりに、葬列がその区域の前で立ち止まると、ラッパ奏者たちは喝采を受けて促されて、長い時間そこで演奏したのです。しかし、カケスはその日以降、静かになって話をしなくなり、生理的な欲求のために
D 自分の声を漏らすことさえしなくなったのです。するとその沈黙は、以前カケスの声に感嘆した者たちに、今度はより大きな驚きを与えることになったのです。つまり、いつもそこを通りかかる人々に無音の楽曲を与えたのです。毒を盛ったのではないかという疑いが同業者に掛けられましたが、大半の人々は、ラッパの

(1) この「発話されるロゴス（λόγος προφορικός）」とは、「内的ロゴス（λόγος ἐνδιάθετος）」と対になる概念である。これら二つの対比されるロゴスの教説はアリストテレスによって予示され（『分析論後書』七六b二四―二五）、ストア派によって定式化されたようである。次註および二〇九頁註（1）参照。

(2) 声量がないために話すことができないと思われている動物も、声量さえあれば本来は話すことができるのだから、オウムなどの動物たちと比較・区別して、それらの動物には理性はないと考えるのは馬鹿げている、ということか。これは前註の二つのロゴスで言えば、あらゆる動物に、少なくとも「内的ロゴス」が備わっているという主張かもしれない。これに対して、以下で示されるように、ある種の鳥には両方のロゴスが備わっているということになるだろう。

(3) たとえばバッキュリデス『祝勝歌』第三歌九七では、「蜜の歌声のナイチンゲール」に譬えられている。

(4) アリストテレス『動物誌』第四巻第九章五三六b一八。また、アイリアノス『動物奇譚集』第三巻四〇でもアリストテレスの証言が紹介されている。

(5)『もの言えぬ動物が理性を用いることについて』九九二B―C参照。

(6) Platner and Ashby, *A Topographical Dictionary of Ancient Rome*, p. 248 では、プルタルコスの語るこのギリシア人の広場とは、フォルム・ロマヌムの南にあったグラエコスタディウムではないかとされている。

音がカケスの聴力を吹き飛ばしてしまい、聴力とともに声も消え去ってしまったと推測したのです。しかし
実際はそのどちらでもなく、思うに、真似をする練習をして、独りで引き籠っていたのであり、まるで楽器
のように自分の声を調整し、準備していたのです。というのも、今度は突然、音を発して炸裂させたのです
E が、あのいつもやっていた以前の物真似ではなく、ラッパの曲を一定の周期に合わせて発し、メロディーの
なかであらゆる転調やあらゆるリズムを披露したのです[1]。したがって先ほど言ったように[2]、単なる物覚えの
良さよりも、自分で教え学ぶ力のほうが、動物におけるより優れた理性の能力を示しているのです。
ただ、少なくともイヌのある一つの学習の事例については、これを無視してしまうのは良くないと私には
思われます。それは私自身がローマで目撃したことなのですが。すなわち、そのイヌは、複雑な構成で登場
人物も多い物真似劇に出ていて、さまざまな演技だけでなく、その場の設定や状況に適した演技をこなして
いたのですが、人々はそのイヌに、実際は催眠性の薬だが、劇の設定では毒薬ということになっているもの
F を試しに与えたのです。すると、毒薬が混ぜられているというそのパンをイヌが受け取って食べると、少し
後で、震えて、ふらついて、ぼんやりしたような様子に見えたのです。最後に伸びをしてから、死体のよう
に寝ころぶと、引きずられるがままに運ばれていったのですが、それは劇の脚本の指示どおりだったのです。
しかし、語られる台詞や行なわれる演技から今がその時だと理解すると、まるで深い眠りから覚めたかのよ
974 うに、はじめはゆっくりと体を動かし、そして頭をあげて、前をじっと見たのです。それから皆が驚いたこ
とに、起き上がると然るべき人のもとへと歩いていき、喜びながら嬉しそうにじゃれついたので、その場に
いたすべての人々と皇帝（すなわち老ウェスパシアヌス[3]がマルケルス劇場に臨席していたのです）は感激し

たのです。

二〇　しかし、もしかしたら、動物が学習するということを偉そうに褒めたたえて、われわれは笑いものになっているのかもしれませんね。デモクリトスは[4]、最も重要なことごとに関してわれわれ自身がそれらの動物から学んでいるということを指摘しているのですから。つまり、クモからは機織りや修繕の技術を、ツバメからは家づくりの技術を、美声のハクチョウやナイチンゲールからは彼らの真似をして歌を[5]。また、医術の三つのそれぞれの部門に関しては[6]、十分な量で優れた質のものを、われわれは動物のうちに見出してい
B
ます。すなわち、動物たちは単に薬物の知識を用いるだけではありません。ヘビを食べるときには、カメはマジョラム[7]を、イタチはヘンルーダ[8]を食後に食べるのです。またイヌはお腹の調子が悪いときには何らかの

（1）カケスが沈黙したまま「独りで引き籠って」練習を続けた後に、「音を発して」曲を演奏したというこの逸話によって、プルタルコスは「発話されるロゴス」だけでなく「内的ロゴス」をもカケスに帰していると思われる。二〇七頁註（1）参照。

（2）九七三A。

（3）ウェスパシアヌスの在位期間は後六九―七九年。

（4）デモクリトス「断片」一五四（DK）。

（5）九七三A参照。

（6）以下、順番に、㈠薬物療法、㈡食餌療法、㈢外科手術の事例が語られる。ディオゲネス・フエルティオス『ギリシア哲学者列伝』第三巻八五では、さらにこれに病状診断と救急医療が加えられた五部門がプラトンの分類として紹介されている。

（7）『自然学的諸問題』九一八C、『もの言えぬ動物が理性を用いることについて』九九一E、アイリアノス『動物奇譚集』第六巻一二、アリストテレス『動物誌』第九巻第六章六一二a二四参照。

（8）アリストテレス『動物誌』第九巻第六章六一二a二八参照。

(974)

薬草で自らを浄化します[1]。大蛇は、ぼやけた目をウイキョウで磨いて、こするのです[2]。また、雌のクマは、巣から出てくる際に[3]、最初に野生のアルムを食べます[4]。というのも、その刺激性によって彼女の癒着した腸が開通するからです。またそれとは別に、吐き気を感じたときには、アリ塚に向かい、甘い汁で湿った柔らかな舌を突き出して、舌がアリで覆われてしまうまで座り込みます[5]。というのも、それを飲み下せば回復するからなのです。エジプト人たちは、トキが下剤として海水を用いて身を浄化しているのを目撃し、自分たちでもそれを真似ていると語っています[6]。また神官たちは、自らを清める際に、トキが飲んでいる水を用いるのです。というのも、水が有毒だったり、あるいは別の仕方で不衛生であれば、トキはその水に近づかないからです[7]。

C

しかしまた、食事を断つことで自らを治療する動物もいます。たとえばオオカミやライオンは、肉で満腹になると、静かに横たわって身体を温めます[8]。また、雌のトラは、子ヤギを与えられると、絶食をして二日間食べないのですが、三日目になるとお腹を空かせて別の食べ物を要求し、檻をかきむしると言われています。子ヤギをもはや伴侶や同居者のように思って、助命してやるそうなのです[9]。

D

しかしまた、ゾウも外科治療を行なうと伝えられています。というのも、彼らは傷を負った仲間に寄り添って、皮膚を引き裂いたりせずにそっと、傷つけないように、槍や投げ槍や弓矢を引き抜くのです[10]。また、クレタ島の雌ヤギは、ハナハッカを食べると容易に刺さった矢を排出するため[11]、これにより、妊娠した女性はこの植物には堕胎作用があるのだということを発見したのです。というのも、この雌ヤギたちは、傷を負ったときには、他ならぬハナハッカを急いで探し求めて駆け回るからです。

E

二一　これらのことも驚くべきことですが、スサ周辺のウシが持っているような、数の認識や数える能力を持つ生き物[12]に比べれば、それほど驚くようなものではありません。というのも、そこではウシたちがバケツの付いた水車で王の庭園に水を撒いているのですが、バケツ何杯分かという数は決められているからです。すなわち、それぞれのウシが毎日、バケツ百杯分の水を汲み上げているのです。しかし、それ以上の数を望んでも得ることはできないし、強制的にやらせることもできないのです。実際、何度も試しに数を増やそう

(1) アリストテレス『動物誌』第九巻第六章六一二a六参照。
(2) プリニウス『博物誌』第二十巻二五四参照。
(3) 冬眠が終わり巣から出てくる際のこと。九七一D―E参照。
(4) アリストテレス『動物誌』第八巻第十七章六〇〇b一一、第九巻第六章六一一b三四、アイリアノス『動物奇譚集』第六巻三、プリニウス『博物誌』第八巻一二九参照。アルムはサトイモ科の多年草で、英語では dragon arum とも言う。中央にある紫色の肉穂花序《にくすいかじょ》は腐った肉のようなにおいを放ち、寄ってくる蠅を利用して送粉する。
(5) プリニウス『博物誌』第八巻一〇一では、クマはマンドレイクの実を飲み込んだときにはアリを食べる、とある。また、アリストテレス『動物誌』第八巻第五章五九四b九、アイリアノス『動物奇譚集』第六巻三参照。
(6) アイリアノス『動物奇譚集』第二巻三五参照。
(7) アイリアノス『動物奇譚集』第七巻四五参照。
(8) アイリアノス『動物奇譚集』第四巻一五参照。
(9) これではなぜトラがそもそも絶食をしていたのかが不明であるが、アイリアノス『動物奇譚集』第六巻二では、あるヒョウがヤギを与えられたときに、満腹だったために絶食をしていて食べなかったが、三日目にはヤギと親しくなっていたために生かしておいた、という話が語られている。
(10) 九七〇D、九七七B参照。また、アイリアノス『動物奇譚集』第七巻四五参照。
(11)『もの言えぬ動物が理性を用いることについて』九九一F、アリストテレス『動物誌』第九巻第六章六一二a三、フィロン『動物について』三八参照。
(12) アイリアノス『動物奇譚集』第四巻五三参照。

としてみたのですが、ウシは以前からの割り当てを運んだ後は、立ち止まったまま前に進まないのです。このようにウシが正確に数を足して合計を記憶しているのは、クニドスのクテシアス[1]が伝えているとおりなのです。

F また、リビュア人はエジプト人がオリックス[2]について作り話を語っていると笑いものにしています。つまり、彼らがソティスと呼び、われわれが犬の星とかシリウスと呼ぶ星[3]が昇る、あの日のあの時間に、オリックスは鳴き声を上げる[4]というお話です。すなわち、あの星が太陽とともにまさに昇るときに、彼らのところにいるすべての[5]ヤギは一斉にそちらの方に向かって東を見るのです。そして、それこそが一年の周期の最も確実な印であり、数学的な暦にも最もよく合致していると言われています[6]。

975 二三 しかし、この話が最高潮に達した上で結末を迎えられるようにするために、さあ、「最後の切り札を出して[7]」、動物の神的な予言や占いの能力について少し語りましょう。というのも、占いの技術のうちで、些細な部分でも不名誉な部分でもなく、大きくてかなり古くからある部分が、鳥占術と呼ばれてきたからです[8]。すなわち、鳥の鋭敏で知的なところや、ありとあらゆる兆候に素早く反応する性質のおかげで、神は鳥たちをまるで道具のように用いることができるのであり、彼らの動きや鳴き声やさえずりに指示を出し、あるときには風に逆らった隊列を、またあるときには風に流される隊列を指示して、あるものには行動や目
B 的に向かって進むのを妨げ、あるものにはそれを促すのです。それゆえ、エウリピデスは一般的に鳥たちを「神々の使い」と名付けています[9]。また、個別的にはソクラテスが自らを「ハクチョウと同じ召使い仲間」であると語っています[10]。さらに、王たちのなかでは、ピュロスはワシと呼ばれるのを、またアンティオコス

はタカと呼ばれるのを好んでいました。(11) 他方で、われわれは無教養で理解力のない者たちを罵ったり馬鹿にしたりするときには、「魚」と呼んでいます。実際、陸上動物や空の動物たちが神々からわれわれへと前もって伝えたり予言したりする事例は無数に挙げられるのですが、水棲動物を擁護しようとする者は、その

（1）クテシアス「断片」三四b（Jacoby）。アイリアノス『動物奇譚集』第七巻一参照。

（2）オリックスの獰猛さについては、オッピアノス『猟師訓』第二巻四四五行以下参照。

（3）『イシスとオシリスについて』三五九C—D、三七六A参照。

（4）アイリアノス『動物奇譚集』第七巻八、プリニウス『博物誌』第二巻一〇七では、くしゃみをすると語られている。

（5）ここでは底本（*τὰς γὰρ αὐτῶν ὁμοῦ πάσας*）とも Helmbold（*τὰς γοῦν ὁμοῦ τι πάσας*）とも異なり、写本どおりに *τὰς γὰρ αὐτῶν ὁμοῦ πάσας* と読む。

（6）古代エジプト人は、ナイル川が氾濫し始める時期と、シリウスが太陽を伴って（太陽の直前に）東の地平線から昇る現象（heliacal rising）の起こる日（七月二〇日頃）がだいたい合致していたことから、この日を一年の始まりの日と定めていた。

（7）字義どおりには「神聖な線から駒を動かして」。すごろくに由来するこの表現をプルタルコスは好んで用いている。『老人は政治活動に従事するべきか』七八三B、『コロテス論駁』一一一六E参照。LSJ, p. 822, *ἱερός* の III. 4も参照。

（8）プラトン『パイドロス』二四四C—D、『パイドン』八五B参照。

（9）同じではないが似た表現がエウリピデス『イオン』一五九行で用いられている。

（10）プラトン『パイドン』八五Bで、ソクラテスは、自分がハクチョウと同様にアポロンの神に仕える者だと語っている。

（11）『王と将軍たちの名言集』一八四A、D、『ピュロス伝』第十章一参照。このアンティオコスは、セレウコス朝シリアの王アンティオコス二世の次男、アンティオコス・ヒエラクス。厳密には王ではなかった。

ような事例を一つでも挙げることができないのです。[1] 水棲動物たちはすべて、予見という点では、耳も聞こえず目も見えないのであり、神なきティタン族[2]の領域へと追いやられてきたのです。そこはまるで不敬者たちの国であり、そこでは魂の理性的で知的な灯火は消し去られて、感覚はそれ以外の最後の残りかすの部分と混じり合い、水に押し流されて、生きているというよりはむしろ息も絶え絶えの様子なのです。

C

二三　ヘラクレオン　では親愛なるパイディモス、眉をあげて、海の民、島の住人であるわれわれのために身体を起こしてくれたまえ。この議論はもはやお遊びではないのだ。法廷の門や演壇を欠いてはいるものの、厳しい論争であり、弁論となったのだ。

パイディモス　ヘラクレオン、これは策略による待ち伏せであることは明らかだ。というのも、われわれはまだ昨日からの二日酔いで酒にひたっているのに、ごらんのとおり、この紳士はしらふでしっかりと準備をしたうえでわれわれに襲いかかってきたのだからね。しかし放免してもらうこともできない。なぜなら、私はピンダロスの信奉者である以上、

D

争いが起きたときの言いわけが
勇気をまったき暗闇へと叩き落した。[3]

という言葉を聞きたくないのだから。では君たちにはたっぷりと時間がある。何もせずに寝ていられるのは合唱隊（コロイ）[4]ではなく、イヌやウマや、狩猟網やありとあらゆる地引網であり、今日はこの討論のおかげで陸上でも海でも等しくあらゆる動物に休戦がもたらされているのだから。しかし恐れてはならない。と

いうのも私はこの余暇を適正に使うつもりなのだから。つまり証拠として採りあげるのは、哲学者の思わくでも、エジプト人の作り話でも、インド人やリビュア人の根拠のない話でもないのだ。いたるところで目撃され、海で働く者たちを証人として抱え、視覚に信用性を与えてくれるような出来事、そのような事柄のう
E ちのいくつかをこれからお話ししよう。しかし、地上では事例を遮るものは何もなく、大地は開かれていてわれわれの感覚に逸話を提供してくれる一方で、海は目で見えるものをほんの少し、わずかなものしか与えてくれず、大部分の生き物の誕生や成長や、お互いに対する攻防は覆い隠されているけれども、これら海棲生物のうちの理解力や記憶力や協調性の働きはわれわれに知られていないからと言って、議論の妨げになるということは少しもないのだ。さらに、陸上の動物は、同族性や生活圏の近さから、人間の生活習慣と何ら
F かの仕方で接点があるおかげで、養育や教育や模倣の点で利益を得ている(5)。そのおかげで、一方では、ちょうど淡水と混じり合うことで海水がそうなるように、陸上動物の性質のあらゆる刺々しさや不満が緩和され

(1) しかし、九七六Cではパイディモスがこれに反論している。

(2) 父ウラノス（天空）と母ガイア（大地）のあいだに生まれた十二の巨神族。そのうちのクロノスが父ウラノスを追放し世界の支配者となったが、後に自らも息子ゼウスによってその地位を追われることになる。

(3) ピンダロス「断片」二二八（Snell / Maehler）。プルタルコス『老人は政治活動に従事するべきか』七八三B参照。

(4)「合唱隊（コロイ）」という語は、Bouffartigue（p. XVIII）が述べているように、一般的に学生の集団を指しうると解釈し、ここではパイディモスやアリストティモスを始めとする若者たちを指すと理解する。

(5) つまり、陸上動物は人間との交流を通じて何かを学び、利益を得ているということ。プリニウス『博物誌』第九巻一参照。

るのだが、他方では、彼らの理解力のなさや愚鈍さが人間と活動することによって呼び覚まされ、再燃する
のだ。他方で、海棲動物の生活は、〔海と陸の〕大きな断絶によって人間との交流から引き離されていて、外
976 来のものや馴染みのないものをまったく受け付けないため、独特でその場に固有のものなのだが、外来の生
活習慣と混じり合わないのはその場所のせいであって、彼らの自然本性のゆえではないのだ。というのも、
彼らの自然本性は、自らの手に入るかぎりの知識を受け入れて保持するのであり、このおかげで多くのウナ
ギが人間の言うことを聞くようになるのだ。ちょうどアレトゥサの泉に棲む、聖なるウナギと呼ばれるもの
たちや[1]、また、各地にいる、自分の名前に反応する魚たちのように[2]。クラッスス[3]のウツボもそのように伝え
られている。それが死んだときにはクラッススは嘆いたのだが。そして、あるときドミティウスが彼に向
かって「貴殿はウツボが死んで嘆いたではないか」と言うと、クラッススは「貴殿は三人の妻を埋葬しても
泣かなかったではないか」と返答したのだ[4]。
　また、神官たちのナイルワニは、呼んでいる者たちの声を識別したり、触られてもじっとしているだけで
B なく、大きく口を開けて、歯を手で掃除させたり、麻布で磨かせたりするのだ[5]。また、われらが親愛なるピ
リノスは、エジプトをあちこち巡り歩き、最近われわれのもとに帰ってきたのだが、アンタイオポリスでは
老女が寝台の上にきれいに並んだナイルワニと添い寝しているのを見たと語っている。
　また昔から伝えられていることだが、プトレマイオス王が神聖なナイルワニを呼び寄せた際に、そのワニ
が王のさまざまな懇願や要求に耳を貸さず言うことを聞かなかったために、神官たちは、ほどなくして実際
C に王に降りかかる、命の終焉を予兆していると考えたのだ[6]。したがって、水棲動物の種族は非常に栄誉ある

占いの術に与っていないわけではないし、その栄誉に浴していないわけでもないのだ(7)。実際、私の聞いている話では、リュキア地方のペロスとミュラの間にあるスラという村の辺りに定住している者たちは、ちょうど他の者たちが鳥でやるように、魚から託宣を得ているのであり、何らかの術や推論によって、魚が泳いだり逃げたり追いかけっこをしているのを詳しく調査するのだ(8)。

D 二四 だが、以上のことから、魚たちがわれわれとは完全に異質だというわけではないこと、また、われわれと心を通わせることができないわけではないということ、これらのことが十分に明らかにされたと考えよう。また、そのようなわれわれとの共通性(9)は、魚たちが混じり気のない生まれながらの知性を持っていることの大きな証拠となるのだ。実際、岩に付着したり岩から生えているのでない遊泳性の動物は、ちょうど

(1)アイリアノス『動物奇譚集』第八巻四参照。当地のウナギは人に慣れて、扱いやすいと言われている。
(2)アイリアノス『動物奇譚集』第十二巻三〇、プリニウス『博物誌』第十巻一九三参照。
(3)ルキウス・リキニウス・クラッスス。ローマの弁論家(前一四〇―九一年)。
(4)『いかに敵から利益を得るか』八九A、『政治家になるための教訓集』八一一A、アイリアノス『動物奇譚集』第八巻四、ポルピュリオス『肉食の禁忌について』第三巻五参照。このクラッススは優れた弁論家として知られ、キケロ『弁論家について』に登場する。
(5)アイリアノス『動物奇譚集』第八巻四参照。
(6)アイリアノス『動物奇譚集』第八巻四参照。
(7)九七五B参照。
(8)アイリアノス『動物奇譚集』第八巻五参照。
(9)前後の議論の流れを次のように理解する。魚はわれわれ人間と通じる部分を持っていて、そのような共通性は魚類の知性を示しているのであり、実際、魚はその知性のゆえに捕えることが非常に難しいのだ、と。

ロバがオオカミに、ミツバチがハチクイに、(1)セミがツバメにつかまるようには、人間には簡単につかまらな
いし、苦労なしには捕らえられないのだ。また、ヘビがシカに容易に引き寄せられて捕らえられるようには、
うまくはいかないのだ(2)（シカ［エラポス］という名前もそこから作られたのであり、素早さ［エラプロテース］
から派生したのではなく、ヘビ［オピス］を引き寄せる［ヘルクシス］というところから派生したのである）。
また、ヒツジは足跡によってオオカミを呼び寄せてしまうし、大半の動物、とくにサルは匂いによって喜ん
でヒョウに惹きつけられると言われている。(3)しかし、海棲動物全般が持つ予感能力は疑り深い性質で、攻撃
E に対して知性で防御を行なうため、彼らを捕まえるのは単純でもつまらない仕事でもなく、あらゆる種類の
道具や、彼らに対する巧みで狡猾な小細工を必要とする仕事となっているのだ。

　そして、そのことはすぐ手近にある事例からも明らかである。(4)すなわち、人々は釣り竿としては、捕まえ
た魚がもがき回るのに耐える柔軟さを必要とするものの、太いものは望まず、むしろ、広い影を投げかけて
魚たちの疑心をかきたてないよう、細い竿を選ぶ。それからまた、彼らは釣り糸を引き結びの結び目で複雑
に絡み合ったものや、粗雑なものにはしないのだ。なぜなら、それも魚たちにとっては罠を示す証拠となる
からである。また彼らは、釣り針に接する部分の糸をできるだけ白く見えるように工夫している。というの
F も、そうすることで、色が似ているおかげで海の中でより気づかれにくくなるからである。あの詩人に語ら
れているように。(5)

　　鉛の錘のように彼女(6)は海の底へと沈んでいった、
　その錘は野に棲む牛の角（ケラス）に嵌めこまれて、

生肉食いの魚たちに死をもたらそうとしてゆく。

977 ある者たちは、これを誤解して、昔の人々は釣り糸にウシの毛を使っていたと考えている。というのも、彼らは「ケラス」が毛を意味していて、そこから「ケイラスタイ［髪を切る］」や「クーラ［散髪］」という語が使われていると考えているからである。また、アルキロコスが使う「ケロプラステース［角を成形する者］」(7)とは、髪の毛を整えたりお洒落にするのが好きな者のことであるからと。(8)だが、そのことは真実ではないのだ。実際のところ、人々はウマの毛を使っているのであり、雄ウマから毛を取ってきているのだ。というのも、雌ウマは尿で毛を濡らして弱くしてしまうからである。(9)アリスタルコスが言うには、(10)先ほどの詩では小

(1) ブッポウソウ目ハチクイ科の鳥。アリストテレス『動物誌』第九巻第十三章六一五b二五参照。

(2) アイリアノス『動物奇譚集』第八巻六参照。

(3) アリストテレス『動物誌』第九巻第六章六一二a一三参照。

(4) 以下で語られる、釣り竿や釣り針に関する記述や、魚がえさを齧り取る様子についての記述から、E. R. Dodds はプルタルコスが、その人道的見解にもかかわらず、釣りを嗜んでいたのではないかと推察している（*Greece and Rome* 2 (1933), p. 105）。

(5) ホメロス『イリアス』第二十四歌八〇—八二行。

(6) テティスのもとに向かうイリス。

(7) アルキロコス「断片」五九（Diehl）。

(8) 釣り糸にウシの毛が使われているということ。

(9) 『自然学的諸問題』九一五F—九一六Aで同じ問題が扱われている。

(10) 写本では「アリストテレス（Ἀριστοτέλης）」。しかしアリストテレスからの出典が不明なため、A. Platt が「アリスタルコス（Ἀρίσταρχος）」（前二世紀の文献学者でアレクサンドレイア図書館長。ホメロスの校訂を行なった）と修正した（*Classical Quarterly* 5 (1911), p. 255）。

難しいことや特別変わったことは何も語られておらず、実際は、釣り針の近くの糸のまわりに小さな角が取り付けられているのだ(1)。なぜなら、魚はそれ以外のものに出くわしたときには、糸を噛みちぎってしまうからである。また、釣り針のなかでも丸い形のものは、口が小さいボラやカツオに対して用いられる。というのも、これらの魚はもっとまっすぐな形の針を警戒するからである。だが、ボラはしばしば丸い形の針も警戒してその周辺を泳ぎ回り、尻尾で餌を回りから叩いて、叩き落とされた部分を食べるのである。もしそれができなければ、口を閉じて固く結び、唇の端で餌に触れて齧りとるのだ(2)。

B

また、バスはゾウよりも勇敢であり(3)、釣り針に引っかかったときには頭をあちこちに振ることで傷を広げて、他の魚からではなく、自分で自分から針を引き抜くのであり、針を抜き取るまで傷口の痛みに耐えるのだ(4)。また、キツネザメ(5)はあまり釣り針に近づくことはなく餌を避けるのだが、針にかかったときにはすぐに身体をひっくり返すのである。すなわち、その弾力性と柔軟性のゆえに、身体を曲げたりひねったりできるよう生まれついているため、身体の内側を外側にひっくり返して針を排出するのだ(6)。

C

二五　さて、これらの魚たちは知識を示し、また、役立つものを然るべきときに巧妙で驚くべきやり方で利用するわざを示している。しかし他の魚たち、たとえばアンティアス(7)やブダイ、は知性を伴った協調性や相互愛を発揮するのだ(8)。というのも、ブダイは釣り針を飲み込んでしまったときには、そばにいるブダイたちが飛びついて糸に齧りつくのだから。また、この魚たちは、籠網にはまった仲間に対しても外側から尻尾を投げかけて、それに必死で噛みついた仲間を引っ張り、引きずり出してやるのだ。他方でアンティアスは、さらに熱心に同族のものたちを助ける。というのも、彼らは糸を背びれの上にのせて、トゲをまっすぐに立

D

てて、ギザギザでのこぎりのようにして糸を切ってしまおうとするのだから。(9) しかし、危険に陥った仲間を敢えて助けようとする陸上動物のことなど、われわれはまったく知らないし、クマもイノシシも雌ライオンもヒョウもそのようなことはしない。実際、闘技場では同族の動物たちは同じ

---

(1) 筒状の角の中に糸を通すということか。オッピアノス『漁夫訓』第三巻一四七行では、これに似た仕掛けが語られている。

(2) オッピアノス『漁夫訓』第三巻五二四行以下参照。

(3) 九七四Dではゾウが仲間のゾウから傷を広げずに槍を引き抜く話がアリストティモスによって語られていた。

(4) オッピアノス『漁夫訓』第三巻一二八行以下参照。また、アイリアノス『動物奇譚集』第一巻四〇、オッピアノス同書第三巻一三二行以下では、マグロについて同様の逃げ方が語られている。

(5)「オナガザメ」のこと（実際にはキツネザメという和名はない）。尻尾の長さから英語ではfox-sharkとも呼ばれ、ギリシア語ではそのまま「キツネ（アローペークス）」と呼ばれる。

(6) アイリアノス『動物奇譚集』第九巻一二でも同様の話が語られている。しかし、アリストテレス『動物誌』第九巻第三十七章六二一a六以下では、身体を反転させて針を吐き出すのは「海ムカデ」（スコロペンドラ、ゴカイの類）で、糸をかみ切って逃れるのはキツネザメだと続けざまに語られている。このことから、プルタルコスは海ムカデとキツネザメの記述を混同していると考えられる。だが他方で、『神罰が遅れて下されることについて』五六七Bではプルタルコスも海ムカデが針を飲み込んだときには身体を反転させると語っている。

(7) スズキ目ハタ科の *Anthias anthias* (*Serranus anthias*) と推定される。身体は鮮やかな赤色で、背ビレに多くのとげを持つ。アリストテレス『動物誌』第六巻第十七章五七〇b一九、第九巻第三十七章六二〇b三三以下参照。また本篇九八一D―E参照。

(8) アイリアノス『動物奇譚集』第一巻四でも、アンティアスとブダイによる仲間の救助について語られている。

(9) プリニウス『博物誌』第九巻一八二、オッピアノス『漁夫訓』第三巻三二一行以下参照。

(977) ところに集まり、輪になってお互いに身を寄せ合うが、他方では、お互いを助ける知恵もないし、そのような考えもなく、傷つけられたり死にかけている仲間からは逃げ出して、できるだけ遠くに離れるのだ。しかし、穴にがれきを運び込んで、穴に落ちた仲間が足場のおかげで上に登れるようにするという、あのゾウの話[1]は非常に奇妙で違和感があり、ユバの文書にあるあの話を信じるようにと、まるで王の布令に基づいて
E 指示しているかのようである。だが、たとえそれが真実だとしても、海棲動物の多くは、協調性や知性の点で陸棲動物のなかでも最も賢いものに何ら劣るところがないということを示しているのである。実際、彼らの協調性に関しては、この後すぐに特別な議論が行なわれるだろう。

二六　また漁師たちは、ほとんどの魚がまるでレスリングの防御の技のようにして釣り針による打撃を回避するのを見ているため、力に訴えて、ペルシア人たちがするように、底引き網を使うのである[2]。なぜなら、網にかかった魚たちには、理性や知恵を働かせて逃げ出す方法はまったく残されていないからである。すなわち、一方において、ボラやレインボーラス[3]は投網や丸網で捕らえられるのであり、タイやチヌやハゼやバ
F スなどもそうなのである。他方で、網魚と呼ばれる、ヒメジやヨーロッパへダイやカサゴなどは、魚採り籠や地引網を引いて取り囲んで捕まえてしまうのであり、ホメロスはそのような種類の網を正しくも「一網打尽」と呼んだのである[4]。しかし、バスと同様にタラはこれらの網に対しても秘策を持っている。すなわち、網が近づいているのに感づくと、この魚は土を力任せに掻き分け、地面を叩いて掘り返すのだ。そして網の攻撃から身をかわす余地を作ると、身体を押し込んで、網が通り過ぎるまで、そこでじっとしているのだ。

またイルカは、網に取り囲まれて、網の囲いの中にいることに気が付いても、じっとしていて、動揺せず

にむしろ喜ぶのだ。というのも、まわりにたくさんいる魚を労せずしてたっぷりと堪能できるからだ。しかし、岸に近づいてくると、網を噛み切って逃げてしまうのだ。だが、もし先んじて逃げることができないとしても、一度目はイルカは何もひどい目にあわされずに、漁師たちはイルカの背ビレにイグサを縫い付けて逃がしてやるのだ。しかし、再び捕まった場合には、漁師たちは縫い付けられた印からそれと分かるので、イルカを叩いて罰するのだ。だが、そのようなことはめったに起きない。というのも、ほとんどのイルカは一度目に許してもらったことを感謝していて、それ以降は悪さをしないように気をつけるのだから。(5)

さらに、用心深さ、警戒心、逃走に関する事例はたくさんあるのだが、コウイカの事例を無視してしまうのは適切ではないだろう。というのも、コウイカは、いわゆるミュティス(6)を首の脇に持っているのだが、そ
B こは人々が泥（トロス）と呼ぶ黒く濁った水で満たされていて、襲われた際には、これを外に放出して、巧

(1) 九七二B参照。
(2) ペルシア戦争時、キオス島などにおいてペルシア軍の兵士たちは島の端から端まで手をつなぎ引き網のようにして反乱軍を掃討したという（ヘロドトス『歴史』第六巻三一参照）。
(3) スズキ目ベラ科の魚。アリストテレス『動物誌』第九巻第二章六一〇b七で言及されている。
(4) ホメロス『イリアス』第五歌四八七行。
(5) アイリアノス『動物奇譚集』第十一巻一二ではこれと同様の話が、また第二巻八やプリニウス『博物誌』第九巻二九では漁師とイルカが協力して漁をする話が語られている。
(6) プルタルコスはここで「ミュティス」自体が墨で満たされていると語っているように見えるが、アリストテレス『動物誌』第四巻第一章五二四b一五では、「ミュティス」の上に墨袋があると語られている。また『動物部分論』第四巻第五章六八一b一七—三一では、「ミュティス」は心臓の類比物であるとされている。

みに海を濁らせ、身体のまわりに暗闇を作り、捕獲者の視界をすり抜け、逃げ出すのである。[1] ホメロスの語る神々はしばしば自分たちの助けたい者たちを「暗黒の雲」によって隠してこっそりと保護しているが、[2] コウイカはこれを真似ているのだ。だが、このようなことはこれで十分だろう。

二七　また、他の生き物を襲ったり狩りをしたりする技能に関して、多くの海棲動物のうちに知恵を見て取ることができる。実際、ヒトデは、自分に触れたものはすべて分解して溶けてしまうことを知っているので、自らの身体を差し出して、相手が襲ってきたり接近してきたりして触れてくるのを気にしない。[3] また、

C

あなた方はきっとシビレエイの能力はご存じだろう。それに触れた者を硬直させてしまうだけでなく、地引網を通じて捕獲者の手に重度の麻痺を引き起こすのだ。また、ある者たちは、シビレエイについてさらに実験を行なって、次のように報告している。[4] つまり、シビレエイが生きたまま岸に打ち上げられた際に、上から水をかけると、刺激が手にまで上って来て、触覚を麻痺させてしまうのを感じるのだが、それはおそらく、水が変化して先に作用を受けたせいなのである。したがって、このような生まれながらの可感的性質を持っているために、どのような相手とも真正面から争うことはなく、危険を冒すこともない。円を描くように獲

D

物のまわりを泳ぎ、槍のように放出物を放って、まず最初に水を、次に水を通じて生き物を惑わし、防御することも逃げることもできないようにして、まるでひもで縛られたように硬直させてしまうのだ。

また、漁師と呼ばれる魚も多くの人々に知られているが、[5] その名前はその行動から付けられたのである。コウイカもまたそのような計略を働かせるとアリストテレスは語っているが。[6] すなわち、その魚は釣り糸のように首から縮れた糸を垂らしているのだが、その糸は、解き放たれたときにはさらに伸びて、逆に、戻す

ときには身体の方に引き寄せられる、というようなことがいとも簡単にできるような作りになっているのだ。したがって、何か小さな魚が近くにいるのを見つけたときには、糸に噛みつかせて、気づかれないように少しずつ巻き上げて、くっついている獲物が口の届く範囲に来るまで、自分のもとに引き寄せるのだ。

E

また、タコの色の変化については(7)、ピンダロスも次のように語ってそれを有名にしたのだ(8)。

海の〈岩場に棲む(9)〉獣の肌に心をよく似せて
あらゆる町（ポリス）を渡り歩け。

またテオグニスも同様に(10)、

(1)アリストテレス『動物誌』第九巻第三十七章六二一b二八、アイリアノス『動物奇譚集』第一巻三四、オッピアノス『漁夫訓』第三巻一五六行、プリニウス『博物誌』第九巻八四参照。
(2)ホメロス『イリアス』第五歌三四五、第二十歌三二一参照。
(3)アリストテレス『動物誌』第五巻第十五章五四八a七以下、オッピアノス『漁夫訓』第二巻一八一行参照。
(4)アリストテレス『動物誌』第九巻第三十七章六二〇b一二以下、アイリアノス『動物奇譚集』第一巻三六、第九巻一四、オッピアノス『漁夫訓』第二巻五六行以下、第三巻一四九行以下、プリニウス『博物誌』第九巻一四三、フィロン『動物について』三〇参照。
(5)アンコウのこと。アリストテレス『動物誌』第九巻第三十七章六二〇b一二、プリニウス『博物誌』第九巻一四四、オッピアノス『漁夫訓』第二巻八六行参照。
(6)アリストテレス『動物誌』第九巻第三十七章六二二a一、オッピアノス『漁夫訓』第二巻二三二行参照。
(7)アリストテレス『動物誌』第九巻第三十七章六二二a八、オッピアノス『漁夫訓』第二巻二三三行、プリニウス『博物誌』第九巻八七参照。
(8)ピンダロス「断片」四三（Snell / Maehler）。
(9)底本に従い、*πετραίου*（アテナイオス）を挿入して読む。
(10)テオグニス『エレゲイア詩集』二一五—二一六行。

979　F

多彩な色の多足のタコの心を持て、
タコは自らがしがみつく岩場と似たような色になるから。

と語っている。もちろんカメレオン[1]も変化するが、それは何か策略をめぐらせてのことでもなければ、自らを隠すためでもなく、恐怖のせいで目的もなく変化しているだけであり、本性的に気が小さくて臆病なのだ。また、テオプラストス[2]が言っているように、［カメレオンの身体が］空気で満たされているということもそのことと整合する。というのも、この生物は身体全体がほとんど肺で占められていて、そのことからこの生物が空気のような性質であることや、またそれゆえに変化に適した性質であることが推測されるのであるから。他方で、タコの場合は、変化は能動的なものであって、受動的なものではないのだ。というのも、タコは予見に基づいて変化するのであり、自身が恐れる相手に見つからないようにしたり、自分が餌にする相手を捕まえるための知略を用いているのだから。すなわち、この欺きにより、逃げないものを捕まえ、行き過ぎるものから逃げるのだ。ちなみに、タコが自分の足を食べてしまうという話は嘘である[3]。他方で、タコがウツボやアナゴを恐れるというのは本当である。というのも、これらの動物は攻撃をすり抜けるので、タコはどうすることもできずに、これらからひどい目にあうのだから。対照的に、イセエビ[4]はこれらの動物と取っ組み合いになれば簡単にやっつけてしまう。というのも、表面の粗さに対しては、滑らかさは何の役にも立たないからである。しかし、タコによって内側に足を差し込まれてしまうと、イセエビは負けてしまう。自然は、能力や知力を競う彼らの鍛錬や訓練として、お互いに追いかけたり逃げたりする、このような円環や循環を作り上げているのだ[5]。

二八　確かに、アリストティモスは先ほど、陸のハリネズミによる風の予知についていくらか説明してくれたし、(6)彼はまた、ツルが三角形の編隊で飛行することも称賛していた。(7)だが、私がお話ししたいのは、B キュジコスやビュザンティオンの一匹のハリネズミのことではなく、海のハリネズミ(8)全般のことなのだ。つまり、彼らは嵐や荒波がこれから来ることに気づくと、小石によって身体を安定させて、軽さのせいでひっくり返ったり、大波が生じて引き剝がされたりすることがないようにするのであり、小さな石のおかげでしっかりと踏みとどまれるようにするのだ。(9)

また、ツルが風に向かって飛び方を変化させるの(10)は一つの種だけに関わることではなく、そのようなことはあらゆる魚が共通して考えており、彼らは常に波や水の流れに向かって泳ぐのだが、それは、空気が後ろ

(1) アリストテレス『動物誌』第二巻第十一章五〇三b二、アイリアノス『動物奇譚集』第四巻三三参照。

(2) テオプラストス「断片」一八九（Wimmer）。

(3) 九六五E参照。また、プリニウス『博物誌』第九巻八七参照。

(4) アリストテレス『動物誌』第八巻第二章五九〇b一六以下、アイリアノス『動物奇譚集』第一巻三二、オッピアノス『漁夫訓』第二巻二五三行以下においても、タコとイセエビとアナゴもしくはウツボの三すくみの話が語られている。

(5) 実際にウツボはタコを捕食し、タコはイセエビを捕食するが、イセエビはウツボを捕食することはないようである。むしろ、イセエビはタコをおびき寄せ、ウツボはタコを捕食するという形で、イセエビとウツボは共生関係にあるようである。

(6) 九七二A。

(7) 九六七B。

(8) ウニのこと。

(9) 九六七Bではクレタのミツバチが小石を持って飛行を安定させるとある。

(10) 九六七B。

(979) の方から流れてきて、鱗が逆立って開いてしまい、むき出しになって毛羽立った身体が痛めつけられる、ということのないように防御している。だから彼らは常に身体を流れに対抗させるのだ。というのも、そうす
C ることで、海の水は頭のところで分かれて、エラを整え、身体の表面を滑らかに流れ、毛羽立つ肌を押さえて逆立てることはないのだ。したがって、先ほどから言っているように、このことは魚に共通することなのだが、チョウザメ(1)は例外である。この生物は鱗をこすり上げられるのを恐れることなく、風や水流に沿って泳ぐと言われているが、それは鱗の重なったひらひらが尻尾の方へと向かって付いていないからなのである。

二九　また、マグロは春分・秋分や夏至・冬至を察知することができ、星座表を必要とせずとも人間にまでそれを教えることができるのだ。というのも、マグロはどこであれ冬至になると、春分までのあいだ、今
D いるのと同じ場所に留まって、そこで過ごすのだから(2)。さて、ツルの巧みな工夫として、落とせば夜中に目を覚ませるようにと、石を摑んでおくというのがあったが(3)、では友よ、イルカの工夫はそれと比べてどれほど巧妙なのだろうか。イルカにとっては「留まることも、動きを止めることも正しくないこと(4)」なのだが。というのも、イルカの自然本性は常に動いていることなので、生きるのを止めることと動くのを止めることは同じなのだから。だが睡眠を必要とする場合には、身体を海面の方へと浮き上がらせてから、仰向けで海の深みへと身体を投げ出すと、海流のゆりかごに寝かしつけられながら沈んでいき、海底に到達するのだ。
E そうやって目を覚ますと、急いで上昇し、再び上まで来ると力を抜くというふうに、運動と混ぜ合わされたいくらかの休息を工夫して自らに与えているのだ(5)。また、マグロも同じ理由から同じことをすると言われている。

また、私はつい先ほど、[6] 太陽の回帰運動に関するマグロの数学的な予知能力について語り終えたが、そのことについてはアリストテレスが証言している。[7] では今度は、彼らの算術的な知識についての話も聞いてくれたまえ。だが、神にかけて、それよりも先に視覚に関する彼らの知識について聞いてもらわねばならない。このことについてはアイスキュロス[8]も知らないわけでなさそうなのだ。というのも、彼はあるところで次のように言っているからだ。

左目を、マグロのように、脇に逸らせて。

実際のところ、どうやら彼らは一方の目の視力が弱いようなのである。だから、彼らは黒海に入る際には右岸において陸地に沿い、出ていくときには反対の岸に沿って泳ぐのであり、非常に思慮深く慎重に、常に視

(1) アイリアノス『動物奇譚集』第八巻二八では、ホメロスが「聖なる魚」(『イリアス』第十六歌四〇六行) と呼ぶのはこの魚であると語られている。本篇九八一D—E参照。
(2) アイリアノス『動物奇譚集』第九巻四二、アリストテレス『動物誌』第八巻第十三章五九八b二五参照。
(3) 九六七C。
(4) Reiske は詠み人不明の韻文だと考える。
(5) アイリアノス『動物奇譚集』第十一巻二二参照。また、プリニウス『博物誌』第十一巻二三五では、イルカは移動しながら授乳する唯一の動物であると語られている。
(6) 九七九C。
(7) アリストテレス『動物誌』第八巻第十三章五九八b二五。
(8) アイスキュロス「断片」三〇八 (Nauck)。アイリアノス『動物奇譚集』第九巻四二参照。

F 力の優れているほうに身体の防御を任せるのだ。[1] また、どうやら彼らは自分たちの協調性や相互愛のために
算術を必要としていて、それを完璧に学習しているようである。つまり、常に集合して正方形の形を作り、
六つの等しい平面に囲まれた完全な立体を形成するのだが、それは彼らが一緒に食事をしたりお互いに群れ
たりすることを非常に好むからである。[2] そうして、そのように両面とも四角い形の隊列を維持して泳ぐのだ。
980 したがって、マグロの見張り番[3]は、海面のマグロの数を正確に把握できれば、ただちにその群れ全体の数も
明らかにできるのだ。その群れの深さも、横と縦の長さと等しい辺で出来ていることを知っているのだから。

三〇 また、カツオ（アミアー）は群集性のためにその名前を得たのであり、[4] 思うに、マグロの幼魚（ペー
ラミュス）もそうである。[5] その他にも、お互いと協調しながら群れで生活することが目撃されている種が
あって、その数を言うことはできないが、それよりもむしろ、彼らの独特な協調関係、つまり、共生に話を
進めなければならない。そのうちの一つが、クリュシッポス[6]が大量にインクを使って記述しているハボウキ
ガイ守［カクレガニ］であり、この生き物は、自然学的著作でも倫理学的著作でも、彼のあらゆる著作で重
B 要な位置を占めている。だが、きっと彼は海綿守［スポンジエビ］については調査したことがなかったので
あり、さもなければそれを無視するということはなかっただろう。[7] さて、人々が言うには、このハボウキガ
イ守という生き物はカニの一種であり、ハボウキガイ[8]と一緒にいて、その殻の前に居座って門番をするので
あり、彼らが捕まえられるような小魚が中に入るまで、貝の口を開けさせて、開いたままにしておくのだ。
それから、カニは貝の肉をはさんで中に入り、貝は殻を閉じ、彼らは檻の中に閉じ込められた獲物を一緒に
たいらげるのだ。

また、海綿を操る小動物はカニの仲間ではなく、クモに似た生き物である。実際のところ、海綿[9]は無生物ではないし無感覚でもなく血がないわけでもないが、他の多くの生き物のように石に付着して生えていて、
C 自分の内側からの動きや、逆に内側へ向かう動きなど、固有の運動をするのであり、それには監督や付き添いのようなものを必要とする。すなわち、海綿はむやみに穴が開いていて、その怠惰さや鈍感さのゆえに穴のところが緩んでいるので、何か食べられるものが入り込んできたときには、あの仲間が合図を送り、その

---

(1)「右岸」とはアジア側の陸地のこと。アリストテレス『動物誌』第八巻第十三章五九八b一九以下、アイリアノス『動物奇譚集』第九巻四二でも同様の話がやや詳しく語られている。これらの箇所によれば、視力が良いのは右目であり、それによって陸地の側を監視している、ということのようである。また、これらの箇所と、本箇所でのプルタルコスのギリシア語の表現上の違いについては補註D参照。

(2)アリストテレス『動物誌』第九巻第二章六一〇b一以下、アイリアノス『動物奇譚集』第十五巻三、五参照。

(3)漁船のマストの上でマグロの群れを見つける係。アリストテレス『動物誌』第四巻第十章五三七a一九、オッピアノス『漁夫訓』第三巻六三八行以下参照。

(4)アテナイオス『食卓の賢人たち』第七巻二七八aでは、アリストテレスの説として、仲間たちと「共に行く（ama ienai）」からそのように名付けられたという語源分析が紹介されている。

(5)この場合の語源分析は判然としないが、Helmbold (p. 444 note c) は、pelein（ある）と hama（共に）の組み合わせだとしている。

(6)『初期ストア派断片集』II 二〇八（*SVF*）。また、アテナイオス『食卓の賢人たち』第三巻八九d参照。

(7)海綿生物（スポンジ）の中に住み着くエビ。

(8)オッピアノス『漁夫訓』第二巻一八六行参照。

(9)アイリアノス『動物奇譚集』第八巻一六でほぼ同じことが語られている。また、アリストテレス『動物誌』第五巻第十六章五四八a二八以下、プリニウス『博物誌』第九巻一四八、オッピアノス『漁夫訓』第五巻六五〇行以下参照。

(980) 獲物を閉じ込めて食べてしまうのだ。さらに、人間が近づいたり触ったりすると、海綿守がそれを知らせようと引っ掻くので、海綿はまるで震えるようにして、身体を固くして圧縮し、身を閉じてしまうので、採取しようとする者たちにとっては切り取るのが容易ではなく大変な仕事になるのである。

また、ツロツブリボラ[1]は、ミツバチのように共同で巣を作って群れて暮らしており、その中で繁殖すると
D 言われている。彼らは貝殻にくっついた苔や海草の食べられるものを取るのだが、まるでぐるぐると替わりばんこにお互いにご馳走し合うかのように、一方が他方の殻についた苔を順番に食べるのだ。

三一　また人は、これらの事例における協調性についてどうして驚くことがあるだろうか。河川や湖や海に棲むあらゆる動物のうちで、最も社交性が低く最も野蛮なナイルワニでさえ、ナイルチドリとの交渉では協調性や親切心の点で素晴らしい態度を示すというのに[2]。というのも、ナイルチドリは湿地帯や川岸に生息する鳥であり、ナイルワニの見張りをしてやるのだが、手弁当ではなく、ワニの食べ残しのおこぼれに与る
E からだ。つまり、ナイルワニが寝ているときに、企みをするエジプトマングースが泥まみれの運動選手のように身体に泥の鎧をまとっているところを察知すると、鳴いたりつついたりしてワニを起こすのだ[3]。ワニのほうはチドリにとても慣れ親しんでいるので、大口を開けて口の中に受け入れ、チドリが歯に絡みついた肉の残りかすを優しくくちばしでつついて摘み上げると喜ぶのだ[4]。十分きれいになって、もう口を閉じたいと思ったら、上顎を傾けて合図を送り、それにチドリも気づいて飛び立つまでは上顎を下さないのだ。

F また、案内役と呼ばれる魚[5]は、大きさや形がハゼに似た小型の魚であるが、鱗のざらつきのせいで表面が鳥肌に似ていると言われている。また、常に一頭の巨大なクジラと一緒にいて、その前を泳ぎ、道を案内し

てあげるのだが、そうすればそのクジラは浅瀬や岩礁に囚われたり、抜け出せないような入り江に入り込むこともないのだ。というのも、船が舵に従うように、クジラはこの魚についていくのであり、従順に導かれるのだから。また、この魚以外のものなら、生き物であれ船であれ石であれ、クジラがその口で飲み込んでしまえば、ただちにすべてが破壊され、つぶされ、沈められてしまう。他方で、この魚については、クジラはそれと分かったうえで口の中に受け入れるのだが、それはまるで体内の錨のようなのである。というのも、この魚はその中で寝るのだが、それが寝ているあいだはクジラも静止して、停泊するからである。だが、再び魚が先導するようになるとクジラはついて行き、昼も夜も離れず、さもなければうろうろと迷ってしまうのであり、その多くは舵取りのいない船のように陸に打ち上げられて死んでしまうのである。実際、われわれもアンティキュラで遠くない昔に目撃したことがあるだろう。また以前、ブリスから⁽6⁾そう遠くない場所で

(1) アクキガイ科の巻貝。古代の地中海世界ではこの貝から得られる紫色の染料が珍重された。アリストテレス『動物誌』第五巻第十五章五四六b一九以下参照。

(2) ヘロドトス『歴史』第二巻六八、アリストテレス『動物誌』第九巻第六章六一二a二〇以下参照。

(3) 九六六D参照。プリニウス『博物誌』第八巻九〇では、ナイルワニが小鳥に掃除してもらっている最中に口を開けたまま眠ってしまうと、マングースが攻撃を仕掛けてくると語られている。

(4) アイリアノス『動物奇譚集』第三巻一一では、チドリはワニの口の中にいるヒルを掃除してやると語られている。

(5) ブリモドキ（英名 pilot fish）のこと。アイリアノス『動物奇譚集』第二巻一三、オッピアノス『漁夫訓』第五巻六二行以下参照。

(6) 写本では *Bouvõv*（ブーナか）。しかし特定できない地名のため、K. O. Müller, *Orchomenos und die Minyer*, p. 482 が、コリント湾北部のポキス地方の町アンティキュラの東にあるブリスを提案する。

(981) B クジラが座礁して朽ち果て、疫病が発生したと伝えられている。
では、これらの協調関係や交流をアリストテレスの報告と比較してみるのは適切なことだろうか。すなわ
ち、彼は、キツネとヘビは共通の敵がワシであるために友好関係にあるということや、あるいは、ノガン
〔野雁〕はウマの糞に近づいてつつくので両者は友好関係にあるということを報告しているのである[1]。だが
実際のところ、私自身は、ミツバチやアリにおいてさえも先ほどのような〔魚たちの〕お互いに対する配慮
を認めはしないのだ。というのも、ミツバチもアリも皆、共同作業を大規模に行なっているが、彼らの個々
それぞれについて、互いに対する敬意も気遣いもまったくないからだ。
三二　だが、共同の作業や義務のうちでも最も古く最大のもの、つまり、繁殖や子作りに関する問題に話
C を転じると、さらにこの違い[2]を見て取ることができるだろう。すなわち、第一に、潟湖に連なっていたり河
川を受け入れたりしている海に棲む魚たちは、卵を産もうとする際には、淡水の穏やかさや静けさを追い求
めて、潟や河川の方へと遡るのである。というのも、出産するのには水が凪いでいるのが良いからである。
また同時に、潟や河川には捕食者がいないので、生まれた子らは生き延びることができるのだ[3]。それゆえ、
とりわけ多くの魚が黒海で産卵するのである。実際、そこには痩せたアザラシや小型のイルカの他には大型
の海獣は棲んでいないのだ[4]。さらにまた、非常に多くの大型の河川が黒海に流れ込み、水が混じり合ってい
D るため、産卵する魚にとっては穏やかで適度な混合水を与えている。また、ホメロスが「聖なる魚」[5]と呼ん
だアンティアスについての非常に素晴らしい話がある。だが、重要な骨が神聖骨[6]と呼ばれるように、ある
人々は、神聖なものとは重大なものであると考えており、癲癇は重大な病いなので、神聖病[7]と呼んでいる。

だが、別の者たちは、神聖なものとは一般的には神への捧げもの、献上品であると考えている。エラトステネスが

素早くて、(8)眉のあたりが黄金の、聖なる魚(9)

と呼んでいるのはヨーロッパヘダイ(10)のことのようである。だが多くの人々は、彼が言っているのはチョウザメのことだと考えている。(11)というのも、それは珍しくて簡単には捕まらないからである。パンピュリアの辺りでよく見つかっているのだが。したがって、もしそれを捕まえれば、漁師たちは自分でも花冠をかぶり、

---

(1)アリストテレス「断片」三五四（Rose）。キツネとヘビについては『動物誌』第九巻第一章六一〇a一二参照。ノガンとウマについてはアイリアノス『動物奇譚集』第二巻二八、オッピアノス『猟師訓』第二巻四〇六行参照。

(2)陸棲動物と水棲動物の違い。つまり、陸棲動物とは違い、水棲動物はお互いに対する配慮にあふれているということか。

(3)プリニウス『博物誌』第九巻七一参照。

(4)アリストテレス『動物誌』第八巻第十三章五九八b二、プリニウス『博物誌』第九巻五〇、アイリアノス『動物奇譚集』第四巻九、第九巻五九、オッピアノス『漁夫訓』第一巻五九九行以下参照。

(5)ホメロス『イリアス』第十六歌四〇六行。

(6)背骨の下方にあり骨盤の一部である仙骨（羅 os sacrum）のこと。

(7)ヒッポクラテス『神聖病について』参照。また、ヘロドトス『歴史』第三巻三二、プラトン『ティマイオス』八五A―B参照。

(8)アテナイオス『食卓の賢人たち』第七巻二八四dでは、ἠδρομίην となっている。

(9)エラトステネス「断片」一二（Powell）＝一四（Hiller）。

(10)地中海や北大西洋東岸に生息するスズキ目スズキ亜目タイ科の魚。目の間に金色の帯があるのが特徴。オッピアノス『漁夫訓』第一巻一六九行参照。

(11)九七九C参照。

E 船にも花冠を飾り付けるし、また、帰港する彼らを人々は拍手と喝采で迎え、栄誉を称えるのだ。だが、大半の人々は、アンティアスこそが聖なる魚であり、そのように呼ばれると考えている。というのも、アンティアスが目撃されるところには海獣がいないのであり、海綿採りの漁師たちは安心して海に潜り、魚たちは安心して産卵するのであり、まるで不可侵の保証人を得ているようなものなのである[1]。その原因を推測するのは難しいが、ゾウがイノシシから逃げ出し、ライオンがニワトリから逃げ出すように、海獣はアンティアスから逃げ出してしまうのか[2]、あるいは、海獣がいない場所には印があって、この魚は知性があり記憶力もあるので、そのような印を知っていて、それを注意深く見つけるかの、どちらかである。

F 三三　さて、子供への配慮は両親[3]に共通している。雄は自分の子供を食べてしまうようなことはなく[4]、アリストテレスが報告するように[5]、そばにいて卵の見張りをするのである。また、ある雄たちは雌に付き従い、少しずつ精液を撒くのである。というのも、さもなければ、生まれた子が大きくならず、未発達で小さいままに留まるからである。また、とくにベラは海草から巣のようなものを作って卵を取り囲み、波から保護す
982 るのである。

また、サメの愛情深さは、最も優しい部類のいかなる動物と比べても、子供に対する思い遣りや情愛の大きさの点で劣ることはない。というのも、サメは卵をもうけ、そうして生まれた子を自分の身体の外ではなく中で養い、育てるため、それはまるで第二の誕生のようなのである。子供たちが大きくなると、体外に放ち、そばにおいて泳ぎ方を教えるのだ。それから再び、口を通して体内に戻して、身を守る力がつくまで自分の身体を住処として、また同時に養育と避難の場所として住まわせるのだ[6]。

B また、子供の誕生と保護に関するカメの配慮も驚くべきものである。というのも、海から出て近くの浜に上がり産卵するのだが、卵を温めることも長く陸にいることもできないので、砂の中に卵を置き、その上にとても滑らかで柔らかい砂をかけるのだ(7)。埋めてしっかりと隠してしまうと、その場所を足で引っ掻いて印をつけ、自分にとって分かりやすい目印にするのだと語る人々もいるし、またある人々は、雌が雄によって裏返され、［甲羅の］固有の印と紋章を後に残すのだと語っている。だが、それよりも驚くべきことは、雌の
C カメが産卵から四〇日目を注意して覚えていることであり（というのも、それくらいの期間で卵は成熟しひびが入るのだから）、卵に近づき、それぞれのカメが自分のお宝の在り処を分かっていて、人間が金貨の在り処を掘り返すときにもこれほどではないくらいに喜んで熱心に掘り返すのだ。

---

(1) アリストテレス『動物誌』第九巻第三十七章六二〇b三三以下参照。
(2) アイリアノス『動物奇譚集』第八巻二八参照。
(3) 水棲動物全般の両親に、ということか。
(4) ヘロドトス『歴史』第二巻九三では、雄の魚は、産卵する雌に後ろから付き従って、産まれた卵を食べてしまうと語られている。
(5) アリストテレス『動物誌』第六巻第十四章五六八b一以下、第九巻第三十七章六二一a二〇以下参照。ただしこれらの箇所はどちらもナマズについての記述であり、アリストテレスは「ナマズ以外の魚は卵の見張りをしない」（第六巻第十四章五六九a三）と語っている。
(6) アリストテレス『動物誌』第六巻第十章五六五b二三以下、アテナイオス『食卓の賢人たち』第七巻二九四e、アイリアノス『動物奇譚集』第一巻一七、オッピアノス『漁夫訓』第一巻七三四行以下参照。ただし、アイリアノスとオッピアノスは、口ではなく生殖器を通じて再び子供を体内に戻すと語っている。
(7) プリニウス『博物誌』第九巻三七参照。

三四　また、ナイルワニに関しては、他の点は今の話と同様なのであるが、正しい場所を推しはかる彼らの力は、原因を想定したり推定したりする人間の力に負けていないのである。それゆえ、この動物の予測する力は理性的なものではなく、神的な託宣のようなものだと人々は語っている。なぜなら、岸に上がって遠すぎもせず近すぎもせず、その年の一定の時期になればナイル川が増大し氾濫を起こし、大地を洗い流してしまうはずの、ちょうどその地点にまで行ってワニは卵を産むからである。その結果、卵を偶然見つけた農夫は、川がどこまで彼らのもとに迫るのかを自分でも知ることになるし、他の人々にも教えることができる。[1] このようにワニは正確に計算するものなので、卵を温めるときに卵も自分も濡れないのである。だが、子供たちが卵から孵ると、彼らのなかでも、殻の外に出るや否や、ハエであれ虫であれミミズであれ小枝であれ草であれ、何であれ出くわした物に口で齧りつくことがないような子がいれば、母親はその子を引き裂き噛みついて殺してしまうのだ。[2] だが、気が強く活発な子のことは可愛がって大事にするのであり、ちょうど人間のなかでも最も賢明な者たち[3]がそれを正しいと考えるように、感情を交えない判断によって愛情を与えるのだ。

D

また、アザラシは陸地で出産するのであり、子供たちを引き連れて少しずつ海を味わわせるのだが、すぐにまた海から引き揚げてしまう。そして、子供たちが慣れてきて自信をもって海での生活を好きになるまで、このようなことを順番に何度も繰り返すのだ。[4]

E

また、カエルは交尾のための鳴き声を上げるのであり、「オロリュゴン」[5]と呼ばれる鳴き方をするが、これは恋と求婚の呼び声である。雄がそのようにして雌を惹きつけると、共に夜を待つのだ。というのも、水の中ではできないし、日中に陸上で交尾するのは怖いからである。だが、暗くなると、恐れずに水から出てきて交わるのである。これ以外の機会に彼らが鳴き声を張り上げるのは、雨を予期しているときであり、これは非常に信頼できる兆候なのである。

F 三五　だがしかし、親愛なるポセイドンよ、もう少しで、私はどれほど奇妙で馬鹿げた状況に陥ってしまうところだっただろうか。もし、私がアザラシやカエルに時間を割いておきながら、海の動物のなかでも最も賢く最も神に愛された動物を見逃して省いてしまったならね。実際のところ、いったいどのようなナイチンゲールなら歌への愛においてカワセミに匹敵しうるというのだろうか。あるいは、どのようなツバメなら子供への愛情において、また、どのようなハトなら夫への愛情において、また、どのようなミツバチなら技術力において、カワセミに匹敵しうるというのだろうか。また、誰の誕生と出産と陣痛を、神(6)があれほどま

---

(1)アイリアノス『動物奇譚集』第五巻五二では、コブラについて同じ予測能力が語られている。

(2)アイリアノス『動物奇譚集』第九巻三では、ワニの父親はのろまな子を自分の身内ではないものとして引き裂いてしまうと語られている。

(3)テオプラストスを指す。「断片」七四（Wimmer）＝プルタルコス『兄弟愛について』四八二Bでは、「テオプラストスが語ったように、われわれは身内でない者たちを、愛しつつ判断するのではなく、判断した後で愛さねばならない」と語られている。

(4)アイリアノス『動物奇譚集』第九巻九、オッピアノス『漁夫訓』第一巻六八六行下、プリニウス『博物誌』第九巻四一参照。

(5)テオクリトス『牧歌』第七歌一三九行、アラトス『星辰譜』九四六行以下、アイリアノス『動物奇譚集』第九巻一三参照。

(6)ポセイドン。

でに祝福したというのだろうか。というのも、レトの出産にはただ一つの島だけが場所を与え、受け入れたと伝えられているが[1]、他方で冬至の頃に産卵するカワセミのために神は海全体を波のない穏やかなものにし
983 て与えるのだから。それゆえに、人間にこれ以上に愛される動物は他にいないのである。カワセミのおかげで、冬のさなかに七日七晩、人間たちは何の心配もなく航海できるのであり、この時期には陸上の旅よりも海の旅のほうが安全なのである[2]。また、もしカワセミが備える個々の徳についても手短に話しておくべきなら、まず、カワセミは非常に夫への愛情が深いため、単に一時期だけではなく一年を通じて共に過ごし、雄との情交を受け入れるのだが、それは淫らさのゆえではなく（というのも別の雄とは決して交わらないからである）、結婚した妻のような優しさと情愛のゆえなのである。また、雄が老齢のため弱くなって共に行動
B できず、身体が重くなってしまった際には、下から支えて介護して養ってやるのであり、決して棄てたり置き去りにしたりはせず、夫を肩に載せてどんなところにも連れて行ってやり、世話をして、最後まで添い遂げるのだ[3]。

また、子供への愛情と彼らの安全についての熟慮のゆえに、自分が身ごもるとすぐに感づいて巣作りに取り掛かるが[4]、ツバメのように泥を混ぜたり[5]、それを壁や屋根に塗り固めたりはせず、また、ミツバチのように、身体の多くの部分を活発に使うことはない。ミツバチは身体を使って蜜蠟を開いて中に入り、六本の足が同時に蜜を触り、巣全体を六角形の小部屋へと分割するのであるが。カワセミはといえば、単純な一つの
C 道具しか持っておらず、その一つの用具、一つの工具とはくちばしであり他には何もないが、それに勤勉さと技の巧みさが連携するのであり、カワセミが工夫して製作する物は、目で見なければカワセミによって作

られたと、いやむしろ、造船されたということが信じがたいほどのもので、多くの形のなかでも唯一つ転覆もせず、水にも濡れない形なのである。すなわち、ダツ(6)の尖った部分を集め、それらを組み立てて、縦糸の上に横糸を合わせるように、真っすぐなものと曲がったものを織り合わせて互いにくっつけ、曲げたりお互
D いに巻き付けたりするのであり、その結果、〔巣は〕調和がとれ、一つの丸くてやや細長い形の、漁(7)で使われる籠に似たものとなるのだ。作り終わると、波打ち際に持って行って設置するのだが、そこではやさしく打ちつける海が、波に撃たれて緩む巣を目の当たりにするカワセミに対して、うまくくっついていないところを繕い強化するよう教えてくれる。しっかりと合わさった部分については締め付け堅固にしてあるので、

(1) レトはゼウスとのあいだにアルテミスとアポロンを身ごもったため、ヘラの嫉妬を買った。ヘラはあらゆる大地に対してレトの出産を拒むよう命じたため、レトは出産の地を求めてさまよい、最終的にはデロス島（旧称オルテュギア島）で出産した。

(2) いわゆる「カワセミの日々（halcyon days）」は冬至前後の気候の穏やかな期間を意味する。アリストテレス『動物誌』第五巻第八章五四二b四以下、アイリアノス『動物奇譚集』第一巻三六、プリニウス『博物誌』第十巻八九以下参照。

(3) アイリアノス『動物奇譚集』第七巻一七では、カワセミは年老いた「ケーリュロス」を翼に載せて運んでやると語られている。「ケーリュロス」とは何かについて、カワセミの雄であるという説もあるが、同定は不可能である。

(4) 以下で語られるカワセミの巣作りについては、『子供への情愛について』四九四A―B、アリストテレス『動物誌』第九巻第十四章六一六a一九以下、アイリアノス『動物奇譚集』第九巻一七でも同様の内容が語られている。

(5) 九六六D―E参照。

(6) 英名 needlefish. 細長い身体と鋭く尖った口を持つ魚。

(7) Helmbold に従い、*στρογγύλον ἐν, ἠρέμα πρόμηκες τοῦ σχήματος* と読む。

(983) 石でも刃物でもこれをばらしたり傷つけたりするのはむつかしい。また、この巣の中の空洞のバランスと形は、何よりも称賛に値するのである。というのも、その穴は、ただ一匹、当のカワセミが中に入るのは受け入れるが、他の動物たちにはどこからも見えず、隠されるように作られていて、海水でも何でも中に入らな
E いようになっているのだから。さて、あなた方のうちで、この巣を見たことがない人はいないと思う。私は何度も見たり触ったりしたことがあるので、次のような言葉や歌が心に浮かぶ。

　かつてデロスにおいて、アポロンの神殿のそばにある、そのような[1]

角でできた祭壇を私は見た。七不思議と呼ばれるものの一つで、称賛されているのだが、それは、接着剤も何かそれ以外の留め具も必要とせず、右側[2]の角だけから作られ、組み立てられているからなのである。では[3]、海のセイレンが優しく賛美されているあいだに、この神[4]が、いくらかでも音楽的素養のある島育ちの者に対しても慈悲深くありますように。〈……〉そして、この人たちが馬鹿にして投げつけてきた、あれらの問いかけ[5]を笑い飛ばしてくれますように。[6]つまり、なぜアポロンは「アナゴ殺し」と呼ばれず、アルテミスは「ヒメジ射ち」と呼ばれないのか、という問いかけを。[7]というのも彼は、アプロディテが海で生まれたもの
F をほぼすべて自らの神聖な兄弟姉妹と見なし、彼等のうちのいかなるものが殺されるのも喜ばないということを、知っているのだから。[8]レプティスではポセイドンの神官たち[9]は海のものを一切食べないし、また、エレウシスの秘儀に入信した者たちはヒメジを畏怖しているということ、さらに、アルゴスのヘラの巫女はこの魚を敬して遠ざけるということをあなた方もご存じだろう。というのも、アメフラシ[10]は人間にとっては命

984 取りとなる生き物だが、とくにヒメジはこれを殺して食べてしまうからである。それゆえに、人間に友好的で安心を与える生き物として、ヒメジはこのように身の安全を保障されているのだ。

三六　さらにまた、狩りの女神アルテミスや、イルカの神アポロンの神殿や祭壇はギリシア各地にある。だが、当の神が自ら場所を選んで建設したところには、クレタ人の子孫たちがイルカの導きによって入植した……(11)。というのも、語り部たちが言うような、この神自身が姿を変えて遠征隊の前を泳いだということはなく、人間たちのもとに遣わされたイルカが航海の案内をして、キラ(12)へと導いたのだから。また伝えによる

(1) ホメロス『オデュッセイア』第六歌一六二行。

(2)『テセウス伝』二一では、左側の角から作られていると語られている。

(3) ここから九八三F一まで欠落箇所が多く、テクストは確定しがたい。

(4) アポロン。

(5) 九六六A参照。

(6) ここまでは基本的にBouffartigueに従い、*Ἵλεως δὲ ὁ θεὸς εἴη καὶ πρός τι μουσικὸν ὄντα καὶ νησιώτην, ὑμνημένης τῆς πελαγίου σειρῆνος εὐμενῶς* ⟨……⟩ *καὶ καταγελᾶν* …… と読む。

(7) この節はHelmboldに従い、*διὰ τί Ἀπόλλων οὐ γογγροκτόνος οὐδὲ τριγλοβόλος ἡ Ἄρτεμις* と読む。

(8) ここも基本的にHelmboldに従い、*ἅτε δὴ γιγνώσκοντα* [*τὴν ἐκ θαλάττης γενομένην*] *Ἀφροδίτην ὁ δ᾽ οὐ τι πάντα τὰ κατὰ θάλατταν ποιουμένην αὐτῆς ἱερὰ καὶ ἀδελφὰ καὶ μηδενὶ φονευομένωι χαίρουσαν* と読む（ただし［　］の部分は挿入しない）。

(9)『食卓歓談集』七三〇D参照。

(10) アイリアノス『動物奇譚集』第二巻四五、第九巻五一、プリニウス『博物誌』第九巻一五五参照。

(11) ここでテクストの一部が失われているようである。van Herwerdenは「とあの詩人は語っている（*φησιν ὁ ποιητής*）」、Sievekingは「やって来て、移住したのだと言われている（*εἰς τοῦτον ἀφῖχθαί φασι*）」と補っている。

(12) デルポイの港。

と、サラピス[1]を運ぶためにプトレマイオス・ソテル[2]によってシノペへと派遣された〈ソテレス〉[3]とディオニュシオスは、船が強風によって押し戻され、意に反して、ペロポネソス半島を右手に臨んでマレア[4]の向こうへと運ばれてしまった。その後、彼らが海をさまよい意気消沈していると、船首の辺りにイルカが現われ、まるで波のうねりも穏やかで安全な投錨地へと案内しますと呼びかけるようにして、こうして船を導き、案内しながらキラまで送り届けたのだ。そこで彼らは無事上陸の感謝の生贄を捧げたが、[シノペについても]二つの像のうちプルトン[5]の像は奪って運び去るべきだが、コレ[6]の像は型を取ったうえで置いて行かなければならない、ということに気づいたのである。

B また、あの神はおそらく、イルカが音楽好きなところ[7]も愛しているのだろう。ピンダロスも自らをこの動物に譬えて、自分が興奮するのは、

まるで海のイルカのようだ。
彼は波のない穏やかな海で
フルートの魅惑的な音色につき動かされる。[8]

と語っている。しかしむしろ、イルカの人間好きなところが神に愛されるゆえんであるようにも見える。というのも、ただ独りイルカのみが、人間を人間であるがゆえに愛するのだから。陸上動物のうち、あるものたちは人間にまったく接触しないが、きわめておとなしい動物たちだけは餌をくれる人間たちにはその必要性のゆえに近づくのであり、イヌやウマやゾウは顔見知りの人間たちにはそうするのだ。また、ツバメは軒

C 下に居つくことで、日陰や最低限の安全性など必要なものを手に入れるのだが、人間をまるで獣のように恐

れて逃げ出すのだ。[9] だが、他のあらゆる動物たちとは対照的に、ただ独りイルカにのみ、最も優れた哲学者たちが求めるかのもの、すなわち、必要性を抜きにして、自然本性的に人間に対して愛情を感じるという性質が備わっているのである。というのも、いかなる点においてもまったく人間を必要としないのに、あらゆる人間に対して親切な友なのであり、多くの人々を助けているのだから。そのなかでもアリオンの話は知らぬ者がいないほどである。[10] というのも、とても有名な話なのだから。また、友よ、君自身が先ほどいいタイミングでわれわれにヘシオドスのことを思い起こさせてくれたのだ、[11]「しかし、君は物語の結末には至らなかった」[12] のだがね。君がイヌのお手柄を申し立てたとき、イルカのことも割愛すべきではなかったのだ。と

D

(1) ギリシア人とエジプト人の宗教を統合するためにプトレマイオスが導入した神。『イシスとオシリスについて』三六一E—三六二Aでは、サラピスがプルトンと同一視されるに至った経緯が語られている。
(2) プトレマイオス一世（前三六七—二八三年）。アレクサンドロス大王に使えたが、大王の死後、ファラオとしてエジプトを統治した。
(3) テクストに欠落があるが、底本に従い、『イシスとオシリスについて』三六一Fより Σωτέλη (Kaltwasser) を挿入して読む。この旅の前後の経緯については同箇所、さらには、タキトゥス『同時代史』第四巻八三以下参照。
(4) ペロポネソス半島の南東に位置する岬。
(5) ギリシアの冥界の神。ハデスの別名。
(6) ゼウスとデメテルの娘、ペルセポネの別名。
(7) プリニウス『博物誌』第十一巻一三七参照。
(8) ピンダロス「断片」一四〇b (Maehler / Snell)。
(9)『食卓歓談集』七二八A参照。
(10)『七賢人の饗宴』一六一A以下、ヘロドトス『歴史』第一巻第二十三章以下、オッピアノス『漁夫訓』第五巻四四八行以下参照。
(11) 九六九E。
(12) ホメロス『イリアス』第九歌五六行。

いうのも、もしその遺体がネメイオン[1]のそばの海で波に揺られているところをイルカたちが担ぎ上げて、次々と別のイルカへと熱心に受け渡し、リオンにまで運んで彼が殺されたことを明らかにしなかったなら、殺人犯たちに大声で吠え立てながら襲いかかったイヌの情報提供も理解されなかったであろうから[2]。

E また、レスボスのミュルシロス[3]は、アイオリスのエナロスのことを報告している。すなわち、エナロスはスミンテウスの娘に恋をしていたので、彼女がペンティリダイ家の者たちによってアンピトリテの託宣に従って海に投げ込まれたとき、彼も海に飛び込んだのだが、イルカによって安全にレスボスまで運ばれたのだ、と。

また、イアソス[4]の少年に対するイルカの優しさや友情は、並外れて大きかったために、愛だと思われていた[5]。というのも、イルカは毎日その子と一緒に遊んだり泳いだりして、肌を触られるのも許していたのだから。それからさらに、少年がまたがっても逃げ出さず、喜んで、その子が指示する方へと乗せてあげていたので、そのときにはいつもイアソスの町の人々はみな連れ立って海岸に集まったものなのだ。だが、雹と
F 共に大量の雨が降ったときに、その子はすべり落ちて亡くなってしまったのだが、イルカはその子を引き上げ、遺体と共に自らの身体を陸に投げ出し、自分も死んでしまうまで、少年の身体から離れなかった[6]。それは、少年の死に自分も責任の一端を担っていると思い、死を分かち合うのが正しいと考えたからなのだ。そして、イアソスの人たちの貨幣の刻印はこの悲劇を記念したもの、イルカに乗った少年なのだ。

985 また、ここから、コイラノスについての作り話のような話[7]も信用性を増したのである。すなわち、彼はパロス島の出身だったのだが、ビュザンティオンで曳き網にかかって危うく殺されそうになっていた一網のイ

ルカを買い取り、すべて解放してやったのである。それから少し後のこと、彼はペンテコントロス船[8]で航海していたが、話によれば、それは五〇人の海賊を乗せていたという。そして、ナクソスとパロスの間の海峡で船が転覆したときに、他の者たちは死んでしまったが、彼は、イルカが彼の下にもぐり下から支えていたため、シキノス[9]の洞窟に打ち上げられたと言われており、人々は今でもこれを指差し、コイラネイオス［コイラノスの洞窟］と呼んでいる。そして、この出来事についてアルキロコスは次のような詩を作ったと言われている。

五〇人のなかでも、慈悲深きポセイドンは、コイラノスだけを見逃した。[10]

（1）ロクリスのオイネオンにあったゼウス・ネメイオスの神域。
（2）『七賢人の饗宴』一六二C—Fでもイルカの働きによってヘシオドスの殺人犯が捕らえられる逸話が語られているが、イヌは登場しない。ポリュデウケス『オノマスティコン（語彙集成）』第五巻四二には、「ヘシオドスのイヌたちは、彼が殺されたとき側にいたのであり、吠えたてて殺人犯たちを告発した」とある。
（3）ミュルシロス「断片」一二（Müller）。プルタルコス『七賢人の饗宴』一六三B—D参照。
（4）小アジア西部のカリア地方の南西に位置する町。
（5）アイリアノス『動物奇譚集』第六巻一五、プリニウス『博物誌』第九巻二七参照。
（6）プリニウス『博物誌』第九巻二五でも、この話とは別に、恋をした少年の死を悲しむイルカの話が語られている。
（7）アイリアノス『動物奇譚集』第八巻三参照。
（8）甲板がなく、船の両側にそれぞれ二五人ずつの漕ぎ手が一列に並んで漕ぐガレー船。
（9）キュクラデス諸島に属するシキノス島。写本には *Σικύνθου* とあるが、Palmerius に従って *Σικίνου* と修正して読む。
（10）アルキロコス「断片」一一七（Diehl）。

(985) B

後に彼が亡くなって、親族の者たちが遺体を海のそばで焼いていると、たくさんのイルカが海岸近くに現われて、まるで葬儀に参列するのを示しているかのようだったのであり、葬儀が終わるまで彼らはそこに留まっていたのだ。

また、ステシコロスも、オデュッセウスの盾にはイルカの文様が刻印されていたということを伝えている。(1)そして、クリテウスが証言するように、(2)ザキュントスの人々がその理由を記憶している。すなわち、彼らが言うには、テレマコスは幼い頃、滑って海の深みに落ちた際に、イルカたちが下から持ち上げて海面まで運んでくれたために助かったのだ。このような事情から、父親は指輪の刻印と盾の模様をイルカにして、この動物に報いたのだ。

C

しかし、先ほど私はあなた方に作り話は話さないと語ったのだが、(3)私自身どうしてだか分からないが、気付かぬうちに、イルカにとどまらず、もっともらしい地点を超え出てオデュッセウスやコイラノスの話にまで乗り上げてしまったのだから、自分自身に罰を与えることにしよう。つまり、もう語るのはやめにしよう。

三七　アリストティモス　では裁判員の皆さん、票を投じていただきましょう。

ソクラロス　しかし、私たちはかねてよりソポクレスの言葉をよしとしてきたのです。

なぜなら、対立する人々の言い分も、両者のまん中へと
うまく一つにくっつけた合意を形成するのです。(4)

つまり、あなた方が今まで相手方に向けて語ってきたことを一つにまとめれば、動物から理性や知性を剝奪

しようとする者たちに対して[5]、両陣営が共同で見事な議論を展開することになるだろう、というわけなのです[6]。

多くの欠落部分がある点、さらには、作品のタイトルが結末とうまく整合しない点などから、本来はもっと長い作品であったのではないか（そして失われた部分において陸棲動物と水棲動物のどちらが賢いのかについて、何らかの決着がつけられていたのではないか）という推測がなされることもある。

（1）ステシコロス「断片」七一（Edmonds）。
（2）この作者については何も知られていない。
（3）九七五D。
（4）ソポクレス「断片」七八三（Nauck）。
（5）ストア派のこと。
（6）このような討論会の幕切れは唐突であっけない印象を読者に与えるだろう。これに加えて、議論の後半部でテクストに

もの言えぬ動物が理性を用いることについて

和田利博 訳

985 D ――オデュッセウス[1]　以上のことを、キルケ[2]よ、わたしは学んだし、この先もはっきり覚えているだろうと思う[3]。しかし、お前が人間からオオカミやライオンに変えた者たちのうちに誰ぞギリシア人がいるのかどうか、お前から教えてもらえるとありがたいのだが。

E キルケ　それはたくさんおりますよ、愛しいオデュッセウスよ。けれどどういうわけで、そんなことをお尋ねになるのです？

オデュッセウス　もしお前の好意でわたしがそれら仲間たち[4]を引き受け、ふたたび人間に戻してやって、彼らが野獣の身体の中で本性に反したまま馬齢を重ね、そのように憐れむべき不名誉な暮らしを営んでいるのを看過することがなければ、ゼウスにかけて、わたしの身には麗しき名誉が、ギリシア人らのあいだでもたらされるだろうと思うからだ。

キルケ　このお方は、ご自身やお仲間たちだけでなく、何の関わりもない人びとにも、その愚かさから、ご自身の功名心が不幸を招くのを正当だと思っていらっしゃる。

オデュッセウス　お前はまたその何か別な、言葉の混合酒[5]を、キルケよ、掻き回し、薬を混入しているの
F だな、もしわたしがお前の言う、野獣から人間に戻るのは不幸であるということに納得したならば、とにかくもわたしをすっかり野獣に変えようとして。

986

キルケ　あなたはすでに、それらよりも奇妙なことをご自身に施されたのではありませんか？　あなたはわたしとともに過ごす不老不死の人生を抛《なげう》って、さらなる無数の災厄を潜《くぐ》り抜け、死すべき定めの、そしてわたしは断言しますが、すでに老婆でもある女性(6)の許へと、先を急いでいらっしゃるのですよ、そうすることでご自身が今よりもなおいっそう注目され、有名になるためにね、真実の代わりに、虚ろな善と幻影を追い求めながら。

オデュッセウス　それはお前の言うとおりだとしておこう、キルケよ。なぜそうたびたびわれわれが、同じ事柄について争わなきゃならんのだ？　しかしあの男たちは解放して引き渡し、わたしを喜ばせてくれ。

キルケ　ヘカテさまにかけて(7)、そう簡単には行かないのですよ、彼らはありきたりのものではないのですから。むしろ、まずはあなたが彼らにお尋ねなさい、自分たちでもそれを欲するのかどうかと。そしてもし彼らが否と言うのであれば、高貴なお方よ、あなたが話し合ってご説得なさい。そしてもし説得が通じず、

(1)トロイア戦争の英雄。
(2)ホメロス『オデュッセイア』第十歌に登場する魔女。
(3)冒頭の形式については、ホラティウス『諷刺詩』第二巻第五歌一行参照。これはメニッポスにまで遡ると推定されている。
(4)写本どおりに、*ἑταίρους* を読む。
(5)キルケは混合酒（キュケオーン）によって人間たちを野獣の姿に変えた（ホメロス『オデュッセイア』第十歌二三六行）。
(6)オデュッセウスの妻ペネロペ。
(7)ヘカテは太古の冥府の女神で、ときに月と同一視される。黒魔術の守護神のため、少なくともエウリピデス『メデイア』（三九四行以下）の時代から、そうした役割のために呼び掛けられていた。

(986) 話し合ってみて彼らのほうがまさるようであれば、あなたはご自身と友人たちについて良くない料簡を抱いたのだ、ということでもう充分となさい。

B オデュッセウス　おめでたい奴よ、なぜわたしを笑いものにするのだ？　というのも、ロバやブタやライオンでいるあいだ、彼らはどうやって言葉（ロゴス）の遣り取りができるというのだ？

キルケ　ご心配なく、人間たちのうちで最も名誉を愛するお方よ。わたしが彼らを、あなたの言葉を理解もし、話し合いもできるようにさせましょう。いえ、むしろ一人でも、すべての者に代わって言葉の遣り取りをするには充分でしょう。さあ、この者と話し合ってください。

オデュッセウス　それで、キルケよ、われわれは彼のことを何と呼んだらよいのだ？　あるいは、彼は人間たちのうちの誰だったのだ(1)？

キルケ　そんなこと、言論に何の関わりがあるというのです？　けれど、もしあなたがお望みなのでしたら、その者のことはグリュロス(2)とお呼びください。ではわたしは、あなたがたの前から消えるとしましょう、彼が意に反してまで、わたしを喜ばせるために話し合いをしていると思われないために。

C 二　グリュロス　ごきげんよう、オデュッセウスさま。

オデュッセウス　ゼウスにかけて、お前もな、グリュロスよ。

グリュロス　何をお尋ねになりたいんです？

オデュッセウス　わたしはお前たちが人間だったと知って、皆がそのような状態にあることを憐れに思っているが、当然ながらわたしにとっていっそう重要なのは、ギリシア人ともあろう者たちがそんな不幸に陥っているということだ。だから今もわたしはキルケに、お前たちのうちで望む者は、魔法を解いてふたたび昔の姿に戻し、われわれと一緒に送り返してくれるよう、懇願してやったところなのだ。

グリュロス　およしなさい、オデュッセウスさま、そしてそれ以上、何もおっしゃいますな。わたしたちは皆、あなたのことだって問題にしちゃおらんのです、つまり、あなたが弁舌に長けていたり、思慮深いという点で他の人たちをはるかに凌いでいると評判であるのも、空しいことだったのですから。調べてみもしないで、まさにこの、劣った状態から優れた状態への変化を恐れたお方なんてね。なぜなら、子供たちが、自分たちを病んでいたり無思慮な者から変化させ、より健康であったり思慮ある者にしてくれる、医者の治療薬を恐がったり学問から逃げたりするように、あなたは一方のものから他方のものになることを避けたわけですし、今も、ご自身は彼女があなたをひそかにブタかオオカミにするのではないかと恐れ戦《おのの》きつつもキルケと同棲しながら、豊富な善いもののなかで生活しているわたしたちには、それらもろとも、それらを提供してくれる女性を見棄てて、あなたと一緒に出帆するよう説得しているわけですからね、も一度、

D

E

(1) ホメロスの常套句に倣っている。たとえば、『オデュッセイア』第十歌三三五行でのオデュッセウスに対するキルケの言葉。
(2) 「ブタ」のこと。なお、歴史上の人物としては、たとえばアテナイのクセノポンの父の名が「グリュロス」であり（ディオゲネス・ラエルティオス『ギリシア哲学者列伝』第二巻一）、さらに、クセノポンはかつて、プルタルコスの故郷ボイオティアで幽囚の身にあったとの伝承も存在する（ピロストラトス『ソフィスト列伝』一二）。
(3) ルクレティウス『事物の本性について』第四歌一一行以下、プラトン『法律』第四巻七二〇A参照。

人間になった暁には、わたしたちはあらゆる動物のうちで一番の苦労好きな不幸者ということになりますよ。

オデュッセウス　わたしには、グリュロスよ、お前は外観だけでなく、思考まであの飲み物によって台なしにされ、異常で完全に損なわれた思わくに満たされていると見えるな。それとも、お前をこの体へと魔法に掛けたのはむしろ何か、親密な交際[1]の快楽のほうなのか？

グリュロス　そのどちらでもありませんよ、ケパレネス人の王さま[2]。けれど、もしあなたに罵るよりもむしろ話し合う気がおありならば、わたしたちは両方の生を経験によって知っているのですから、すぐにもあなたを説得して、わたしたちが以前の生より今の生のほうを愛するのはもっともだ、という考えに変えてみせますよ。

オデュッセウス　いや、たしかにわたしには、喜んで傾聴する気があるぞ。

F
三　グリュロス　そうしてわたしたちにも、お話しする気がね。では最初に、徳性から始めなければなりません。わたしたちの見るところ、あなたがたは、正義でも思慮でも勇気でもその他の徳性でも、自分たちは野獣どもをはるかに凌いでいる[3]との理由で、それらを自慢としているのです。さあ、わたしにお答えください、人びとのうちで最も賢いお方。すなわち、わたしはあなたがかつてキルケに、キュクロプス族の地[4]についてこう詳述するのを聴いたことがあります、その地はまったく耕されてもおらず、誰かがそこに何を植えることもないが、本来的にきわめて産出力があり肥沃で、そのため自ずからあらゆる果実を生み出すのだ
987
と。さてあなたは、多くの仕事と大きな苦労から辛うじて耕作者たちに供給してくれるのは、わずかばかり

で貧弱な、何の価値もないものである、ヤギが草食《は》む峨々《がが》たるイタケ(5)よりもむしろ、その地のほうを称讃するでしょうか？　なお、あなたがご立腹になって、そう思われていることに反し、祖国への好意によってお答えになることのありませんように。

オデュッセウス　いや、嘘を言う必要などない。なぜならわたしは、自分の祖国と土地をより多く愛し大切に思ってはいるが、称讃し感嘆するのは、彼らの土地のほうなのだから。

グリュロス　するとたしかに、わたしたちに言わせれば、事情は次のようであることになるでしょう、人間たちのうちで最も思慮あるお方は、一方を称讃し是認しながら、他方を選び愛さなくてはならないと考えていると。B しかし、わたしの思うに、あなたはそのことを、魂についてもお答えになっているのですよ。な

---

(1) *συνηθείας*. Helmbold は Hartman に従い、*συηνίας*（ブタ面の）の読みを採ったうえで、もともとブタのような内面を持っていたのが、それに見合う姿に変えられただけだ、という意味に解している。九八八Fも参照。

(2) ホメロス『イリアス』第二歌六三一行、『オデュッセイア』第二十四歌三七八行に倣ったものか、もしくは「ケパレネス人（*Κεφαλλήν*）」を「頭（*κεφαλή*）」に引っかけた「頭脳の王」という洒落か。

(3)『陸棲動物と水棲動物ではどちらがより賢いか』九六二A参照。動物たちの徳性については、アリストテレス『動物誌』第一巻第一章四八八b一二以下、プラトン『ラケス』一九六E、ほか参照。

(4) ホメロス『オデュッセイア』第九歌一〇八行以下。キュクロプスは単眼の巨人。

(5) ホメロス『オデュッセイア』第十三歌二四二行以下。第四歌六〇六行も参照。イタケはオデュッセウスの出身島。

(987)

ぜなら、土地についての事情と同じことで、[1]ちょうど自然に産する果実のごとく、苦労なしに徳性を供給してくれる魂のほうが優れているのですから。

オデュッセウス　それもお前には、そのとおりだとしておこう。

グリュロス　するとすでにあなたは、野獣どもの魂のほうが、徳性の産出に関してより資質に優れ、より完全であるということに同意しているわけです。なぜならそれは、いわば播かれも耕されもせずに、命令も訓練もなしに、本性に即して、それぞれの場合にふさわしい徳性を発揮し、促進するのですから。

オデュッセウス　それでいったいどんな徳性に、グリュロスよ、野獣どもはかかわりがあるというのだ？

四　グリュロス　いやむしろ、彼らは人間たちのうちで最も思慮あるお方よりもいっそう、どんな徳性にかかわりがないというのでしょうか？　もしお望みでしたら、まずは勇気から調べてみてください、あなたはそれを自慢としており、「向こう見ずな」[2]だとか「都市掠奪者の」[3]と呼ばれて顔を覆い[4]もしませんが、いと残酷なるお方よ、あなたという人は奸計や術策でもって、率直で高貴な戦い方しか知らぬ、欺瞞や虚偽に無経験な人間たちを騙したのですよ、悪事に対して徳性という、悪事を受け容れることの最も少ないものの名前をあてがいながらね。しかしいずれにせよ、野獣どものお互いに対する、またあなたがたに対する闘争をご覧になれば、あなたはそれらが正直で技巧がなく、向こう見ずであることを公に剝き出しにして、真の勇猛さから防禦を行なっているのだということがお分かりになりますよ。それも法が召喚するからでもなければ、軍役忌避の告発状を恐れているからでもなく、むしろ本性的に、彼らは支配されることを避け、極限まで耐えて、不屈さを保持するのです。というのも彼らは、身体は支配されていても屈することなく、魂ま

C

D

では放棄することのないまま、戦って死んで行くからです。そして多くのものは死に行くとき、その勇猛さ
は気概とともにどこかへ退き、身体の何か一つの部分の周りに集まって、あたかも火のように、それが完全
に消えて無くなるまで、殺害者に抵抗し、躍動して、怒りを示すのです[5]。
　それに、彼らには嘆願も、憐憫の乞い求めも、敗北の自認もなければ、ライオンはライオンに、ウマはウ
E マに対して、ちょうど人間が人間に対するかのごとく、臆病さに因んだ名称を容易に受け容れ、勇気のなさ
ゆえに隷属するということもないのです[6]。そして、人間たちが罠や奸計でもって征服したかぎりのものたち
は、すでに成熟していれば、食糧を拒み、渇きに耐えて、隷属よりもむしろ死を引き寄せ、よしとするの
です[7]。他方、それらのうちでも雛や仔たちには、その年齢ゆえに従順で柔弱なため、多くの狡猾なご機嫌と
りの品や魅了の種《たね》をあてがい、これを薬として魔法に掛け、そのものたちが本性に反した快楽と暮らしを味
わうことで、時の経つうち、いわば気概の女性化である、いわゆる馴化を受け容れ甘受するようになるまで、

(1)「住みよきところ祖国あり」の原理。パクウィウス『テウケル』断片三八〇（Warmington）、アリストパネス『福の神』一一五一行、キケロ『トゥスクルム荘対談集』第五巻一〇八、アッピアノス『内乱記』第二巻第八章五〇。
(2) ホメロス『オデュッセイア』第十歌四三六行。
(3) ホメロス『イリアス』第二歌二七八行。
(4) 恥じるそぶり。
(5) ウナギやヘビが死んだ後も、その尻尾は長いあいだ動き続けるかのように。
(6)「隷属（δουλεία）」という語が「臆病さ（δειλία）」に由来するかのごとく言われている。
(7) 彼らは囚われの身のまま養われるのも拒む、ということ。プリニウス『博物誌』第十巻一八二、ほか参照。

無力な状態にするに至ったのです。

そこで、以上からとりわけ明らかなのは、野獣どもは向こう見ずである点に関し、充分に本性的だということです。しかし人間たちにとって、忍耐[1]というのは本性に反してすらいるのです。そのことをあなたは、いと高貴なるオデュッセウスさま、とりわけここから理解されるでしょう。すなわち、野獣どもにおいては、勇猛さに関し自然は均衡を保っており、必需品のための苦労を味わったり、子供たちのための闘争を行なったりする点で、[2]雌は雄に何ら劣っていません。[3]いや、おそらくあなたは、[4]クロンミュオンの雌イノシシ[5]のことを何かお聞きになっているでしょう、それは雌の野獣でありながら、テセウス[6]に多大な面倒を起こしたのです。かのスピンクス[7]にしても、もし彼女が力や勇気の点でカドモスの裔《すえ》[8]たちをはるかに凌駕していなかったならば、ピキオン[9]の山頂あたりに鎮座したまま、謎や難問を織り成しているだけで、その知恵が利益を与えることはなかったでしょう。またかの地のどこかにテウメッソスの雌ギツネ[10]という「狡猾な輩」[11]や、その近くには、デルポイ[12]における神託をめぐってアポロンと一騎打ちをしたヘビ[13]もいたと言われています。またアイテ[14]をあなたがたの王さま[15]はシキュオン人《びと》[16]から、軍役免除の返報として手に入れたのでしたが、臆病な男よりも立派で勝利を愛する雌ウマを尊重した彼は、最善の決定をしたわけです。またあなたご自身にしてからが、ヒョウもライオンも、雌が雄に気概や勇猛さで何ら劣ってはいないのを、しばしばご覧になっているでしょう。あなたの奥方[17]は、あなたが戦争に行っているあいだ、お家で火の燃える炉に向かって腰を落ち着け、ツバメがそうするほどにも、ご自身やそのお家に侵入してくる者たちを撃退なさることがなく、ラコニア女性[18]ですらこの始末であるかぎり、さすればそのうえカリア女《おんな》やマイオニア女[19]にいたっては、あなたに

（1）*καρτέρησις* は底本の Hubert による改訂であり、写本の読みは *παρρησία*（腹蔵のなさ）。

（2）プラトン『法律』第七巻八一四B参照。

（3）ディオゲネス・ラエルティオス『ギリシア哲学者列伝』第六巻一二における、徳性は男性と女性で同じだというキュニコス派の説を参照。

（4）Helmbold に従い、*που* と読む。

（5）『テセウス伝』九参照。そこでは物語に、実はパイアなる雌イノシシは同名の女盗賊だったとする合理的解釈が与えられている。アポロドロス『ギリシア神話』摘要一-一、プラトン『ラケス』一九六Eも参照。クロンミュオンはメガリス地方の町。

（6）太古のアテナイ王。

（7）人頭獣身の女怪。アポロドロス『ギリシア神話』第三巻五-八参照。

（8）テバイ人。

（9）ボイオティア地方のテバイ近くの山。

（10）コリンナ「断片」一九（Page）、パウサニアス『ギリシア案内記』第九巻一九-一参照。テウメッソスはボイオティア地方の丘。この物語についても、パライパトスが『荒唐無稽なことについて』五で合理的解釈を与えている。

（11）典拠不明な引用か。類例として、オッピアノス『猟師訓』第一巻四九〇行「狡猾なイヌ（*κύνα μέρμερον*）」参照。

（12）ポキス地方のアポロンの神託所。

（13）Helmbold は『ギリシア習俗問答』二九三C、『神託の衰微について』四二一C、アポロドロス『ギリシア神話』第一巻四-一に参照させているが、これらは雄ヘビのピュトン。文脈からして雌ヘビならばデルピュネか。

（14）雌の競走馬。

（15）アガメムノン（ホメロス『イリアス』第二十三歌二九五―二九九行）。

（16）エケポロス。

（17）ペネロペ。

（18）ペネロペの父イカリオスはスパルタ王テュンダレオスと兄弟なので、その娘ヘレネと彼女は従姉妹同士だった。

（19）女性の怠惰さの極端な例。スパルタ女性のペネロペですら、グリュロスの高い基準からすれば絶望的。

何をか言わんやでしょう。しかし、少なくとも以上から明らかなのは、人間たち（ἄνδρες）が勇気（ἀνδρεία）にかかわりをもつのは本性的にではない[1]、ということです。なぜなら、［もし本性的にであるならば］女性たちも同じくらい、勇猛さにかかわりをもっているはずですから。その結果としてあなたがたは、法のもつ、自発的でもなければ意図的でもない、習慣と非難に隷属し、外来の思わくや言論で惑わされた強制力に基づい
C
て、勇気を実行しているのです[2]。そしてあなたがたが苦労や危険に立ち向かうのも、それらに対して向こう見ずだからではなく、それら以外のものをいっそう恐れているからなのです[3]。だからちょうど、あなたの戦友たちのうちで最初に乗船した者が軽い櫂の上に立つのは、それを侮《あなど》っているからではなくて、より重い櫂を恐れ、避けているからであるように、刀傷を負わないために殴打に耐える人や、何らかの虐待や死を被るよりもむしろ敵を撃退する人は、それらに対して向こう見ずなのではなく、もう一方に対して恐ろしがっているのです。かくして、あなたがたにとっての勇気とは思慮ある臆病さであり、向こう見ずとは一方でもって他方を避けるための知識を持った恐れだということが明らかなわけです[4]。また総じて、もし勇気に関
D
しあなたがたが野獣どもよりも優れていると思っていらっしゃるのであれば、いったいなぜあなたがたの詩人たちは、敵との戦争に最も秀でた人びとのことを「オオカミの心の（リュコプローン）[5]」や「ライオンの気概もつ[6]」や「勇猛なることイノシシにも似た[7]」と呼びながら、彼らのうちの誰も、ライオンを「人間《ひと》の気概もつ」とか、イノシシを「勇猛なること人間にも似た」とは呼ばないのでしょうか？　いや、わたしの思うに、ちょうど駿足の人びとを「風のごとき脚の[8]」と、また美しい人びとを「神のごとき姿の[9]」と、譬えで誇張して呼ぶように、彼らは戦争に長けた人びとについての比較を、より優れたものたちとのあいだで行なっ

ているのです。そしてその理由というのが、気概とはいわば、勇気のもつ一種の切れ味や鋭さのようなもの
E なのです。(10) それを野獣どもは闘争のために純粋なまま用いますが、あなたがたにあっては、ちょうど葡萄酒が水に対するかのごとく、理知に対し混ぜ合わされているため、危機に際して常軌を逸し、好機を失するのです。あなたがたのうちには、戦争においてはけっして気概を受け容れることなく、それを遠ざけておいて、理知を素面《しらふ》のままに用いるべきだと主張する人びともいますが、(11) 彼らの言っていることは、安全の確保に関しては正しいものの、勇猛さと防禦に関しては、きわめて恥ずべきなのです。なぜなら、あなたがたは身体に針や防禦のための牙や曲がった爪を生えさせてくれなかったといって自然を責めておきながら、自分たちのほうでは、魂と生まれを同じくする道具を取り除いたり抑えつけたりするというのが、どうして不条理で

---

(1)「勇気」のギリシア語は「男（単数形 ἀνήρ）らしさ」に由来するが、ἀνήρ は広義に「人間」をも意味する。エピクロス「断片」五一七（Usener）も参照。
(2) アイリアノス『動物奇譚集』第六巻一参照。
(3) ルカヌス『内乱賦』第七歌一〇四行以下参照。
(4) プラトン『パイドン』六八D参照。
(5) ホメロス（『イリアス』第十五歌四三〇行、ほか）では固有名詞としてのみ用いられている。プルタルコスの典拠はおそらく、失われた叙事詩圏であろう。
(6) ホメロス『イリアス』第五歌六三九行、第七歌二二八行。『オデュッセイア』第四歌七二四行では、オデュッセウス自身がそう呼ばれている。
(7) ホメロス『イリアス』第四歌二五三行。
(8) ホメロス『イリアス』第二歌七八六行、ほか（イリスに対して）。
(9) ホメロス『イリアス』第三歌一六行、ほか。
(10) キケロ『トゥスクルム荘対談集』第四巻四三参照。
(11) 恐怖の計量については、プラトン『法律』第一巻六四四D参照。

ないでしょうか？

F 五　オデュッセウス　これは、グリュロスよ、お前はかつて、並外れたソフィストだったようだな、(1)とも
かく今も、そのブタ面から声を発しながら、それほど血気壮《さか》んに、仮説に対して戦いを挑んでいるところを
見ると。しかし、なぜつづけて節制についても詳論しなかったのだ？

グリュロス　それはあなたが、語られたことのほうを先に攻撃されるだろうと思っていたからですよ。と
ころがあなたときたら、節制に関する事柄を聴くことにご熱心で、それというのもあなたは、節制の鑑《かがみ》た
る女性の夫であり、またご自身が、キルケとの性愛を軽視したことで、節制の実証を与えていると思ってい
らっしゃるからなのです。その点でもあなたは、抑制に関して野獣どものいずれとも異なるところなどない
989 のですよ、なぜなら彼らも、より優れたものたちと交わることは欲さず、快楽にしても恋情にしても、同種
族のものたちとのあいだで生み出しているのですから。そこで、ちょうどエジプトはメンデス地区の雄ヤギ
が多くの美しい人間女性と一緒に閉じ込められたとき、彼女たちと同衾することには熱心でなく、むしろ雌
ヤギに対しいっそうの激情に駆られたと言われているように、(2)あなたが慣れ親しんだ性愛のほうを喜び、ご
自身は人間であるため、女神［キルケ］と一緒に寝る気にならないとしても、不思議ではないわけです。し
かしペネロペさま(3)の節制に関しては、無数のカラスがカーカーと笑いものにし、それを軽蔑することでしょ
う、カラスたちはいずれも、もし雄が死んだならば、わずかなあいだだけでなく、人間の九世代分、寡婦と
B して過ごすのですよ。(4)してみれば、あなたの麗しきペネロペさまは、節制があるという点で、あなたが望ま
れるどのカラスよりも九倍、及ばないことになるわけです。

六　いや、あなたはわたしがソフィストであることに気づいていないわけではないのですから、さあ、ある順序で議論に携わることにしましょう、節制の定義を設け、その種類ごとに欲望を区分することで。(5) さて、節制(6)とは何か、欲望の縮小化や秩序づけのようなものであって、外部からもたらされた余計な欲望は破棄し、不可避的な欲望は好機と適度さでもって秩序づけるのです。(7) またあなたはおそらく、欲望に無数の相異を見てとられるでしょう。すなわち、食べ物と飲み物についての欲望は、自然的であると同時に不可避的でもあります。他方で性愛への欲望は、それらに端緒を与えるのが自然であるにせよ、おそらくは必要なものでなく、充分に取り除かれうるのでして、自然的ではあるが不可避的ではないと呼ばれたのです。また不可避的でもなければ自然的でもなく、あなたがたの無教養のゆえ、虚しい思わくによって外部からなだれ込む欲望C の類いは、その量の多さのため、すべての自然的な欲望をほとんど覆い隠すほどで、それはあたかも、外国

(1) グリュロスは九八九Bで、この穏やかな非難が事実だったことを認めている。

(2) ヘロドトス『歴史』第二巻四六、ストラボン『地誌』第十七巻一九参照。またアイリアノス『動物奇譚集』第七巻一九と比較せよ。

(3) オデュッセウスの妻。

(4)『神託の衰微について』四一五C参照。

(5) グリュロスによる欲望の区分は、基本的にエピクロス風である。

(6) エピクロス「断片」四五六（Usener）参照。アリストテレス『ニコマコス倫理学』第三巻第十章（一一一七b二三以下）、伝プラトン『定義集』四一一Eなどと比較せよ。動物たちの節制については、アリストテレス『動物発生論』第一巻第四章（七一七a二七）参照。

(7)『健康のしるべ』一二七A、『ソクラテスのダイモニオンについて』五八四D以下参照。

(989) 人たちからなる新参の群集がデーモス［行政区］の中で、生まれつきの市民たちを圧倒しているようなものなのです。しかし野獣どものほうはその魂を、外部からもたらされる感情にはまったく侵されず、没交渉のままに保ち、生活においては、海から離れて住んでいるかのように[1]、虚しい思わくから遠く離れているので
D して、彼らは洗練された豊かな生き方には欠けていますが、彼らの中にある欲望は多くもなければ疎遠でもないため、それら欲望の点での節制とよりよい秩序を厳格に保持しているのです。

たしかにかつては[2]わたし自身も、今のあなたに劣ることなく、他の何ものにも比較しえない所有物として黄金に我を忘れ、銀や象牙の虜《とりこ》になることがありました。そしてそれらを最も多く所有している者こそが誰か幸福な、神に愛《め》でられた人だと思っていたのです、たとえそれが、ドロン[3]より卑しくプリアモス[4]より悲しむべき[5]、プリュギア人であろうとカリア人であろうとね。そんな状況でわたしは、いつも欲望に身を吊られ、他の豊富で充分すぎるほどにある事物からは喜びも快楽も享受することなく、むしろ自分が最も重要な
E ものに欠けており、善の分け前に与らないまま見棄てられているかのように、わたし自身の人生を非難していたのです。そんなわけで、想い出すのですが、あなたがクレタにおいて、衣装で厳粛ぶって飾りたてているのを目にしたとき、わたしが羨んだのはあなたの思慮でもなければ徳性でもなくて、肌着の仕立ての並外れた繊細さと、紫貝で染めたマントの羊毛の具合や美しさを好ましく思い、心奪われて（それに何やら留め金も黄金で、浮き彫りには思うに、おふざけめいたことが入念に表現されていましたっけね）、わたしはまるで女たちのように、魔法に掛けられたまま、あなたの後を追ったものでした[6]。けれど今ではわたしは、あ
F れらの虚しい思わくから逃れ、浄められて、金銀をほかの石と同様に看過し、跨ぎ越すようになりましたし、

990

あなたの礼服や敷物にしても、ゼウスさまにかけて、わたしが満ち足りたまま安らうためその中で寝転ぶのに、深くて軟らかな泥土より快いところなど何もないでしょう[7]。また、そうした外部からもたらされる欲望はどれひとつ、われわれの魂に座を占めることがないのでして、われわれの生活は、その大部分が不可避的な欲望や快楽でもって管理されており、不可避的でなく自然的なだけの欲望には、われわれは無秩序な仕方でも貪欲な仕方でも、親しむことはないのです。

七　そこでまずは、それら快楽を詳述することにしましょう。たしかに、香りがよく、発散物によって嗅覚をふさわしい仕方で刺激するものに対する快楽は、無償でもあり単純な利点を持つことに加え、同時に食糧の判別においてある効用に寄与します。というのも舌は、味覚器官に風味が近づけられて何らかの混合を受けるときには、甘いものや辛いものや渋いものの識別者であり、またそう言われてもいるのですが、われわれの嗅覚のほうは、風味に先立っての、それぞれのものの特性の識別者なのであり、王の毒味役たち[8]より

---

(1)プラトン『法律』第四巻七〇四E以下、アリストテレス『政治学』一三二七a一一以下参照。海は国外からの有害な影響の象徴。
(2)諸写本に従い、ποτε を読む。
(3)褒賞につられてギリシア軍の偵察に出掛け、命を落としたトロイア人。ホメロス『イリアス』第十歌参照。
(4)トロイア最後の王。
(5)とくに、ホメロス『イリアス』第二十二歌三八—七六行での彼の嘆きを参照。
(6)ホメロス『オデュッセイア』第十九歌二二五—二三五行参照。ただしこの逸話は、擬装したオデュッセウスによって語られる偽りのもの。
(7)アイリアノス『動物奇譚集』第五巻四五参照。
(8)アテナイオス『食卓の賢人たち』第四巻一七一e—f参照。

B もはるかに用心深く見定めて、親近なものは内へ入るのを許し、疎遠なものは遠ざけて、味覚に触れたり悩ませたりすることを阻止し、害されるより先に劣悪さを非難し、告発するのです。そしてそれ以外で嗅覚が、ちょうどあなたがたにとってそうであるがごとく、煩いとなったりはしないのです。多額と引き替えに男らしからぬ、少女じみた、何に対してもひとつの役にも立たぬ甘い暮らしを買っているあなたがたには、それはもろもろの薫香やシナモン、カンショウ〔甘松香〕、ピュロン[1]、アラビアのカラモス[2]を、染め物師や[3]魔女の何か並外れた技術――それには香油術という名があります――でもって一緒に集め、練り合わせるよう[4]強いるものなのですが。いえ、それはそうしたものであるにせよ、すべての人間女性のみならず、大多数の男性をもすでに堕落させてしまっており、そのためあなたがたは自身の妻とすら、彼女らがあなたがたに香油や塗香の匂いをさせながら一つ床に入るのでなければ、同衾する気にもならないという始末なのです[5]。C しかし雌ブタは雄ブタを、雌ヤギは雄ヤギを、その他の雌たちも彼女らの伴侶たる雄たちを、固有な匂いで惹き寄せ、清浄な露や牧草地や新緑の匂いを嗅ぐと、彼らは共通の友誼によって婚姻関係に至るのであり[6]、雌たちがはにかんだり、欲望の口実に欺瞞やまやかしや否認を持ち出すこともなければ、雄たちが激情や狂乱によって、賃金や苦労や隷従の身と引き替えに子作りの活動を買うこともないのでして、彼らは時宜に応じて偽りなき、無償の愛欲を追求し、その愛欲とは一年のうちでも春ごろ[7]、植物の新芽のごとく動物たちの欲望を目覚めさせては、ただちに鎮めてしまうというもので、雌が受胎の後に雄を近づけることもなければ、なおも雄が雌を口説くこともないのです[8]。D このように、快楽がわれわれのもとで得ている評価はわずかで取るに足らず、自然こそがすべてなのです。それゆえ、雄の雄に対する性交にしても雌の雌に対する性交にしても、少なくとも今日に至るまで、野獣どもの欲望がもたらすことはなかったのです。(9) けれどあなたがたのほうでは、そうしたことは、威厳ある立派な人びとのあいだに数多いのですよ。益体《やくたい》もない連中については、問題にしませんからね。アガメムノンさまが(10)ボイオティアへ出向いたのは、アルギュンノス(11)を追い求めてのことでしたが(12)、彼のほうはそれを躱《かわ》して海と風を中傷し……(13)、次いで彼が立派にも、美しき我が身をコパイ
E ス湖(14)へと沈めたのは、その場所で恋情を鎮め、欲望から逃れるためだったのです。ヘラクレスも同様に、髭

(1) = *μαλάβαθρον* か？ プリニウス『博物誌』第十二巻一二九参照。
(2) ショウブか？
(3) Post に従い、*δευσοποιοῦ καὶ* の読みを採る。
(4) Bernardakis に従い、*συμφυρὰν* の読みを採る。
(5) プリニウスによるたびたびの憤慨気味な所見、たとえば『博物誌』第十二巻二九および八三、またセネカ『自然研究』第七巻三〇―三一も参照。
(6)『子供への情愛について』四九三F、プラトン『法律』第八巻八四〇D、オッピアノス『猟師訓』第一巻三七八行参照。
(7) プリニウス『博物誌』第十巻一七一、フィロン『動物について』四八。アイリアノス『動物奇譚集』第九巻六三、オッピアノス『漁夫訓』第一巻四七三以下参照。
(8) ただし、オッピアノス『猟師訓』第三巻一四六行以下参照。
(9) プラトン『法律』第八巻八三六C参照。ただし、プリニウス『博物誌』第十巻一六六、アイリアノス『動物奇譚集』第十五巻一一、『ギリシア奇談集』第一巻一五、ほかも参照。
(10) トロイア戦争におけるギリシア軍の総大将。
(11) アガメムノンの愛人。
(12) アテナイオス『食卓の賢人たち』第十三巻六〇三d、プロペルティウス『エレギア』第三歌七-二一参照。
(13) 若干の欠落が推定される。
(14) ボイオティア地方在。

生え初《そ》めぬ侍童の後を追って英雄たちに(1)遅れをとり、遠征を放棄したのでした。(2)また、プトオス・アポロンの円形神殿(3)の中にあなたがたのうちの誰かが「麗《うるわ》しのアキレウス」と刻み込んだのは、すでにアキレウスさまが(4)ご子息をお持ちのときのことで、その文字はまだ残っていると聞きます。(5)しかし、雌が身近にいないために、雄ドリが雄ドリの上に乗るということがあると、それは生きたまま焼き尽くされるのでして、それというのも誰か予言者なり占い師なりが、その出来事を重大で恐ろしいものだと宣言するからなのです。このように、野獣どもにとってのほうがいっそう、節制があるだとか快楽の点で本性に無理強いしたりしないだとかがふさわしいということは、人間たち自身からも認められているわけです。ところが、あなたがたの内なる放埓さをその本性は、法を味方に持ちながらも限度内に閉じ込めていられず、あたかも欲望の流れによってところどころで越え出て行くかのごとく、それらは性愛において、本性に恐るべき侮辱や動揺や混乱をなし遂げるのです。というのも、男性たちはヤギやブタやウマと交わろうと試みましたし、(6)女性たちは雄の野獣どもに心狂わせたのですから。すなわち、そのような婚姻から、あなたがたのミノタウロス(7)やアイギパーン(8)も、またわたしの思うところではスピンクス(9)やケンタウロス(10)も、出来《しゅったい》するものなのです。しかしながら、ときに犬が人間を食べたのも飢えのゆえであり、鳥がそれを味わったのも必要のためだったのです。けれど、性交のために野獣が人間を利用しようと企てたことは決してありません。(11)ところが野獣どもを人間たちは、以上のことのためにもその他多くのことのためにも、快楽を求めて暴力をふるい、非道を行なうのです。

八　このように人間たちは、述べられたところの欲望について劣っており抑制がないのですが、不可避的な欲望においてはなおいっそう、節制があるという点ではるかに野獣どもに及ばないことが証明されるのです。(12) それとは食べ物や飲み物についての欲望のことで、それらからわれわれは常に、何がしかの効用と併せて快さを得るのですが、あなたがたのほうは、本性に即した食糧よりもむしろ快楽を追求するため、多く
B
の深刻な病いによって懲らしめられるのであり、それらはまさに、一つの源泉からあふれて、あらゆる種類の浄めがたいガスの膨満であなたがたの身体を充たすものなのです。(13) というのもまず、動物のそれぞれの種《しゅ》には、あるものたちには牧草、またあるものたちには何か根や果実と、一つの食糧が適しているのです。そ

---

(1)アルゴ船の乗組員たち。
(2)ヒュラスについてのこの逸話は、テオクリトス『エイデュリア』第十三歌、ロドスのアポロニオス『アルゴナウティカ』第一歌一二〇七―一二七二行、プロペルティウス『エレギア』第一歌二〇行、アポロドロス『ギリシア神話』第一巻一-一九、ほかも参照。
(3)ボイオティアの有名な神殿。
(4)トロイア戦争におけるギリシア軍第一の英雄。
(5)これはおそらく登場人物としてのグリュロスでなく、プルタルコス自身による註記。グリュロスもオデュッセウスもアキレウスと同時代人のため、その碑文がまだそこに残っていたところで別段、驚くことはないだろうし、仮にそうであったとしても、グリュロスがそれを知りえたはずはない。
(6)テオクリトス『エイデュリア』第一歌八六行参照。
(7)牛頭人身の怪物。アポロドロス『ギリシア神話』第三巻一-四、フィロン『動物について』六六参照。
(8)「ヤギのパーン」。ヒュギヌス『神話伝説集』一五五、ポンポニウス・メラ『世界地理』第一巻八-四八参照。
(9)二六一頁註(7)参照。
(10)伝説上の半人半馬。アポロドロス『ギリシア神話』摘要一-二〇参照。
(11)ただし、アイリアノス『動物奇譚集』第十五巻一四参照。
(12)フィロン『動物について』四七参照。
(13)『健康のしるべ』一三一F参照。

して肉食であるかぎりのものたちは、餌食以外のどんな類いにも向かうことがなく、より無力なものどもから食糧を奪うこともありません。むしろライオンはシカに、オオカミはヒツジに、自然に適った仕方で草を
C
食むがままにさせておくのです。ところが人間は快楽のためあらゆるものへと貪欲さによって逸脱して行き(1)、あらゆるものを試みては味わうのですが、それはいまだ適当で親近なものを知っていないかのようであり、存在するもののうち、ただ人間だけが雑食なのです(2)。

また、人間が肉を食用にするのは第一に、何の困難や窮乏によるのでもなくて(3)（彼にはいつでも、季節に応じて植物や種子を次から次へと、その量の多さゆえほとんど疲れるほどに収穫し(4)、手に入れ、摘み取ることができるのです）、むしろ贅沢さや不可避的な食べ物への満腹から、動物たちの殺戮を伴う、不適合で清浄ならざる食べ物を、最も獰猛な野獣どもよりもはるかに残忍な仕方で追い求めるのです。というのも、血液
D
や凝血や肉は、トビやオオカミやヘビにとってこそ親近な食物ですが、人間にとってはおかずなのですから(5)。次に、人間はあらゆる種《しゅ》を食用にしており、野獣どものように大多数の種を控えたり、わずかばかりの種と争うにしても食糧の必要からであるということはなくて、いわば、何か空を飛ぶものも水を泳ぐものも地を這うものも、あなたがたの、まさに洗練されており、客を歓待すると言われるところの食卓から逃れてはいないのです。

九　さて、あなたがたが彼らをおかずに用いるのは、食糧を美味《おい》しくするためなのです。それゆえなぜ、まさにそれらのために……(6)？　しかし野獣どもの思慮は、無益で空しい技術にはどれひとつとして余地を与えず、また不可避的な技術については、他者により外部からもたらされるものとも、賃金と引き替えに教育

E されるものともせず、訓練でもって各々の理論を相互に接合して入念に固定したりすることもなしに、むしろ即座に独力で、いわば正嫡かつ生来のものとして供給するのです。すなわち、エジプト人は全員が医者である(7)と聞きますが、動物たちはその各々が治癒に関してのみならず、食糧に関しても、武勇や狩猟、さらには守備や音楽に関しても、自然に則した仕方で各々にふさわしいかぎり、自立の専門家なのです。というのも、われわれブタは誰から、病気になったときにはカニを捕るため川へ赴くということを学んだのでしょうか？　また誰がカメに、毒ヘビを食べた後で解毒剤としてオレガノ［マヨナラ］を食べるということを教えたのでしょうか(8)？　また誰がクレタのヤギに、矢が突き刺さったときには、ディクタムノン(9)を探し求め、そ

F れを食べれば鏃《やじり》が排出されるということを(10)？　すなわち、もしあなたが、まさに真実のところを、つまり

(1)『陸棲動物と水棲動物ではどちらがより賢いか』九六四F、プリニウス『博物誌』第七巻序参照。

(2)プリニウス『博物誌』第十一巻二八三、フィロン『動物について』六二、ルカヌス『内乱賦』第四歌三七三―三八一行、ほか参照。

(3)『肉食について』九九三D参照。

(4)Reiske に従い、μονονοὐ の読みを採る。

(5)『肉食について』九九三D、九九五C参照。

(6)この箇所にはかなりの欠落が推定される。意味されているのはおそらく、「なぜ、贅沢な生活のために肉を調達するに際してあなたがたは、それに従事する者たちが料理法を唯一の訓練とするような特殊技術を発明したのでしょうか？　しかし野獣どもの思慮は」云々、といったところであろう。

(7)この奇妙な主張は、ヘロドトス『歴史』第二巻八四の誤読に由来するらしい。

(8)『陸棲動物と水棲動物ではどちらがより賢いか』九七四B参照。

(9)クレタ島原産のハナハッカの一種、*Origanum dictamnus*.

(10)『陸棲動物と水棲動物ではどちらがより賢いか』九七四D参照。

992 自然こそが彼らの教師なのだと言うのでしたら、あなたは最も支配的かつ賢明な原理へと、野獣どもの思慮
を引き上げることになりますし、もしそれのことをあなたが理性とも思慮とも呼ぶべきでないと思われるの
でしたら、それにとってより立派でより尊い名前を探すべき時なのです、それがたしかに、活動を通じてそ
の能力をよりよく、より驚嘆すべきもの[1]としているとおりにね。それは無学でもなければ無教養でもなく、
むしろ何か、独学にして自足的であり、無力さのゆえではなく本性的な徳性の強さと完全性によって、教育
を通じた他者からの思慮の収集には別れを告げているのですから。少なくとも、人間たちが自らの贅沢な暮
らしや遊戯のために学習や訓練へと駆り立てるかぎりの動物たちについては、彼らの思考は身体の本性に反
してまでも、あり余る理解力によってその学習を身につけるのです。すなわち、仔イヌが獲物の追跡を、仔
ウマがリズムに合わせた並足を、また[2]オオガラスが会話を、イヌが回転する輪の潜《くぐ》り抜けを習練することな
B どは、問題にせずにおきます。またウマやウシが劇場において、横たわったり、踊ったり、人間たちにも
まったく容易でない危険な姿勢や動作を正確にこなす[3]のは、彼らが学びのよさの披露という、他には[4]まるで
何の役にも立たない[5]ことをしっかり教わり、覚えているからなのです。しかし、もしあなたが、わたしたち
は技術を学ぶということをお信じにならないのでしたら、わたしたちはそれらを教えもするのだということ
をお聞きください。すなわち、シャコは逃走する際、雛たちには仰向けに倒れた状態で隠れ、自分を遮るよ
うに脚で土塊を前へ翳すことを習慣にさせています。[6]また、屋根の上でコウノトリの雛たちに対し、成鳥が
飛翔の練習をしている彼らの傍らにいて指導するというのは、あなたのご覧になっているところです。[7]それ
C にナイチンゲールは、雛たちにあらかじめ歌いかたを教えるのでして、まだ幼いうちに捕らえられ、人間の

手のなかで育てられたものたちは、いわば時宜より前に教師から離れてしまったようなもので、その歌いぶりも劣っているのです。(8)……(9)この身体に潜《もぐ》り込んで以来わたしは、あれらの議論に驚いているのです、それでもってソフィストどもは、人間以外のすべての動物が非理性的で非知性的だと認めるよう、わたしを説き伏せていたのですがね。(10)

一〇 オデュッセウス だからこそ現に、グリュロスよ、お前はそんな姿に変えられているわけだが、それで、ヒツジやロバまでもが理性的だと主張するつもりなのか？

グリュロス いやむしろ、まさに彼らに基づいてこそ、最善なるオデュッセウスさま、とりわけ野獣どもの本性は判断されねばならないのですよ、それが理性（ロゴス）や理解力の分け前に与らないわけではない D のだということをね。というのも、樹木は一方が他方より以上にも以下にも魂を欠くわけでなく、無感覚で

(1) すなわち、人間の思慮よりも「よりよいもの」と。
(2) Hartman に従い、*καί* の読みを採る。
(3) ゾウによるいくらか似た演技が、『陸棲動物と水棲動物ではどちらがより賢いか』九六八B—C、フィロン『動物について』二七などに記述されている。
(4) Reiske に従い、*εἰς* の読みを採る。
(5) Wyttenbach に従い、*ἔχουσαν* の読みを採る。
(6) 『陸棲動物と水棲動物ではどちらがより賢いか』九七一C、『子供への情愛について』四九四E参照。
(7) アイリアノス『動物奇譚集』第八巻二二には、学びが時宜を得なかったコウノトリの物語が見出される。
(8) 『陸棲動物と水棲動物ではどちらがより賢いか』九七三B参照。
(9) ここに長い欠落が推定される。
(10) 意図されているのはストア派だろうが、時代錯誤。

E

あることに関してそのすべてが似た状態にあるように(なぜなら、それらのどれひとつとして魂にかかわりはないのですから)[1]、そのように動物も、相異なるもの同士はその与り具合に何らかの優劣があるにせよ、もしそのすべてが理性や理解力に与っているわけでないのだとすれば、思慮するという点において一方が他方よりも怠惰であったり愚鈍であると考えられることはないはずでしょう[2]。そしてご理解いただきたいのです、あるものたちの愚かさや無精さを証明するのは、別のものたちの狡猾さや鋭敏さなのだということをね、あなたがキツネやオオカミやミツバチに[3]、ロバやヒツジを対比するときには。それはいわば、あなたご自身にポリュペモス[4]を、あるいはあなたのご祖父であるアウトリュコスさまに[5]、あの愚かなコロイボス[6]を対比するようなものなのです。というのもわたしは、野獣同士のあいだでの隔たりというものが、人間同士のあいだで、思慮したり推論したり記憶したりする点において乖離しているほどだとは思いませんから。

オデュッセウス　しかし考えてもみよ、グリュロスよ、神についての観念がうちに生ずることのないものどもに理性の余地を残してやるというのは、異様で無理のあることではないかを。

グリュロス　それではあなたのことをわたしたちは、オデュッセウスさま、そのように賢く並外れていらっしゃるのですから、シシュポスさまのお子[7]であるとは言わずにおいたものでしょうか[8]?

(1)『陸棲動物と水棲動物ではどちらがより賢いか』九六二F参照。

(2)『陸棲動物と水棲動物ではどちらがより賢いか』九六二D参照。

(3) Helmbold は「やミツバチ」の削除を提案するが、それに反して、「ヒツジ」の後に *Bernardakis* は「や雄バチ」、Reiske は「やスズメバチ」の追加を提案している。

(4)キュクロプス族の一人。二五七頁註(4)参照。

(5)ホメロス『オデュッセイア』第十九歌三九四行以下。アウトリュコスは、ヘルメスの賜物たる「窃盗と偽証」において群を抜いていた。

(6) Haupt に従い、*τὸν Κόροιβον ἐκεῖνον τὸν μωρόν* の読みを採る。ゼノビオス『俚諺集』四-五八、ルキアノス『嘘好き人間』三参照。コロイボスは、海の波を数えようとするほどの愚か者として諺にもなった人物。底本は「あのコリントスのホメロス(*τὸν Κορίνθιον ἐκεῖνον Ὅμηρον*)」だが、愚者の典型に挙げられるのが偉大な(しかも、ほかならぬ本篇の典拠『オデュッセイア』の作者と目される)叙事詩人ということはありえないだろうし、詩人の出身地の候補に数えられる七つの都市のうちにコリントスは含まれておらず、さらに「あの(*ἐκεῖνον*)」という指示で了解されうる同名異人がいたとも思われない。ただし Russell は、想定されるような改悪は生じた理由が説明しがたいとしている。

(7)オデュッセウスはラエルテスの子とされるが、実父はシシュポスだとも言われていた(『ギリシア習俗問答』三〇一D)。

(8)多くの研究者は末尾で、ひょっとするとかなり長くの続きが失われていると信じている。しかし Reiske は、グリュロスによる最後の返答が意味しているのは次のことだと考えた、「神を知らぬものどもは理性を持ちえないというのであれば、賢きオデュッセウスが、かくも名高い無神論者シシュポスの裔だということはまずありえない」(「神とは実用的な発明品にすぎない」とするシシュポスの有名な主張については、クリティアス『シシュポス』断片二五(DK)参照)。その場合、議論をこれ以上長引かせることには意味がないだろうし、この時点までにはオデュッセウスも、自身の対話相手をさらに何ものかへ変身させるのが望ましいかについて意見を変えていたはずだ、と。しかしながら他の研究者たちは、たとえば本性的な敬神のような、さらなる徳性についての議論が続いていたにちがいないと信じ、またひょっとすると、その説明は正義についての考察で締められていたのかもしれないと推測している。

肉食について

和田利博 訳

993

第一部

一　いや、君は、どんな理由でピュタゴラス(1)は肉食を控えていたのかとお尋ねになるが、わたしとしては、
B どんな感情やいかなる心境で最初の人間(2)は流血にその口で触れ、さらには死んだ動物の肉にその唇で触れたのか、そのうえ、悪臭を放つ(3)屍体の食卓に着き、すこし前まで吼え、叫び、動き、生きていた部分を指しておかずやご馳走(4)と呼んだりしたのかのほうが驚きなのだ。眼はどうして、屠られ、皮を剝がれ、切り刻まれるときの殺害に耐えたのか、鼻はどうしてその臭気を忍んだのか、その穢れはどうして舌に、疎遠なものどもの傷と触れたり、致命傷から出る体液や漿液を啜ることから背けさせなかったのか。

C 皮は這い、肉は焼き串の周りで唸っていた、
焙られたものも生《なま》のものも、牛そのままの声を発しながら(5)。

これは作り話で物語だが、少なくともこうした食事は実際、奇怪というものだ、それらがまだ生きてものを言っているあいだに、そのうちのどれが食糧とされるべきかを指図し、またいろいろな調味法や焼き方や給

仕法を手配しながら、まだ唸っているものどもを人が渇望しているというのは。探し求められるべきはそれらの行ないを最初に始めた人[6]のほうであり、後になって止《や》めた人[7]ではなかったのだ。

二　あるいは誰か、こう言う者がいることだろう、[8]肉食に手を染めたかの最初の人びとにとって、その原
D
因は困窮であったのだ、と。なぜなら、彼らが本性に反した不適切な快楽のために乱暴を働いたのち、それらの行ないへと向かったのは、無法な欲望とともに過ごしているときでもなければ、必需品を過剰に抱えているときでもなかったのだから。いや、もしこの現代に感覚と声を取り戻すことがあったならば、彼らはこう言うことだろう、「おお、幸福にして神に愛《め》でられし、いまを生きるあなたがたよ、人世《じんせい》のうちでも何た

（1）前六世紀の哲学者。『陸棲動物と水棲動物ではどちらがより賢いか』九六四F参照。

（2）『陸棲動物と水棲動物ではどちらがより賢いか』九五九E参照。

（3）『もの言えぬ動物が理性を用いることについて』九九一D、本篇九九五C参照。

（4）Sandbach は、肉を「ご馳走（τρυφάς）」と呼ぶのは肉食者でなく菜食者のほうだとの理由により「食糧（τροφάς）」への読み換えを提案しているが、もしそうであれば、それを「おかず（ὄψα）」と呼ぶのも不適切とすべきだろう（九九四B、九九五C参照）。

（5）ホメロス『オデュッセイア』第十二歌三九五—三九六行。

（6）プリニウスによれば、「動物を最初に殺したのはマルス［＝アレス］の息子ヒュペルビウスであり、プロメテウスが殺したのは牛である」とのことだが（『博物誌』第七巻二〇九）、彼が言わんとしているのはおそらく、犠牲以外の不浄な目的のために、という意味だろう。

（7）ピュタゴラス。

（8）もし Sandbach に従い、πᾶς ἂν τὴν χρείαν καὶ …… ; の読みを採れば、「それとも皆は、……欠乏であり困窮であったと言うのだろうか？」。

る時代を引き当てて享受し、善きものに満ち溢れた分け前に与っていることか。どれだけの植物があなたが
たのために生え、どれだけの実りが獲《え》られ、どれだけの富を平野から、どれだけの快楽を木々から摘み取る
ことができるのか。あなたがたは穢れを被らずとも、贅沢に暮らすことだってできる。ところがわたしたち
のほうは、最初の生誕の時点から多くの詮方《せんかた》ない困窮のうちに陥ったうえで、これを迎え入れたのは人世と
E 時間のうちで最も陰鬱にして最も恐ろしい部分だった(1)のだ。当時まだ天と星々は、濁って不安定な湿気や火
や風雨と混ざり合った大気が隠していた。『また、いまだ太陽は』逸脱なしにその座を占めることも、恒常
的な

　　　　　　走路を取って、日の出と
日の入りを分け、いま一度、元へと連れ導いて、
実り多き、花蕾《からい》の冠戴く季節で
満たすこともなかった。また大地が受けた被害は(2)

河の不規則な流出によるもので、その多くの部分は『沼沢によって変形していた』し(3)、深い泥沼と不毛な藪
や森によって荒廃していた。栽培による収穫物の生産や、技術による道具は何もなく、知恵による工夫もな
かった。飢えは猶予を与えず、当時は小麦の種子が(4)年ごとの播種期まで残ることもなかった。泥土が食べら
F れ、『樹木の皮まで食べられた』とき、また『見つかるのはギョウギシバの芽生えや、ラベンナグラスの(5)』
根のようなものでも幸運であったときに、わたしたちが本性に反して動物の肉を食用にしたところで、何を

驚くことがあろうか？　ドングリを味わいながら食べた際には、それを『命もたらす[6]』だとか『母』だとか『養育者』の名で呼びながら、わたしたちは喜びのあまり、ナラやカシ[7]などの周りで踊ったのだ。ただそれだけが[8]、当時の生活の知る祝祭であり、それ以外はすべて、激情と陰鬱で満ちていたのだ。だが、いまのあなたがたをどんな狂乱が、どんな熱狂が穢れた殺害へ導くというのか、あなたがたの周りには、必需品がそれほど多く存在しているのに？　なぜあなたがたは大地を中傷して、それには養育する力がないなどと言うのか？　なぜあなたがたは掟授ける[9]デメテルを冒瀆し、葡萄樹の守り主[10]にして寛大なるディオニュソスを辱め、彼らから充分に受け取っていないなどと言うのか？　あなたがたは栽培による収穫物を血液や凝血と混ぜ合わしたりして、恥ずかしくないのか？　いや、あなたがたはヘビやヒョウやライオンを猛獣と呼ぶが、

(1) エンペドクレス「断片」二－三（DK）参照。
(2) エンペドクレス「断片」一五四（DK）。
(3) 浸水が沼沢をつくり、それが後に干上がって、水陸の見分けがつかなくなっている、ということ。
(4) Diels に従い、*πυρῶν* の読みを採る。
(5) 出典不明の詩。
(6) 「ゼイドーロス（*ζείδωρος*）」というエピセット（添え名）は本来、「小麦（ゼイアー *ζειά*）をもたらす」を意味したが（ホメロス『イリアス』第二歌五四八行など）、早くから「生きる（ゼーン *ζῆν*）」に由来すると誤解されるようになった。
(7) ナラ（*δρῦς*）はとくにヨーロッパナラ（*Quercus robur* L.）、カシ（*φηγός*）はバロニアガシ（*Q. aegilops* L.）を指した。初期ギリシア人は実際、主に *Q. aegilops* のドングリを食べていた。
(8) Xylander に従い、*μόνην* の読みを採る。
(9) 豊穣の女神デメテルに対するエピセット。『コロテス論駁』一一一九E参照。
(10) 葡萄酒の神ディオニュソスに対するエピセット。『倫理的徳について』四五一C、『食卓歓談集』六六三D、六九二E参照。

(994) B あなたがた自身こそ穢れた殺害を犯しているのであり、残忍さの点で彼らに幾分の余地も残さないほどなのだ。というのも、彼らにとって死体は食糧だが、あなたがたにとってはおかずなのだから[1]」と。

三　……なぜなら実際われわれは、ライオンやオオカミを撃退せんがために食べることはない。むしろそれらには手をつけず、無害で人に馴れ、傷つけるための刺や歯のないものどものほうを捕らえては殺すのだ、それらはゼウスにかけて、美しさと優雅さとのために自然が生み出したと思われるものなのに[2]。……

それはちょうど人が、ナイル河が増水して、その土地を生産力があり実りをもたらす流れで満たすのを目にしながらも、それによってもたらされることのうち、最も栽培に適し最も生命に有益な収穫物を生み育てる力と多産さには驚嘆することなく、むしろどこかをワニが泳いでいたり、コブラが尾を引き摺っていたり、
C ネズミなど、穢らわしい野生動物たちを目にするや、そちらのほうを事柄の必然に対する非難の原因に挙げるのと同然である。あるいはゼウスにかけて、その大地と土壌が栽培による収穫物で満ち、穀物の穂で撓んでいるのに目を向けながらも、その後でそれら実った穀物の下に目をやり、どこかにドクムギなどの穂やネナシカズラを見てとるや、それからは先のものの実りを刈り取ることもなおざりに、後のものについて、穀物を荒らすことを非難するようなものである。また何かそのように[3]、ある裁判で弁論家の演説があり、それは弁護に満ちていて、危機から救助したり、あるいはゼウスにかけて、無謀な所業や証拠[4]を論駁したり告発
D したりせんがために提出されているにもかかわらず、その言葉の流れや議論の運びが単純でも平明でもなく、聴衆や裁判官たちが持つ、多くのさまざまな相異なる魂に向けて同様に、それらを逸らせたり変化させたり、あるいはゼウスにかけて、和らげたり馴らしたり整えたりしなければならないため、多くの、いやむしろあ

らゆる種類の感情と一緒くたになっているのを目にするや、それからは事件の主要な争点(5)を認めて評価することを怠り、不正確な表現を論《あげつら》うようなものであって、それらを演説は、目標に至る過程で成り行き上の勢いに乗じて運び降ろしたのであり、それらは演説の残りとともに飛び出し、滑り込んだにすぎないのである。またある民衆弁論家の……を目にするや……(6)

E

四　いや、何ものもわれわれを恥じ入らせはしないのだ、哀れなものどもの外観の華やかな姿も、調べよき声の説得力も、魂による悪事も(7)、生活様式における清潔さや、理解力における豊かさも。むしろわれわれは、わずかばかりの肉切れのために魂から、その許に(8)彼が生まれ育った陽の光を、生きるはずの時間を奪う。そうしておいて、われわれはこう考えるのだ、彼らが発する叫びやきしみの声は不分明であり、辞退や嘆願

---

(1)『もの言えぬ動物が理性を用いることについて』九九一D参照。
(2)本節の残りは、仮にプルタルコスによるにせよ、まったくの別作品に由来するものだろう。四節はこの文からごく自然に続く。
(3)写本のうち、*τοιοῦτόν τι* ……の読みを採り、肯定文とする。
(4)底本は「証拠（*ἀποδείξεως*）」の読みに疑問を呈しており、Helmbold は伝統的なテクストを採用しながらも、それに「不履行（defaults）」という無理のある訳を与えている。他方、Inglese は「無謀な所業（*τολμημάτων*）」と対極的な意味をもつ、「臆病さ（*ἀποδειλιάσεων*）」への改訂を提案する。
(5)Post に従い、*κεφάλαιον καταγώνισμα* の読みを採る。
(6)以上の厄介な断片は残りが失われているため、これら三つが何を比較対象としているのかは分からない。
(7)Helmbold は、*οὐ πανουργία ψυχῆς* を削除している。文脈にそぐわないからであろう。
(8)写本のうち、*ἐφ' ᾧ* の読みを採る。

や弁明として、彼らの各々がこう言っているわけでもないのだと。[1]「わたしがあなたに御免を蒙りたいのは、
必然でなく乱暴なのです。食べるために殺してください、美味《おい》しく食べるためにわたしを殺すのはよしてく
ださい」。何たる残忍さ！　富裕な人びとが死体の世話役に料理人や薬味人を使って食卓が用意されつつあ
F るところを目にするのも恐ろしいことだが、もっと恐ろしいのは、その食卓が片付けられるときなのだ。何
しろ、食べられた分より残される分のほうが多いのだから。いかにも、それらは無益に死んだわけである。
またそれとは別に、配膳されたものには手を出さず、切り分けることも切り刻むことも許さない人びと[2]がい
るが[3]、彼らは死んだものを辞退しながら、それらが生きているときには助けてやらなかったのだ。
五　すなわち、われわれはこう主張するのである、かの人びとが［肉食という］本性を原理として持って
いるなどと言うのは不合理だと[4]。なぜなら人間にとって肉を食べるのが本性に即していないということは、
第一に身体の構造からして明らかである[5]。というのも、人間の身体は、肉食にふさわしく生まれついている
995 ものどものいずれとも似ておらず、鈎状の嘴も、鋭い爪も、鋸状の歯も、重たい肉の食事を消化して[6]吸収で
きるほど強い胃も、熱い気息も備えていないからである[7]。むしろ、まさにその点で自然は、滑らかな歯や、
小さな口や、柔軟な舌や、消化にとって鈍い気息により、誓って肉食を辞退しているのである。もし君が、
自分自身はそのような食物にふさわしく生まれついていると言うのであれば、君が食べたいと思うものを、
まずは自分で殺してみたまえ、ただし小刀なり、なにがしかの棍棒なり、大斧なりを用いることなく、自分
B 自身の手でもって。いや、ちょうどオオカミやクマやライオンが、彼らの食べるだけの分を、自分たちで殺
害するように、君はウシを牙で、イノシシを顎で殺し、あるいはヒツジやノウサギを切り裂いて、かの捕食

者たちのごとく、それらに襲いかかっては、まだ生きているうちに食べるがいい。しかし、もし君が、食べられるものが死体になるまで辛抱し、また命あるうちは君にその肉を楽しむことを憚らせるというのであれば、なぜ君は本性に反してまで、命なきもの[8]を食べるのか？ いや、命なき死体であっても、人はそれをそのまま食べたりしないだろう。むしろ無数の香料で死体を改め、逸らせ、弱め、火や薬でもって煮たり焼いたりして変化させるのであり、それというのも、味覚が欺かれて異質なものを受け容れるようにするためなのだ。

実際、宿屋で小魚を買って、そこの主人にそれを調理するよう引き渡したラコニア人の言葉は気が利いて
C いた[9]。主人がチーズと酢とオリーヴ油を要求すると[10]、彼はこう言ったそうだ、「なに、俺がそんなものを

---

(1)『食卓歓談集』六六九D参照。

(2)写本どおりに、*ἕτεροι* の読みを採る。

(3)ペトロニウス『サテュリコン』四一参照。

(4)Bernardakis に従い、*ἄλογον γὰρ εἶναί φαμεν* の読みを採る。もしそれが受け容れられなければ、この後には欠文が推測される。

(5)『もの言えぬ動物が理性を用いることについて』九八八E参照。

(6)Cobet に従い、*πέψαι* の読みを採る。

(7)『いかに敵から利益を得るか』八七B、『食卓歓談集』六四二C参照。

(8)*τὸ ἄψυχον*.「命あるもの（*τὸ ἔμψυχον*）」と読む写本もある。

(9)『スパルタ人たちの名言集』二三四E―Fでは、持ち込まれたのは魚でなく肉になっている。『健康のしるべ』一二八Cも参照。

(10)魚用のソースを作るため。万人が好んでいるのは魚でなく薬味であり、生《なま》であったり味付けのされていない魚など誰も欲しがりはしない、というヘゲサンドロスの論評（アテナイオス『食卓の賢人たち』第十三巻五六四a）に照らせば、その宿屋の主人の行動は充分に自然なものだった。

持ってりゃ、魚なんぞ買いはしなかったろうよ」。だがわれわれは、殺害の穢れのなかであまりに贅沢をしているため、肉をおかずと呼び[1]、次いでは、まさにその肉のためにおかずを必要とする始末なのだ、オリーヴ油と葡萄酒とハチミツとソースと酢を、シュリアやアラビアの香料と混ぜ合わせ[2]、あたかも本当に死体の埋葬の準備をしているかのごとく。すなわち、それらはそのように分解され、柔軟にされ、何らかの手間が加えられているため、消化がそれらを克服するのは容易ならざることであり、それが引き留められたならば[3]、恐ろしい重苦しさと有害な消化不良を惹き起こすのである。

D 六　また、ディオゲネス[4]はあえて生《なま》のタコを食べようとしたが、それは火による肉の加工ということを放逐せんがためであった[5]。そして多くの人びとが彼を取り巻くなか、彼は上衣で顔を覆い、口へと肉を運びながら、こう言ったのである、「君たちのためなのだよ、僕が命を賭けて危険を冒しているのも」。ゼウスよ、何と立派な危険であることか！　というのも、ちょうどペロピダス[6]がテバイ人たちの、あるいはハルモディオスとアリストゲイトン[7]がアテナイ人たちの自由のためにそうしたように[8]、この哲学者が生のタコと取り組み危険を冒したのは、人生というものを野生化せんがためだったのではないか？

E さらに、肉食はただ身体にとって本性に反しているだけでなく、魂をも、飽食と満腹によって鈍重にするのだ。なぜなら、「葡萄酒と肉の貪食は、身体を強く壮健にするが、魂を虚弱にする[9]」からである。そしてわたしは、運動競技者たちに憎まれぬよう、同胞たちを実例に用いることにしよう。というのも、われらボイオティア人たちをアッティカの人びとは、鈍くて無神経な愚か者と呼んでいるが、それはとりわけ、大食のゆえなのだから[10]。「さらに、それらの人びとはブタである……」。またメナンドロス[11]は言っている、「顎を持つ人びとは……」[12]。またピンダロス[13]は言っている、「それから、学ぶがよい……」[14]。ヘラクレイトス[15]によれば、「乾いている魂[16]が最も賢い」[17]。空の甕は叩かれると音を響かすが、一杯に詰まっていれば打撃にも反響し

（1）『もの言えぬ動物が理性を用いることについて』九九一D、本篇九九三B、九九四B参照。
（2）『もの言えぬ動物が理性を用いることについて』九九〇B参照。
（3）写本どおりに、*διακρατηθείσης* の読みを採る。
（4）シノペ出身で、「犬のような［キュニコス派の］」という名を自負した最初の哲学者（前四〇〇頃—三二五年頃）。
（5）『水と火ではどちらがより有益か』九五六B参照。ただし、そこでは文脈がまるで異なっている。アテナイオス『食卓の賢人たち』第八巻三四一e、ルキアノス『哲学諸派の競売』一〇、ユリアノス第六弁論『無学なるキュニコス学徒への駁論』一八一A、一九一C以下、ディオゲネス・ラエルティオス『ギリシア哲学者列伝』第六巻七六、ほかも参照。
（6）テバイの名将（前四一〇頃—三六四年頃）。
（7）前五一四年に殺された、アテナイの僭主政打倒者たち。
（8）『ペロピダス伝』七—一一、トゥキュディデス『歴史』第六巻五四—五九参照。
（9）医学書家アンドロキュデスからの引用。『心の平静について』四七二B参照。
（10）以降の文章はひどく毀れており、おそらくは写本が示す以外にも、より十全な引用を含んでいた。
（11）アテナイの喜劇作家（前三四二—二九〇年）。
（12）「アッティカ喜劇断片集」三—二三八（Kock＝「断片」七四八（Koerte））。意味するところはおそらく、「食い意地の張った連中」ということ。
（13）偉大な合唱抒情詩人（前五一八頃—四三八年頃）。
（14）『オリュンピア祝勝歌』第六歌八九。以下、こう続いている、「真なる言葉によってわれわれは、『ボイオティアのブタ』という古くからの愚弄を免れているのかを」。なお、二五五頁註（2）も参照。
（15）エペソス出身の哲学者（前六から五世紀）。
（16）Helmbold に従い、*αὔη δὲ* の読みを採る。
（17）ヘラクレイトス「断片」一一八（DK）。

F ない[1]。青銅製品でも薄いものは円環をなして音を伝えるが、それは打撃が縁《へり》を周って行くのを人が手で押さえ、行く手を遮って塞ぐまで続くのである[2]。眼は過剰な水分に満たされているときには瞳孔を収縮させ、固有な活動にとって無力なものとなる[3]。太陽も湿った空気や大量の粗い蒸発物を通して観察すれば[4]、明瞭でも輝かしくもなく、沈み曇っていて、光が衰えて見える。まさに同様にして、不適切な食物で澱み、満腹し、
996 重荷を負わされている身体を通じて、魂の輝きと光が鈍さと混乱を帯び、逸脱し、混乱させられる[5]ということは全き必然なのだ、事柄の精緻で識別しがたい目標に対してその魂は、それに見合った光と激しさを持たないのだから。

七　だが、以上は別にしても、人間愛へ向けての習慣づけというのは驚嘆すべきだと思われないか？　というのも、そのように自分以外の他種のものどもに対して穏やかで人間愛あふれる状態にあれば、その人間に誰が不正をなしたりするだろうか？　二日前の対話の際[6]、わたしはクセノクラテス[7]の言葉に、またアテナイ人たちはヒツジの皮を生きたまま剝いだ者に罰を与えたということにも言及した。しかし、わたしの思う
B に、生きているものを苦しめる人のほうが、命を奪い去り殺害する人より悪いわけではないのだが[8]、おそらく、習慣に反することのほうが、自然に反することよりいっそう、われわれは気がつくものなのだ。以上のこともわたしはそのとき、より一般的な形で述べておいた。だが、その教説の重大かつ秘儀的であり、——プラトン[9]言うところの——利口[10]で死すべき物事ばかり尊重する人びとには信じがたい原理を議論に付することに、わたしはいまだ躊躇しているのだ、あたかも船長が嵐の中で船を［動かしたり］、あるいは作家が劇場の中で舞台の展開に際し、機械仕掛け［の神］を持ち上げたりすることに躊躇するかのごとく。だがお

そらく、エンペドクレス[11]の言葉を前奏とし、序文とするのも悪くはないだろう。……[12]すなわち、彼はここで魂について寓意的に語り、それらは流血と肉食と共食いの罰を受けて、死すべき身体に結び付けられている、
C というのである。しかしながら、その説はもっと古いものであるように思われる。というのも、ディオニュソス[13]について物語られる、彼が八つ裂きにされたという受難や、彼に対する巨人族の無謀な所業、その流血

(1)『食卓歓談集』七二一B—D参照。
(2)『食卓歓談集』七二一C—D参照。そこでは、ほぼ同様の表現を用いながら「あたかも道中でのごとく」と言われている。
(3)『食卓歓談集』七一四D参照。
(4)写本のうち、*πλήθους ἀναθυμιάσεων …… ἀθροίσαντες* の読みを採る。
(5)Reiske に従い、*φύρεσθαι* の読みを採る。
(6)以前になされた主題での対話や弁論に対する類似の言及については、九九六D参照。
(7)前三三九から三一四年にかけ、アカデメイアの学頭を務めた哲学者。
(8)クセノクラテス「断片」九九（Heinze）参照。なお、Inglese e Santese は「しかし、わたしの思うに、……より悪いわけではないのだ」の部分がクセノクラテスの言葉だと解している。
(9)アテナイ出身の哲学者（前四二七—三四七年）。
(10)プラトン『パイドロス』二四五C。
(11)シケリア島出身の哲学者（前五世紀）。
(12)詩行が欠落しているが、おそらく九九八Cで引用されている文か、それに類したものであろう。
(13)ディオニュソス・ザグレウス。『デルポイのEについて』三八九A参照。ただし、プルタルコスの叙述にはザグレウスの肉を喰らった巨人族の屍灰から人類が誕生したという局面への言及が欠けているため、巨人族の原罪に対する懲罰としての人間の再生、という関係が見えにくくなっているようである。

(996)

を味わったがゆえの彼らへの懲罰と雷撃[1]、これらは暗に再生[2]を示唆する神話だからである。なぜなら、われわれのうちなる非理性的で無秩序で暴力的な要素は、神的なものでなく、古人たちが「巨人族（ティーターネス）[3]」の名で呼んだ[4]悪霊的なものであり[5]、すなわち彼らは懲らしめられ、罰せられる存在で……[6]

（1）Bernardakis に従い、*τολμήματα, κολάσεις τε τούτων καὶ κεραυνώσεις γευσαμένων τοῦ φόνου* の読みを採る。
（2）直訳すれば「ふたたび（パリン）生まれること（ゲネシアー）」。キリスト教的な「復活（resurrection）」や「回心（regeneration）」の意味でも用いられるが、ここでは「輪廻（transmigration）」や「転生（reincarnation）」。
（3）オリュンポスの神々に先立つ神性たち。
（4）Reiske に従い、ὂν を加える。
（5）ヘシオドス『神統記』二〇九行以下、『陸棲動物と水棲動物ではどちらがより賢いか』九七五B参照。
（6）第一部の弁論は、ここで途切れている。

996D

第二部

一　肉食についての昨日の内容[1]に関し、理性はわれわれに、思考と熱意とをもって心機一転するよう促している。というのも、［大］カトー[2]が述べたとおり、耳持たぬ胃に向けて語るのは困難なことであるから[3]。また習慣という混合酒が飲み干されており、それはちょうどキルケによるもの[4]のように、

E 苦しみと悩み、欺瞞と悲嘆を混ぜ合わせて[5]出来ているのだ。それに肉食という釣り針を抜き出すことは、それが快楽への愛によって固定され貫かれて

（1）プルタルコスによる『アレクサンドロスの運または徳について』第二部への導入を参照。
（2）M・ポルキウス・カトー・ケンソリウス（前二三四頃—一四九年）。
（3）『健康のしるべ』一三一D、『ローマ人たちの名言集』一九八D、『大カトー伝』八参照。
（4）ホメロス『オデュッセイア』第十歌二三六行。キルケについては二五三頁註（2）、混合酒（キュケオーン）については同頁註（5）参照。
（5）エンペドクレス「断片」一五四a（DK）。

いるため、容易でない。ちょうどエジプト人たちが死者の内蔵を取り出したうえで、人間が過つすべてのこ
との原因として、それらを太陽に向かい翳《かざ》したのち、投げ棄てるように[1]、われわれが自分たち自身から暴飲
暴食や穢れた殺害というものを切除し、残りの人生を清らかに保てたならば、そのほうがよかったからで、
それというのも、少なくとも胃は流血に穢れていなくても、抑制のなさによって穢されるものだからである。
F しかしながらもし、過ちなき者であることはもはや習慣化のゆえに不可能なのだとしても、われわれは過っ
ている点を恥じつつ、理性によってそれに携わることにしよう。われわれは肉を食べるにしても、それは飢
えているからであり、贅沢をするためではないようにしよう。われわれは動物を殺すにしても、それは憐れ
み悲しみながらであり、乱暴を働きながらでもなければ拷問にかけながらでもないようにしよう。今日しば
997 しば行なわれているように、ある人びとはブタの喉の中へ灼熱した焼き串を突き刺すが、それは鉄の焼き入
れによって血がすっかり干上がり溶解することで、肉を繊細かつ柔軟にするためなのである。またある人び
とは臨月のブタの乳房に跳びかかり足蹴にするが、それは血と乳と、陣痛が起こると同時に一緒に破壊され
た胎児の穢れた血とをペースト状に混ぜ合わせて[2]、おお、浄めのゼウスよ、その動物の最も腫れあがった部
分を食べるためなのである[3]。別の人びとは、ツルやハクチョウ[4]の眼を縫い合わせて、暗所のなかに閉じ込め
太らせるが、それは尋常ならざる調合とカリュケー[5]を用いた何らかの料理法でもって、彼らの肉を美味しく
下ごしらえするためなのである。

二　そして以上からはとりわけ、次のことが明らかである。食糧や欠乏のゆえでもなければ不可避的にで
B もなく、満腹と乱暴と豪華さのために、彼らはその無法な行ないを快楽としているのであり、次いで、ちょ

うど快楽に飽くことなき女性の場合には恋情が、(6) あらゆることを試み、道から外れてふしだらとなり、口にするのも憚られる結果にまでいたるものであるように、食物に関する抑制のなさは、自然的で不可避的な目標を通り越し、残忍さと不法のなかで欲求を多様化させるわけなのだ。(7) というのも感覚器官は、自然的な尺度を保持していないと、相互に病み合い、説得し合って、放埒な生を送り合うものだからである。かくして、聴覚が病めば音楽を台なしにし、そこから、柔弱になり弛緩した部分は恥ずべき愛撫や女々しいくすぐりを
C 熱望するようになる。これらのことが視覚に、戦さの踊り（ピュリケー）(8) にもシャドー・ボクシング（ケイロノミアー）にも、洗練された踊りにも彫像や絵画にも喜びを覚えるのでなく、むしろ人間の流血や死、傷害、戦闘を最も豪華な見物《みもの》とすることを教えたのだ。(9) かくして、不法な食卓には抑制なき交際が、恥ずべき情事

(1) ヘロドトス『歴史』第二巻八六、シケリアのディオドロス『歴史叢書』第一巻第九一章、プルタルコス『七賢人の饗宴』一五九B、ポルピュリオス『肉食の禁忌について』第四巻第十章参照。
(2) 諸写本に従い、ἀναδεύσαντες の読みを採る。
(3) プリニウス『博物誌』第十一巻二一〇―二一一の記述は、これほど残酷ではない。
(4) ツルの食用についてはプリニウス『博物誌』第十巻六〇、ハクチョウのそれについてはアテナイオス『食卓の賢人たち』第四巻一三一f、第九巻三九三c―d参照。
(5) 血と香辛料で出来た、リュディア風の高級ソース。
(6) Reiske に従って ἔρως を挿入し、それに伴い底本の〈ὁ〉を削除する。
(7) エピクロス『主要教説』二九参照。
(8) プラトン『法律』第七巻八一六B参照。
(9) 初期のより洗練された催し物に取って代わった、剣闘士競技への言及。プルタルコスは『政治家になるための教訓集』八二二Cで、そうした慣習を都市から排除するよう促している。

には聴くに堪えぬ鳴り物が、恥知らずな音曲には異質な見世物が、粗野な見物には人間に対する無感動と残忍さが随伴するのである。以上のゆえに神のごときリュクルゴス(1)は、あるレートラー(2)［不文律］において、
D 各家の戸口と屋根は鋸と大斧によって設《しつら》えられ、ほかは何の道具も用いられることのないよう命じていたが(3)、おそらく彼は、錐や手斧や、細かい作業をするのが本来であるかぎりのものと争っているわけでなく、そうした［鋸と大斧による］建築のおかげで、人は金めっきの寝椅子を運び込みはしないだろうし、あえて簡素な家の中に銀の食卓や紫貝で染めた敷物や豪華な石を運び込んだりもしないだろう、と知ったうえでのことだったのだ。いや、そのような［簡素な］家や寝椅子や食卓や酒杯には、飾り気のない正餐や庶民的な昼食が、しかし邪悪な生活様式のはじまりには、

乳離れするや、仔ウマが母ウマとともに駆け出すがごとく(4)

あらゆる贅沢さと豪華さが随伴するのである。

三　そのために何か命あるものが殺されるようならば、いったいいかなる食事が豪華でないことになるのか？　われわれは魂をわずかな消費くらいに見なすのか？　わたしはまだ、エンペドクレスの述べたがごとく(5)、それはひょっとすると母や父や友人の誰かや子供の魂(6)かもしれないとまで述べているわけではない。
E そうではなくて、その魂は少なくとも、視覚や聴覚、表象や理解力といった感覚には与っていると述べているのであり、それは親近なものの獲得と疎遠なものの回避のために自然から、各々が割り当てられているものなのだ。だが、哲学者たちのうちどちらがわれわれをより人間らしくしてくれるか、考察してみたまえ、

子供や友人や父や妻たちを、彼らが死んだのちは食べるようにと命ずる人びとか、[7]それとも他種の動物に対しても公正であることを習慣にさせるピュタゴラス[8]やエンペドクレスかを。君はヒツジを食べない人を嘲笑っているが、われわれは君が——と彼らは言うだろう[9]——死んだ父や母の部分を切り取って、友人たちの
F
うちその場に居ない者には送ってやり、居る者は呼び寄せて、その肉を気前よく配膳しているのを目にしたならば、どうして笑わずにいられようか?[10] だが、たとえそうでも、手や眼や足や耳を浄めることなしに、彼らの著作に触れるとき、おそらくわれわれは罪を犯しているのだ、もし、ゼウスにかけて、彼らにとって

---

(1) スパルタの伝説的な立法者。
(2) Helmbold に従い、*τισι* の読みを採る。底本は「三つの(*ταῖς τρισί*)」であり、なるほど『リュクルゴス伝』一三には三つのレートラーが挙げられているが、本篇のそれに相当するのは第二のもの(五―六節)だけ。
(3)『王と将軍たちの名言集』一八九E、『スパルタ人たちの名言集』二二七C、『ローマ習俗問答』二八五C。
(4) セモニデス「断片」五。プルタルコス『倫理的徳について』四四六Eなど参照。
(5) エンペドクレス「断片」一三七(DK)などにおいて。
(6) すなわち、「転生した魂」。
(7) ストア派のこと(『初期ストア派断片集』クリュシッポス「断片」Ⅲ七四九(*SVF*))。すなわち、彼らはわれわれに、人間は死すべきものにすぎず、その魂が動物に生まれ変わることなどないのだから、良心の呵責なくその肉を食べるがよいと説く。
(8) 九九三A、および二八一頁註(1)参照。その議論は、ピュタゴラスが肉に対するよりもずっと厳格なタブーを豆に課していたという事実(『ローマ習俗問答』二八六D―Eなどから疑いなく、プルタルコスにもよく知られていた)により、いくぶん弱められる。
(9) ピュタゴラスやエンペドクレス
(10) 写本に従い、疑問符の読みを採る。

998 の浄めというのが、プラトンの述べるがごとく、「甘美な言葉で塩辛き伝聞を洗い清め(1)」ただけでそれらについて語り合うことではないのだとすれば。そして、もし人が彼ら(2)の著作や言論を相互に対置したならば、前者はスキュタイ人やソグドイ人やメランクライノイ人のための哲学であるが――彼らについてはヘロドトス(3)が記録を残しているものの(4)、そこには疑わしいところがある――、ピュタゴラス(5)やエンペドクレスの教説のほうは古《いにし》えのギリシア人にとっての法だったのであり、小麦による(6)食生活もまた……(7)

四　では、あとになって次のことを決定したのは誰なのか？

　路傍にて悪業なす(8)短剣を最初に鍛造した者、
　また犂牽くウシを最初に食べた者(9)。

まったく、このようにして僭主たちも、穢れた殺害を始めるわけなのだ。というのも、ちょうどアテナイで(10)
B 彼らが、最初は誣告者たちのうちでもそれにふさわしいと名指しされた最悪の者を死罪にし、第二、第三の者も同様であったのが、次いではその結果、習慣的になってしまい、ニキアスの息子ニケラトス(11)が殺され、また将軍テラメネス(12)や哲学者ポレマルコス(13)が殺されるのも看過していたように、最初は何か野蛮で有害な動物が食べられていたのが、次いでは何らかの鳥や魚が引き裂かれるにいたった。そしてこのように、それら
C において味を占め、事前の練習を重ねた末、殺害への嗜好は勤勉なウシや慎み深い(14)ヒツジ、家守るニワトリへと進んで行った。またこのように、少しずつ貪欲さを鍛えた末、それは人間の殺戮や戦争、流血へと突き進んだのである。だが、もし誰かが何らかの仕方で、前もって次のことを証明したならば(15)どうだろうか、す

(1) プラトン『パイドロス』二四三D。『食卓歓談集』六二七F、七〇六E、七一一D参照。

(2) 一方はストア派、他方はピュタゴラスやエンペドクレス。

(3) ハリカルナッソス出身で、ペルシア戦争を記述した歴史家。

(4) プルタルコスはメランクライノイ人（「黒衣族」）。ヘロドトス『歴史』第四巻二〇、一〇七）をイッセドネス人（同巻二六）と、またおそらくはソグドイ人（第三巻九三）をパダイオイ人（同巻九九）と混同していたようである。同書第一巻二一六、第三巻三八も参照。

(5)『陸棲動物と水棲動物ではどちらがより賢いか』九六四E―F参照。

(6) 差し当たり Post に従って *αἱ πυρικαί* の読みを採るが、Bernardakis は「火を用いない（*αἱ ἄπυροι*）」、Inglese は「父祖伝来の（*αἱ πατρικαί*）」の読みを提案している。

(7) ここに欠落が認められ、それに続く「なぜなら、非理性的な動物に対してわれわれには何の正義もないのだから」という文章は、六ないし七節（九九九A、B）からの誤った挿入として削除される。

(8) 辻強盗のことか。

(9) アラトス『星辰譜』一三一行以下。ルキリオスによる模作が『ギリシア詞華集』第十一巻一二六に見られる。

(10)『陸棲動物と水棲動物ではどちらがより賢いか』九五九D参照。

(11) ニキアスはアテナイの政治家（前四七〇頃―四一三年）。クセノポン『ギリシア史』第二巻第三章三九参照。

(12) アテナイの政治家（前四五五頃―四〇四年）。クセノポン『ギリシア史』第二巻第三章五六参照。

(13) ケパロスの息子でリュシアスの兄。プラトン『国家』第一巻における主要な登場人物。彼の死をめぐる状況についてはリュシアス第十二弁論『「三十人」のメンバーであったエラトステネス告発』参照。Helmbold は、彼による哲学への傾倒がプラトン『パイドロス』二五七Bで言及されているにせよ、プルタルコスがポレマルコスを「哲学者」と呼ぶことはありそうにないとの理由で、これが加筆である可能性を疑っている。

(14) Turnebus に従い、*κόσμιον* の読みを採る。

(15) Post に従い *τῇ* の、また Sieveking に従い *προαποδείξῃ* の読みを採る。底本どおりに読めば、「さらに加えて次のことを証明しなければ」。

なわち、魂たちは再生[1]に際して共通の身体を用いるのであり、いまは理性的なものもう一度、非理性的なものとなり、いまは野蛮なものもふたたび、おとなしいものになるのだということ、また自然は万物を交換し、

　　肉という見知らぬ肌着を纏わせて、[2]

移住させるのだということを。以上はわれわれに、それを受け容れた人びとの[3]放埒な部分に対して、流血や殺害なしには客人をもてなすことも、婚礼を祝うことも、友人と付き合うこともないという習慣を止《や》めさせた[4]暁には、身体の中へ病気や重苦しさ[5]を惹き起こしたり、魂をより残忍な無謀[6]へと逸れるべく堕落させたりすることを[7]思い止まらせないだろうか[8]？

D 五　しかしながら、魂に関して語られる、肉体へのふたたびの移住について、もしその証明が信用に価せずとも、少なくともその疑わしさは大いなる用心と恐怖に価するのだ。それはちょうど、もし人が軍隊同士の夜戦において、そこに倒れているがその身体は武具で覆い隠されている人間に剣を差し向けていると、誰かが、必ずしも確実に知っているわけではないけれども、そこに横たわっているのは君の息子か兄弟か父親か戦友だと思うし、そう信じている、と言うのを聞いた場合のようなものである。どちらがよりよいだろうか、真実ならざる推測の側に立ち、敵を友人として見逃すほうか、それとも信用性に関して確実でない人の言うことは軽視し、家族を敵として殺すほうか？　後者のほうが恐ろしいと、君たちの誰しもが言うことだ
E ろう。また、悲劇におけるメロペ[9]のことも考察してみたまえ、彼女は自分の息子［アイピュトス］本人に向

かい、その息子の殺害者として大斧を翳《かざ》したうえで、次のように言うのだ、

　わたしがお前に見舞うこの一撃の代償は、たしかに
　より高くつくのです。(10)

制する老人に先んじて彼女が青年を傷つけるのではないか、との恐れで(11)観客を総立ちにさせるとき、劇場内にどれほどの動揺を生み出すことか。しかし、もし一方の老人が傍らに立って「打ちのめせ！　彼は敵だ」と言い、もう一方が「打つな！　彼は息子だ」と言ったならば、どちらがより大きな不正だろうか、息子の

---

(1) 二九二頁註（2）参照。
(2) エンペドクレス「断片」一二六（DK）。
(3) 写本のうち、*τῶν ἀνῃρημένων* の読みを採る。
(4) Post に従って *ἀπεθισθῶμεν* の読みを採り、写本どおりに *μὴ* を読む。
(5)『健康のしるべ』一二八B―E参照。
(6) Haupt に従い、*τόλμαν ὠμοτέραν* の読みを採る。底本どおりに読めば、「より無法な争い」。
(7) Helmbold に従って *τοῦ* の読みを採り、写本どおりに *ἐμποιεῖν* ….. *διαφθείρειν* と読む。
(8) 写本どおりに *ἀποτρέπει* の読みを採り、Helmbold に従って疑問文とする。
(9) メッセネ王クレスポンテスの妻。
(10) エウリピデス『クレスポンテス』断片四五六（Nauck[2]）。「たしかに、代償がより高くつく（*ὠνητέραν δὴ*）」という読みには疑問が呈されており、Porson による「おお、冥府の王ハデスよ（*ὦ νέρτερ᾽ Ἅιδη*）」（エウリピデス『ヘレネ』九六九行参照）などの読みも提案されている。アリストテレス『詩学』一四五四 a 五が伝えるところでは、物語は首尾よく大団円を迎える。メロペは殺害を遂げる前に彼が自分の息子であることに気づくが、プルタルコスも示唆しているとおり、それは危機一髪の出来事だった。
(11) van Herwerden に従い、*καὶ δέος* を削除する。

F ためを思って仇への懲らしめを放棄することか、それとも仇に対する怒りのあまり、子供殺しの憂き目に遭うことか？　したがって、われわれを殺害へと駆り立てるものが憎しみでもなければ激情でもなく、何らかの防禦でもなければ自分たちを守るための恐れでもなくて、一部の快楽を目的としており、生贄の動物が頸を後ろへ捩じ曲げられたまま服従して立っており、そこで哲学者たちのうちの一方が「斬り倒せ！　それは一介[1]の理性なき動物にすぎぬ」と言い、他方が「堪忍してやれ！　もし親族や友人の[2]誰かの魂がそこに座を占めていたならばどうするのだ？」と言うとき、もしわたしが［前者に］従わず、肉を食べないでいても、もし［後者を］信じず、子供や他の家族を殺害しても、いずれにせよおそらく、おお、神々よ、その危険はまさに似たようなものとでもいうわけだろう[3]。

六　だがあの、肉食に関するストア派との、ある論争のほうとなると、事情は同様でない[4]。というのも、
999 胃袋と台所に関する大いなる「緊張（τόνος）[5]」は何ごとなのか？　彼らは快楽を柔弱なものとし、それは善きものでも、「優先的なもの（προηγμένον）」でも、「親近なもの（οἰκεῖον）[6]」でもないといって非難しておきながら、快楽の余剰のためにあれほど熱心であるのはなぜなのか？　そしてたしかに、もし彼らが饗宴から香油や焼き菓子を追放するのであれば、むしろ血や肉を不快に思うほうが、彼らには似つかわしいことだったのだ。しかし実際は、あたかも出納簿のために哲学しているかのごとく、彼らは無益で余計なものに関しては正餐の費用を削っておきながら、豪華さのうちでも粗野や殺害への嗜好は辞退しない[7]。「然り」と彼らは
B 言う、「なぜならわれわれには、非理性的なものどもに対して何の親近なところもないのだから[8]」と。こう言う人がいることだろう、香油に対しても外国産の薬味に対しても、それはないわけだからね、と。しかし

君たちは、彼らを［食べること］も思い止まりたまえ、快楽のうちにある有用でもなければ不可避的でもないものは、いたるところから追放することによって。

七　しかしながら、われわれはいまこの、動物たちに対してわれわれには何の正義もない(9)、ということをも考察してみよう、ただし専門家風にでもなければソフィスト風にでもなく、自分たち自身の感情に目を遣り、自分たち自身に向けて人間的に話しかけ、吟味しながら。……(10)

（1）Helmbold に従い、*τι* の読みを採る。

（2）差し当たり底本の読み *φίλου* に従うが、写本の読みが *θεοῦ*（神の）であるところからすると、Kronenberg による推測 ⟨*συνή*⟩*θους*（馴染みの者の）のほうが適切かもしれない。

（3）Inglese に従って、*ἴσως γ', ὦ θεοί, καὶ ὅμοιος ὁ κίνδυνος ἔχει, ἂν ἀπειθῶ, ⟨μὴ⟩ φαγεῖν κρέας, ἂν ἀπιστῶ, φονεῦσαι* …… の読みを採り、皮肉の意が込められていると解する。

（4）『初期ストア派断片集』クリュシッポス「断片」Ⅲ三七四（*SVF*）。

（5）ストア派の術語。

（6）いずれもストア派の術語。

（7）*οἰκεῖον*. Stephanus による読みは「正義（*δίκαιον*）」。『初期ストア派断片集』Ⅰ一九七（*SVF*）参照。

（8）『陸棲動物と水棲動物ではどちらがより賢いか』九七〇B 参照。

（9）『初期ストア派断片集』クリュシッポス「断片」Ⅲ三六七、三七〇、三七一（*SVF*）参照。

（10）以下、欠落。

補註

A 〈陸生動物と水生動物ではどちらがより賢いか〉

対話の冒頭でアウトブロスによって言及されている『狩猟礼賛』の著者が誰であるのかについては諸学者たちによってさまざまに論じられている。この論争は、H. Martin ("Plutarch's *De sollertia animalium* 959B-C: The Discussion of the Encomium of Hunting", *American Journal of Philology* 100, 1979, pp. 99-106) がまとめるように、おもに次の二つの問いをめぐる形で論じられてきた。(1)この作品には登場しないプルタルコスこそが、この『狩猟礼賛』の作者であるのか。(2)この作品は、(プルタルコスの著作の)ランプリアスの目録において第二百十六番目の作品として挙げられる(現在では失われた)『狩猟の技術について』と同一の作品と考えられるべきであるのか。これらの問いに対して肯定的に答える解釈者は多いが、そのような見解には、Martin が指摘するように、大きな問題がある。つまり、本対話篇においてプルタルコス自身の見解は彼の父親であるアウトブロスによって代弁されていると思われるのだが、アウトブロスの主張は一貫して動物の立場を擁護することであり、彼が狩猟に反対していることは明らかなのである。これに対して、『狩猟礼賛』は、その名が示すように、若者たちを動物の狩りへと鼓舞する内容であることが対話の冒頭で語られている。このことから、この作品の著者をプルタルコスとすることはできないだろう。

また同様に、ソクラロスが用いる指示代名詞 ἐκεῖνος(九五九C)が何を指すのかについても解釈者のあいだで見解が分かれている。ある解釈では『狩猟礼賛』の作者を、また別の解釈では前日にこの作品を読み上げた読み手を、さらに別の解釈ではアウトブロスがその直前に言及している昨日の「話(ὁ λόγος)」(つまり『狩猟礼賛』そのもの)を指すと論じられている。

本訳においては、この指示代名詞は「あの詩人」とし、『狩猟礼賛』の作者を指すものとして訳した。しかし、この作者が誰であるのか(プルタルコスでないことは確からしく思われるが)、さらに、作品そのものが実在するのか、それともプルタルコスによる創作上のものであるのかについては、判断材料の乏しさから、判定を下すことは難しいだろう。

B ギリシア語で「オイケイオス(οἰκεῖος)」は「類縁的な、親近な、〜に帰属する、〜に適した」といった意味を持つ形容詞であり、この語は、これの名詞化した「オイケイオーシス[親近化]」、「オイケイオテース[親近性]」などの語とともに、ストア派倫理学における重要な概念を構成している。

ストア派は、エピクロス派やペリパトス派と同様に、生まれたばかりの幼児や動物の行動から倫理学の理論を展開している。一方において、エピクロス派が動物の最初の衝動は快楽に向けられていると論じるのに対して、ストア派やペリパトス派は、(人間を含めた)動物が最初に持つ衝動は自己保存に向けられていると主張する。この理由を、ストア派のクリュシッポスは次のように語ったと伝えられている(ディオゲネス・ラエルティオス『ギリシア哲学者列伝』第七巻八五)。

動物は最初の衝動を自己の保存に向けて保持すると、彼ら[ストア派]は語っている。というのも、クリュシッポスが『目的について』の第一巻で語っているように、自然は最初から、動物をそれ自身と親近なものとしているからである。彼が言うには、「あらゆる動物にとって第一に親近なもの(オイケイオン)とは、自らの組成と、それについての意識である。というのも、自然が、動物を自ら[動物自身]と疎遠なものとしたというのはありそうにないし、また、自然が動物を作り出しておきながら、自らと疎遠なものにも、自らと親近なものにもしなかった、ということもありそうにないからである。したがって、自然は動物が自らと親近なものとなるように、それを組成したと語るのが、残された選択肢である。というのも、そうすることで、動物は有害なものを避け、親近なものを追い求めるからである」。

したがって、動物にとって親近なものとは、第一には、自己自身であるが、その自己を保存するために、動物は、それに次いで親近的・適切であるもの、すなわち食料や温かさなどを追い求め、反対に、有害なものを、疎遠的なものとして避けるのである(本作品九六〇E参照)。しかし、理性を持たない動物とは異なり、人間の場合は、その成長に伴い、親近的なものを拡張・発展させていく。すなわち、成熟した人間にとっては理性を完成させ、徳を発揮することが、自らの自然本性に適ったこととなる。その過程において、人間にとって親近的なものは、自己自身から、親や子供、兄弟、親戚縁者、さらには理性を共有する人類一般へと拡張していく。このようにして、オイケイオーシスの理論は、単なる自己保存の原理から、利他性や正義の理論へと連絡する。だが、人間に与えられる理性は、「衝動を取り扱う技術者としてその上に付け加わって生じる」(ディオゲネス・ラエルティオス『ギリシア哲学者列伝』第七巻八六)のであって、先行して生じている衝動(自己保存や食料、住居などを求める衝動)を根絶してしまうわけではないのである。

C　解釈者たちはしばしば、この短い句の上に、エピクロス哲学に関する重大で論争的な解釈を担わせてきた。論争の経緯に関しては、(論争の当事者でもある) A. A. Long による "Chance and Natural Law in Epicureanism", *Phronesis* 22, 1977, pp. 63-88 が詳しい (また日本語の文献として和田利博「エピクロスにおけるアトムの逸れと行為の自発性」『西洋古典学研究』五三、二〇〇五年、一一四—一二四頁も参照)。

すなわち、Long によれば、一八七九年以前は、原子の逸れはエピクロスの哲学において二つの役割しか担っていないと解釈されていた。そのうちの一つは、合成体の形成を引き起こす原子同士の衝突の原因としての役割である。エピクロスは、原子が空虚の中を等速で垂直に落下すると考えていたが、もしそれだけならば、原子同士の衝突は生じず、したがって、原子の離合集散も、そしていかなる合成体の形成も生じないということになってしまう。原子の逸れが導入された理由の一つは、理論上の最初の衝突を引き起こし、合成体の形成を可能にするためであった。「逸れ」のもう一つの役割は、因果的なこの世界において決定論を回避し、われわれ自身の裁量(自由意志)を確保するというものである。というのも、もし原子には垂直落下の運動しか備わっていないのならば、「精神は原子の運動によって強制されたとおりに動くのだから、われわれにはいかなる自由もないことになる」(キケロ『運命について』二三)、からである。

このような解釈とは異なり、M. Guyau は一八七九年に *La morale d'Epicure* において、エピクロスが「逸れ」の機能を拡張して、現在の世界におけるランダムで自然発生的な出来事をもカバーするようにしたと論じたのである。すなわち、それ以前には、理論上の最初の衝突を除けば、エピクロスの世界においては、自然発生的、不確定的な運動の唯一の領域は、人間の行為の場面だけであったのに対して、Guyau 以降は、自然界全体にランダムな要素、偶然の要素があり、エピクロスがそれを原子の逸れに帰したと解釈されるようになったのである(これが Long による解釈史のまとめである)。そして、この論争——エピクロスが「逸れ」を人間の行為の外にも拡張し、自然界全般において運動のランダム性、不確定性を認めていたのかどうかをめぐる論争——において、Guyau に同調する J. M. Rist (*Epicurus: An Introduction*, 1972, p. 52) が提示している証拠の一つが、われわれのテクストのまさにこの箇所(九六四C)なのである。「それ[原子の逸れ]は、星や生き物や偶然が入り込むようにし、かつ、われわれ自身による裁量が滅びてしまわないようにするためのものなのだが」。

すなわち、この節を写本どおりに、*ὅπως ἄστρα καὶ ζῷα καὶ τύχη παρεισέλθῃ καὶ τὸ ἐφ' ἡμῖν μὴ ἀπόληται* と読むのだとすると、上記の訳のように、エピクロスの原子の逸れには、星や生き物などの合成体の形成（最初の衝突）、（自然界全般における）偶然性、われわれの自由意志、の三つを引き起こす役割を担っているという解釈にとって有利な証言となるとされる。これに対して、逸れの役割の拡張をできるだけ認めない（したがって、エピクロスの自然界全般における物体の運動の不確定性をできるだけ認めない）Long は、F. H. Sandbach（"Some Textual Notes on Plutarch's *Moralia*", *Classical Quarterly* 35, 1941, pp. 110-118）の提案に従い、問題の句を κατὰ τύχην と読み、「星や生き物が偶然に入り込むようにし……」と理解するのである。というのも、このように理解されれば、この句において原子の逸れは、合成体の形成（前半部）と人間の自由意志（後半部）を担保するという二つの役割しか担っていないと解釈することができる（また、「星や生き物」という複合体と「偶然」という種類のまったく異なるものを並置するという奇妙さも解消される）からである。

さて、訳者（中村）自身は、この場でこのように長い解釈の歴史を持つ論争に参加することはできないし、そもそも、いずれの仕方で読むにせよ、この短い句にこれほどの重大な解釈の違いを読み込むことができるのかについて懐疑的である（写本どおりに読んでも必ずしも逸れの機能を拡張する必要はないように思われる）ため、この論争に立ち入らないという意味で、写本どおりに訳した。

D　進化論の創始者チャールズ・ダーウィンは、『人間の由来』において、人間がより下等な動物から漸次的に進化してきたという自身の説を擁護するために、人間が他の動物と身体的な構造の点だけでなく、心的能力の点においても多くの共通性を持つことを論じている。ダーウィンの議論とプルタルコスの議論は、その目的は違えども、人間とそれ以外の動物の心的能力の違いは本質的なものではなく程度の差であることを多くの観察事例を踏まえながら論じている点で非常に似通っている。

ダーウィンは上掲書第二章において、薄氷を警戒するイヌたちの例だけでなく、母ザルの愛情、イヌが示す飼い主への愛情、アリたちの遊び、さまざまな動物の記憶力など、多くの事例を通じて、「動物がある程度の理性を持つこと」（長谷川眞理子訳『人間の由来（上）』講談社学術文庫、二〇一六年、六七頁）を示そうとしている。ダーウィンが「惜しみない感情移入に基づいて、動物の感情を擬人的に語っている」（長谷川、九六頁、訳注三）さまは、プルタルコスも顔負けである。

確かにダーウィンは、上掲書第三章の冒頭において、「人間と下等動物とを分けるすべての違いの中で、道徳観念または良心の存在が最も重要な違いだと主張する人々がいるが、私はその結論にまったく賛成である」（訳書九八頁）と述べており、動物が人間と同等に明示的な形で道徳観念を所有することは否定している。しかし他方で、第三章の末尾では、「それにもかかわらず、人間と高等動物との間の差がいかに大きいとしても、それは程度の問題であって、質の問題ではない。私たちは、感覚、直観、愛情、記憶、注意、好奇心、模倣、推論などといった、人間が自慢にしているさまざまな感情や心的能力は、下等動物のなかにも初歩的な状態で見られ、ときには非常によく発達している場合もあることを見てきた」（訳書一三六頁）と述べており、人間の理性と動物の理性の差は程度の問題であるとするプルタルコスの議論（九六二B以下）を思い起こさせるだろう。

E　マグロが黒海に入る際には「右側の」岸辺に沿って泳ぐという記述は、本作品当該箇所（九七九E）だけでなく、アリストテレス『動物誌』第八巻第十三章五九八B一九以下、アイリアノス『動物奇譚集』第九巻四二でも語られているが、ギリシア語の表記がそれぞれの箇所で微妙に異なっているため、それらを読解するのがやや困難となっている。以下でこれらの箇所のギリシア語表記について簡単に整理してみたい。

　まず、プルタルコス、アイリアノスの記述の元となっていると思われるアリストテレスの記述から。

> マグロたちは右側の陸地に沿って［黒海に］入り、左側に沿って出る（*εἰσπλέουσι δ᾽ οἱ θύννοι ἐπὶ δεξιὰ ἐχόμενοι τῆς γῆς, ἐκπλέουσι δὲ ἐπ᾽ ἀριστερά*）。

ここでは、「右側に（*ἐπὶ δεξιά*）」という表記だけでなく、「左側に（*ἐπ᾽ ἀριστερά*）」という表記がある。また、この直後には、マグロがこのようなことをするのは（岸辺を）「視力の良い右目で見る」ためであるという理由が語られている。したがって、これらの記述は、マグロの視点から見た相対的な右側、左側ではなく、固定的な「右岸」（アジア側）、「左岸」（ヨーロッパ側）を意味すると考えられる（Bouffartigue, pp. 117-118,「ギリシア人たちにとっては、黒海のアジア側の岸は右岸であり、ヨーロッパ側の岸は左岸であった」。ディオン・クリュソストモス第三十六弁論四参照）。さもなければ（つまりマグロの視点から見た右側、左側であれば）、黒海に入る際にも、出る際にも同じ側の岸辺に沿って泳ぐことになり、常に右目で岸辺を監視するという記述と整合しなくなってしまう。

　他方で、アイリアノスの記述はこれとは異なっている。

> 右側の腹を陸に沿わせ、逆に出ていくときには、反対側の陸に沿って岸に密着して泳ぐ（*παρίασί τε ἐς τὸν Πόντον, καὶ κατὰ τὴν δεξιὰν ἑαυτῶν πλευρὰν τὴν γῆν λαμβάνουσι, ... ἐξιόντες τε αὖ*

κατὰ τὴν ἀντιπέρας νέουσι τῆς γῆς ἐχόμενοι ……）。
（『動物奇譚集』中務訳）

この文では、「自分の右の側面に沿って（κατὰ τὴν δεξιὰν ἑαυτῶν πλευρὰν）」とあるため、ここで語られる「右側」は、マグロにとっての相対的な右側であることは明らかである。もちろん、この後には「左側」ではなく「反対側」と語られているため、結果的には、アリストテレスの記述と内容的には合致するのではあるが。

では、プルタルコスの場合はどうだろうか。

> 黒海に入る際には右側で陸地に沿い、出る際にはその反対である（ἐμβάλλουσιν εἰς τὸν Πόντον ἐν δεξιᾷ τῆς γῆς ἐχόμενοι, καὶ τοὐναντίον ὅταν ἐξίωσιν）。

さて、この文の場合も、後半部がやや曖昧に「反対」とのみ記されているが、これを「反対側の岸」（に沿って泳ぐ）と理解しさえすれば、前半部の「右」は、実のところ、マグロの視点から見た相対的な右側と理解しても、固定的な右岸と理解しても、すでに見た二箇所の記述と内容は整合することになる。前者のように理解すれば、「黒海に入る際には右手に岸を望み、出ていくときには反対の岸に沿う」となるし、後者の理解では「黒海に入る際には右岸において陸地に沿い、出ていくときには反対の岸に沿う」となるだろう。訳文においては、アリストテレスの記述との類似性から、後者の訳を採った。

解説

『月面に見える顔について（*Περὶ τοῦ ἐμφαινομένου προσώπου τῷ κύκλῳ τῆς σελήνης　De facie quae in orbe lunae apparet*）』

後四世紀のランプリアスのカタログで第七十三番、十三世紀末のプラヌデスでは第七十一番、そして一五七二年のステファヌス版では第六十番の番号がふられている本作品の書名については、ランプリアスのカタログでは『月に見える顔について（*Περὶ τοῦ ἐν τῇ σελήνῃ φαινομένου προσώπου*）』という表記が見られるが、本訳書では底本とともに写本の伝えるものに従った。本作品は、ツィーグラーの分類で自然科学的著作群に算入されているとおり、天文学や宇宙論、さらには地理学、反射光学の歴史にとって興味深い論点を含んでおり、たとえば、近代においてもドイツの天文学者ヨハネス・ケプラーが並々ならぬ関心を寄せてこれをラテン語に翻訳し註釈を加えている。とはいっても、本来、自然学者ではないプルタルコスは、本作品を専門家向けのいわゆる学術論文として書いているのではなく、古代のさまざまな権威に依拠しつつ、あくまでも一般人——ただし一定の教養を備えていることは求められようが——に向けて書いている。

数学と天文学の領域でギリシア科学の黄金時代（前三—二世紀）を築いたアリスタルコス、アルキメデス、エラトステネス、そしてヒッパルコス以後、彼ら以上に独創的で重要な科学者は現われず、また、自然学思想に対するエピクロスやストア派に比肩しうるほどの貢献も、前一世紀のルクレティウスやポセイドニオス以後はもはやなされず、概して自然哲学は停滞の時代を迎えていた。そして、後一世紀になると、たとえばストア派の自然学がアリストテレス的な要素やソクラテス以前哲学の要素と結びついていったように、哲学や自然学は、その独創性を競う以上に、さまざまな学派の見解を比較検討して取り込んでいく折衷的傾向を強く示すようになっていった。それは、ひとつには、アリスタルコスなどにおける天文学的な測定と計算、そして幾何学的知識の拡張による並外れた業績が、諸学派において既存の科学的見解に対する批判的傾向を強めて、結果として折衷的なアプローチを促していったことによるのである（Sambursky, pp. 204–205）。後二世紀のプトレマイオスの『天文学大系』も、天文学研究に関しては先行する諸学説を摘要し集大成したものであった。そのような時代に書かれたプルタルコスの本作品にはエンペドクレスからポセイドニオスまでの四〇〇年のあいだの科学、哲学、そして神話が凝縮された形で詰め込まれており、ホメロスなどの叙事詩人の引用も交えつつ当時の知識人のあいだで交わされていた自然哲学的な問題をめぐる批判的対話の描写は、架空のものではあっても生彩を放っている。後述するように、登場人物たちの支持する自然哲学的立場がそれぞれ異なっており、またその出身地もギリシアだけでなくエジプト、カルタゴ、エトルリアと世界の各地に設定されていることは、プルタルコスが、この対話を言わば「ひとが住まう大地における知の総計」（Lernould, p. 16）としようと考えていたことを示すものかもしれない。

本作品の執筆時期については確実なところは分からないが、九三一Dで、「最近の台〔日蝕〕」としてカルタゴ出身のルキウスが言及している日蝕がひとつの指標を与えてくれる。この日蝕は、時代的に見て、後七一年三月二〇日にカイロネイアで観測されたもの（蝕が最大となったのが午前十一時頃）、七五年一月五日にローマそしてカルタゴでも観測されたもの（同じくローマでは午後三時二〇分頃、カルタゴでは午後三時過ぎ頃）、そして八三年十二月二七日にアレクサンドリアで観測されたもの（同じく午後三時より少し前）のいずれかであると推定される。正午頃に始まったと言われているこの日蝕では、天に星々の姿が見えたと記述されており、これに合致しそうなものは、最大蝕分が大きかった七五年のものであろう。ただし、この日蝕の始まりはおおよそ午後一時五〇分頃からと思われるので、「正午頃から始まった」という記述とはぴったり合致するわけではないが。プルタルコスがカイロネイアでの日蝕を目にしたのは確実であろうが、ルキウスが言及しているものをじっさいに見たかどうかは分からない。ただ、少なくともそうした日蝕があったということは聞き知っていたであろうし、むしろ、ローマそしてカルタゴでの日蝕についてスラ、ルキウス、そしてテオンが語るのを聞いたことがきっかけで、月面に現われる顔についての問題を扱うことになったのかもしれない。いずれにせよ、日蝕という現象自体の頻度、そして「最近」という語が文脈に依存することを考えると、対話は七五年よりもかなり後のものとして設定されており、したがってプルタルコスが執筆した時期も同様であろうと思われる。話題の共通性から、『ソクラテスのダイモニオンについて』や『神罰が遅れて下されることについて』などに近い時期、つまりトラヤヌス帝の治世の一〇五年から一一〇年のあいだを想定する研究者もある。そうであるなら、本作品は彼の壮年期後半に書かれたものとなるだろう。なお、登場するスラ、ルキウス、テオンが、プルタルコスの著作ではローマにあるスラ邸かメストリウス・フロルス邸でしか登場することがなく、また、同じく登場人物のひとりである数学者メネラオスがトラヤヌス帝の治世にローマで過ごしたとの記載が『食卓歓談集』六二六Eに見られるので、対話の舞台は、生地カイロネイアのあるボイオティア地方ではなくイタリアのローマあたりに設定されているのであろう。

登場する人物は九名いるが、そのうちランプリアス、ルキウス、そしてスラの三名が「われわれの仲間」（九二一F、九二九B、九二九F）と呼ぶ匿名の人物とメネラオスという人物は対話に加わらず沈黙したままである。前者はおそらくプルタルコスであり、後者はトラヤヌス帝の時代にローマに滞在していたアレクサンドリア出身の幾何学者であろう。じっさいに対話を主導し、また対話全体の語り手ともなっているのは、『神託の衰微について』と同様、プルタルコスの兄弟のランプリアスである。その四三一C—Dでの記述からボイオティア地方のレバデイアの神官を務めていた可能性も指摘されているこの人物は、デルポイの碑文資料からトラヤヌス帝の治世末ないしはハドリアヌス帝の治世の始め頃（つまり一一七年頃）まで、デルポイのアルコーン職を務めていたとされる。その自然学説に関しては、基本的にペリパトス派に近い立場であると思われるが（たとえば『食卓歓談集』六三五A）、『神託の衰微について』四二四C以下ではアリストテレスに異議を唱えてアカデメイア派の説に与しており、本編でも月の本性をめぐって同様にアカデメイア派の主張を支持している。

ランプリアスとともに月の本性に関する議論をリードしていく役割を演じているのが、エトルリア出身の人物でピュタゴラス派のモデラトゥスの弟子であったルキウスである。この人物は、『食卓歓談集』七二七B以下および七二八D以下でスラがプルタルコスの歓迎会をローマで開いたときの招待客として登場している。本作品では、自然学説に関してはアカデメイア派に与しており、月の本性が土であるというその派の主張に反対するアリストテレス（プラトンの学園アカデメイアで学んだ著名な哲学者アリストテレスではなく、本作品におけるペリパトス派の正統的天体論の代弁者で架空の人物）とパルナケス（同様にストア派の代弁者で架空の人物）に抗して、ランプリアスとともにアカデメイア派の擁護者となっている。じっさい、ルキウスは五回にわたりランプリアスを援護するために登場し、アリストテレスはランプリアスとルキウスによって、パルナケスはルキウスによってそれぞれその主張を退けられている。

ランプリアスに劣らず重要な役割を果たしているのはスラである。ローマ在住のカルタゴ人で、『ロムルス伝』二六Cでプルタルコスに言及され、『食卓歓談集』七二七Bではプルタルコスをローマで饗応したとされているセクスティウス・スラであろう。数学に傾倒し、自分が立ち会っていなかった「われわれの仲間」による講話での自然学的な内容に関心を寄せる人物として描かれているが、本作品の最初と最後の語り手であり、対話の本来の主題であるはずの神話を物語る、本作品での第二の主人公と言ってよい。

また、スラによる神話の開陳をあえて先送りにさせる――それゆえに、スラの神話への期待がいっそう高まることになる――役割を与えられているのが、アリスタルコスを称賛するエジプト出身の文献学者テオンである。九四〇Aでアルクマンの註釈が見られることからすると実在する人物で、上述のスラによる歓迎会の客人のひとりで、おそらく『食卓歓談集』六二六Fにおいてメストリウス・フロルス邸でプルタルコスと会食したとされているテオンと同一人物であろう。

このほか、対話に加わる人物としては、幾何学者で天文学の知識も備えたアポロニデスが登場するが、彼は『食卓歓談集』六五〇Fの同名の人物とは無関係で、やはり架空の人物であろう。メネラオスがアカデメイア派の陣営に属していたのとは逆に、アポロニデスはペリパトス派の陣営からランプリアスへの反論を行なっている（九三三F、九三五D—E、九三六D）が、その反論に対する論駁を通じてランプリアスは月の本性に関する結論へ至るのであり、その意味でアポロニデスは結果としてランプリアスを手助けする役割を果たすこととなっている。

本作品の概要は以下のとおりである。

一　月面の形象に関する周知の学説は難問を抱えているが、まずはこれらに立ち返って問題を考察し、それが説得的でない場合に初めて言わば超自然的な見解の考察に移行すべきことが確認される。

二—四　ランプリアスは、二つの説を論駁する。ひとつは、月の形象がひとの視覚線の弱さに起因するという説だが、これは事実に反しており非常識とされる。もうひとつはペリパトス派のクレアルコスの説で、その形象は月面に大地の大海が反映されることによるとする。しかし、黒い斑点からなる月面の形象はそれぞれ分離されており、連続一体の大海を映したものとは考えられない。そしてまた、海の反映像はほかの天体においては見られない。よってこれも妥当な見解ではない。

五—六　次に、月は土ではなく空気か火であるというストア派の見解が論駁される。火はそれを支持する素材なしには存立しえないし、空気だとするとそれがどこからやってきたのか説明できない。ストア派の代弁者パルナケスは、アカデメイア派がいつも批判ばかりしていて、自らが批判を受けることはしないと不満をこぼし、自己の見解を説明するよう求める。そこで、ルキウスが彼らの見解を説明する。すなわち、月は大地よりもはるかに小さいが、大地と同様に土の質のものであり、それが上方から落下しないことの理由は、月の回転運動とその早さが重さによる下方への運動を撃退するからである。

七―一五　ランプリアスは、重さをもつすべてのものが大地の中心へと運動していくというストア派の見解の不合理な諸帰結を検討する。「中心への運動」をふまえるなら、なぜ、大地だけでなくすべての重い物体がそれ自身の中心へとその諸部分を引きつけることがないのか。また、月が軽い火の物体であるなら、どうして月が大地に近く、太陽などからはずっと離れたところに位置しているのか。大地が無限なる万有の中心にあるとどうして想定できるのか。月が土の質の物体でありながらも、その自然本性に反した場所にあるとするなら、それは、宇宙万有の調和と共同性を達成するのに必要なことだからである。存在する諸事物が自然本性に反して配置されているのは、善き秩序を目指す制作的・創造的な神慮による。

一六　ここでアリストテレスが割って入り、古人のアリストテレスの説、つまり星々は四つの基本要素とは本質的に異なるアイテール［天界気］からなっており、その運動は本性的に円運動である、という説を紹介する。ルキウスは、月が受動的性質をもち輝きと速さの点で星々に劣り、太陽から反射によってその光を得ている以上、月を星あるいは天界の質をもつ物体とすることはできないと指摘する。結果として、月から大地に届く光は月に向かっての太陽光線の反射であるとするエンペドクレスの見解が、月相という現象とも矛盾しない唯一の見解とされる。

一七―一八　入射角と反射角が同じ角度なら、半月が中天にあるとき、なぜ反射により太陽光線が向こうの空間へと滑り落ちていかないでわれわれのいる大地に届くのか、という「半月問題」は解決されたのかというスラの問いかけに、ルキウスは解決されたと答える。つまり、すべての反射は同じ角度で生起するというのは自明な命題ではない。たとえ同じ角度で起こるとしても、凸凹の月面ではそれは期待できず、太陽光自体も屈折や滑脱をこうむりうる。また、月相の多様性は月がアイテールないし火の質をもったものではないことを示している。太陽光の反射の仕方から、月は大地に類似しているのである。

一九―二〇　ルキウスは月が大地と同じように太陽の光を遮ることが可能であり、それゆえに、大地と同様に固性をもった物体である、ということを示すために、日蝕、とくに最近観察されたものに言及するとともに、蝕において何が起こっているのかを詳細に述べる。結果として、月はけっして火の質をもつ星に似ている物体などではないことが示される。

二一―二二　ストア派のパルナケスは月が蝕のときにも燠火のような固有の色を呈するので、月は星か火の質のものであると主張するが、これに対してランプリアスは、蝕のあいだの月面の色彩は、濃密さと深さを備えた固い物体が保持している色彩であり、月はわれわれの大地と同様に土であり、その陰影ある相貌も大地のように深淵や裂け目があることによる、と反論する。アポロニデスはこれに対して、月にはそのような影を投げかけるほどに巨大な裂け目はありえないと再反論するが、ランプリアスは、問題は光を遮る対象の大きさではなくて光源からの距離と位置であると答える。

二三―二四　ランプリアスはさらに、大地が月によって反射で照らされているとするなら、太陽が月面に映るはずだが、そういうことはないので、月の輝きは反射によるのではなく月は土ではない、というストア派の見解を紹介し、視覚線の貧弱さや月の凸凹、曲面などを理由にこれに反論する。そして、スラの神話を聞こうという段になって、テオンが、ひとは月に住み生活を維持することは可能なのか、という問題をもち出す。不可能なら月は土ではなく、われわれの大地とは異なり無駄に生まれてきたことになる。じっさい、月の運動には三通りあるが、その運動により人々が落下したという話はなく、また、一年に十二回ある夏に月の人々が耐えられるはずもなく、植物の生育に必要な風や雨や雪が月で組成されるとも考えられない。

二五　ランプリアスはこれを論駁する。月が居住不可能であっても無駄に生まれたと考える必要はなく、月の運動も太陽からの熱も人々がそこから落下したり焼灼されたりしてしまうような類いのものではない。また、月にも雨や雪などを必要としない植物が育っていて、われわれとは異なる自然本性を有するものが存在するとしても不思議ではない。月はその特質ゆえに、火の質のものでもなく乾燥したものでもない。

二六　そこにスラが割って入り、予告されていた神話をようやく語ることになる。これは、スラがカルタゴで出会った異邦人から聞いた話で、クロノスが幽閉された北方のとある島への彼の旅とそこでの奉仕、学問研究、そして三〇年後の帰還に関するものであった。そしてその際に、異邦人はスラに、生と死を最もよく支配しておりハデス〔冥界〕に隣接する月〔セレネ〕を尊崇するよう説き勧める。

二七―二八　ここからは、異邦人がクロノスの従者たちから聞いた死後の魂のたどる運命をめぐる神話。大地はデメテルに帰属し、月はペルセポネに帰属している。そして両者の間にハデスがあり、善良なる人々は死後、そこに連れて行かれ、第二の死を待つ。ひとは身体と魂と知性の三つの部分からなっており、第一の死とはデメテルの支配する大地において起こる死で、ひとを魂と知性の二つの要素にするものであり、他方、ペルセポネの支配する月において起こる死は魂から知性を解放するもので、これが第二の死である。二九―三〇　死者の魂は、アイテールと土の混成体という月の中間的本性を観想する。そして月の窪地では、魂が神霊となって後のふるまいなどにより罰せられ償いをする。最後に、知性は魂から離れ、その本来的な場である太陽へと達する。知性が離れて魂だけになったものは月へと分解していく。月は魂の基本要素である。太陽が月に知性を種のように蒔くと、月は新しい魂を生み出し、大地がこれに身体を提供する。

本作品には、おそらく対話の状況について説明する序に相当する部分があったはずだが、諸写本において原テクストが欠損しているため、その背景ははっきりしない。ランプリアスが対話を報告する形になっているが、三分の二以上話が進んだところ（九三七D）でようやく報告者である「わたし」とはランプリアスであることが分かる。それが意図的なものなのか欠損部分ですでに示されていたのか分からない。また、この報告を『神託の衰微について』や『デルポイのEについて』のように直接対話に入ってこない特定の個人に対して語っているのか、そして、『ソクラテスのダイモニオンについて』や『ピュティアは今日では詩のかたちで神託を降ろさないことについて』などのように、対話相手から求められて語り聞かせているのか、といったことも同様にまったく不明である。

分かっているのは、以前に「われわれの仲間」によってなされた月の本性などに関するおそらくは架空の講話を、スラの求めに応じて、それに参加していたランプリアスやルキウスが記憶しているかぎりで要約的に語り、その後で、スラが、とある異邦人から彼自身聞いた神話をランプリアスたちに物語る、という設定である。マーティンによれば、この講話は、講義部分（スラは不参加）とそれをふまえての討論部分（ランプリアスとルキウスのみ参加し、やはりスラは不参加）からなり、前者は、月の輝きが太陽の光の反射によること（九二九B）や、月が火と空気からなるものではないこと（九二一F—九二二B）、そして反射光学に基づく月の輝きに関する補説（九二九E—九三〇A、E）などを提示するものであり、後者は、ルキウスが「残りの論点」（九二九B）と呼んでいる、月面に見られる形象（九二〇B）、月相（九三三C）、月の輝きの起源（九二九B—C）などの問題をめぐって交わされた討論と推定される（Martin, Jr., pp. 75-80）。また、ランプリアスとルキアスによる報告は、講話の単なる要約にとどまらず、それぞれの個別の見解も交えたものであって、そのためそれは他の対話者との対論を引き起こすことになり（たとえば九二二Fでのパルナケスや九二八E—Fでのアリストテレスとのやりとりを見よ）、結果として議論の深化に独自の貢献を行なっていると言える。

ランプリアスとルキアスによる講話の要約（一—二三節）に続いて、テオンによる月の居住可能性に関する問いとランプリアスによる回答を挟んで（二四—二五節）、スラが異邦人から聞いた神話を伝えることになる（二六—三〇節）。この神話は二部に分かれており、前半部では、異邦人が、クロノスの幽閉されていた北方のとある島へ船出し、その地で三〇年にわたり奉仕と学問研究にいそしんだ後に帰還したことと、月「セレネ」への尊崇の重要性をスラに語っていたことが報告される。後半部になると今度は、死後の魂がハデス（大地と月の間にある）と月においてたどる運命について異邦人が「クロノスの従者たち」から聞いたとする話を直接引用するかたちでスラが紹介する。このとき、神話の聞き手は、神話の前半部については間に二者を、後半部については三者を挟んだ、言わば又聞きの又聞きとして神話を聞かされており、その構成はほかの著作では例がないほどに多層的である。

そこで問題となるのは、自然哲学的講話の要約と神話という見たところ異質な二つの要素からなっている本作品の内容的統一性であろう。そのときに注目すべきは、対話者たちが腰を落ち着けてスラの神話を聞こうとした矢先に挿入される月の居住可能性をめぐる議論である。テオンは、もし月が居住の場も生存の手段も与えないものであるなら、ランプリアスやルキウスの言うように月が土であるとするのは不合理であり、月は何の目的もなく無駄に生まれてきたことになるのではないか、と問いかける。これに対してランプリアスは、たとえ土の質のものである月が居住不可能であるとしても、無駄に生じてきたことにはならず、それは大地の蒸発気を同化して太陽の過剰な焦熱を和らげる益と扶助を与えてくれるために存在しており、また、月に居住しているものがわれわれと同じ自然本性を有していると考える必要はなく、別種の存在がそこで生存している可能性は排除されないとして、テオンを論駁する。月が土の質の物体で固性をもつものであるという確認は、この後の神話において、月が土とアイテールの混成体であるとする自然学的主張――むろん、これはアカデメイア派やペリパトス派にとって満足のいくものではないが――の根拠付けに寄与するものであり、また、月の存在についての目的論的説明は、死後の魂が月に住まうものであり人間の誕生のために月が魂を提供するという、神話における月の目的の確定につながっている。月の居住可能性に関する議論はいたずらに主題を先送りするだけのものに見えて、じつは、神話の自然学的基盤を整備すると同時に、神話における月の真の住人というもうひとつのテーマへの移行を保証するものとなっているのであって、そのかぎりで、テオンの問題提起は本作品に統一性を与える「継ぎ手」の役割を果たしていると言える。

そして、冒頭部分でランプリアスが、一般的で定評がありなじみのある説明が説得力をもたないときに、もっと「普通ではない」説明を試して、あらゆる手段により真実を吟味にかける必要がある、と語っていたように、この継ぎ手を介して厳密な自然学的論証とつながっている神話が本作品における単なる付け足しや補遺ではなく、むしろこちらのほうが本当の主題であると言っても過言ではない。プルタルコスにとって、自然学が月の本性を解明する唯一の道ではなく、形而上学的なエスカトロジーの枠組みでこれを考察することがそれに劣らず重要であった。プラトン主義者であるプルタルコスにとって、やはり神話は形而上学的真理を媒介するものとして有効に機能すべきものなのである。

『冷の原理について（*Περὶ τοῦ πρώτου ψυχροῦ*　*De primo frigido*）』

本作品のタイトルについては、近代以降の多くの校訂本では底本も含めステファヌス版での欄外註（Meziriacus）に従って *Περὶ τοῦ πρώτως ψυχροῦ*（『本源的に冷たいものについて』）をギリシア語タイトルとしているが、すべての写本およびランプリアスのカタログでは *Περὶ τοῦ πρώτου ψυχροῦ* という表記で伝わっており、本訳書もそれに従った。本作品はランプリアスでは第九十番、プラヌデスでは第五十三番、ステファヌス版では第六十一番の番号がふられており、その真正性に疑義が呈されることはない。

この作品は全二三節からなる短編で、ツィーグラーはこれと本書に収められた『月面に見える顔について』を、『哲学者たちの自然学説誌』（『モラリア11』所収）とともに自然科学的著作に分類している。この作品の執筆年代であるが、九四九Eでの「最近、皇帝とともにイストロス川で冬を越した人々が語っている」という表現がローマ皇帝トラヤヌス（在位、九八―一一七年）による第二次ダキア戦争（一〇五―一〇七年）を指していると考えられるため、おそらく一〇七年よりしばらく後に書き始められたものであり、つまりはプルタルコスの六〇歳代の著作ということになる。一八節でのポキス地方のデルポイへの言及から、書かれた場所もそのあたりかもしれないが、判然としない。

本作品の構成は、著者であるプルタルコスが、ペリパトス派であるアレラトゥム出身のファウォリヌス（八五―一五五年頃）という人物に語りかける形をとっている。少なくともプルタルコスよりは四〇歳ほど若いこの人物は、執筆時点でまだ二〇歳代の若者だっただろう。『食卓歓談集』七三四Fではアリストテレスの熱狂的賛美者として登場している。本作品でファウォリヌスは、冷の原理（本質存在）に関する諸説へのプルタルコスによる吟味批判の聞き取り手として選ばれたわけだが、その批判では、たしかにアリストテレスの扱いにぞんざいなところは見られるものの、ペリパトス派を対象とすることは最小限度に抑えられている。相互に宛てる形でプルタルコスには『友愛に関するファウォリヌス宛の書簡』（ランプリアスのカタログでは第百三十二番）が、そしてファウォリヌスには『プルタルコス、あるいはアカデメイア派の性向について』という作品がある。

全体の概要は各節ごとに次のようになる。

一　熱にとっての火のように、冷の本質存在は存在するのか。あるいは、それは単に熱の欠如状態にすぎないのか。熱をもったものが冷えるという現象を観察すると、後者の仮定が支持されるように思われる。

二　何かの純粋で端的な欠如状態とは、活動性をもたずいかなる作用もなしえない。ところが、冷はそれが物体において生じると一定の受動的状態と変容とをそのなかに生起させるのであり、したがって冷を欠如状態とみなすのは正当ではない。

三　さらに欠如状態は絶対的で程度の違いはありえない。つまり、そのあり方に、より以上にとかより少なくということはない。これに対して、冷は熱と共存し、熱が徐々に減退することに応じて度合いを有する。

四　また、熱と同様に冷についてもそれを対象とする知覚が存在するが、これに対して欠如状態は純粋な否定性として感覚によって見られることも聞かれることも触れられることもありえない。しかし、冷は知覚されうるのであり、もし冷が熱の欠如状態だとすると、われわれはその作用を直接知覚するということはないことになろう。よって、熱と同様に冷にも固有の原理が存在している。

五　欠如状態とは何か端的なものであり複雑なものではないが、本質存在は特有の差異と力をもっている。ちょうど、無音がただひとつの種類しかないのに対して、音や色は多様性をもちそれを知覚するものに対してさまざまな影響をもたらすのと同様である。

六　熱と冷はわれわれの身体において正反対の感覚と影響をもたらすのであり、そのため、明らかに本質存在が本質存在と対立関係にあるように熱が冷と対立しているのである。さもないと、われわれは冬も北風も単なる熱の欠如状態だという理由で四季からも諸々の風からも排除することになろう。

七　根源的物体が四つ（つまり、火、水、空気、土）存在しているなら、それと同じ数の根源的性質が存在していなくてはならない。そして、冷は熱、乾、湿とともにそのなかに含まれる。そして、合理性と明白な事実に従うかぎり、自然的物体において熱と冷、湿と乾の対立関係を想定しなくてはならない。

八　次に探究すべきは、冷の起源と本性である。しかし、そのためには本源的原因から最も離れた原因の認識を目的でなく起点として、本源的で最上位にある原因に到達しなくてはならない。これが哲学者と他の専門家の異なる点である。

九　過去のさまざまな哲学者たちが冷の本質存在を空気、水、そして土に帰してきた。まず空気を支持するストア派の見解。熱と明るさが火の性質だとすると、火と正反対の自然本性は冷たく暗いものでなくてはならないが、では本源的に冷たく暗いものとは何かというと空気がそれである。

一〇　もし本質存在の消滅が正反対の存在への転化であるとするなら、ヘラクレイトスとともに、われわれは火の死が空気の誕生であると言える。火や熱が消失するとき、空気の一形態である煙や蒸気が立ち昇るのであり、それはまさに火の空気への転化である。

一一　冷により物体に引き起こされる最も強烈な作用である凍結は水の受動的状態であるが、それは空気が固性も凝集性もない水を冷たさによって緊密に結びつけ凝集させる作用である。じっさい、湿り気をもった南風を冷たい北風が捉えて凝結させることで雪が降り、微細で冷たい空気を放出することで雪が溶ける。

一二　水でなく空気が冷の本源的原因であることは、さまざまな経験事象から引き出される。たとえば、泉から汲み出された少ない量の水のほうが、空気が支配しやすいので凝結しやすく、井戸水を容器に入れて井戸のなかに吊るしておくといっそう冷たくなるし、さらには、大きな川では冷たい空気が下方へと貫入しないので底まで凍ることはなく、また、湯浴みの後や汗をかいた後、弛緩した身体が空気とともに冷たさを受容するのでひんやりと感じるのである。

一三　しかし、水に冷の本源的力を帰する議論も同じほどに根拠をもっている。じっさい、水は、火が明るさと熱さをその性質として有しているのとは反対に、暗さと冷たさをその性質として有している。白い衣服などを水に浸すと暗い色になり、地面に水が撒かれるとその部分が黒くなる。他方、オリーヴ油は液体のなかでも最も多くの空気を含んでいるために最も透き通っており、そのために海面においても水中においても撒かれて光として利用され、また水ほど冷たくもない。

一四　空気は暗い色であるがゆえに冷たいと主張する人々が、その反対、つまり空気は明るいから熱いと主張する人々を考慮に入れていないのは、驚くべきことである。じっさい、熱に与らないが明るく輝くものは多くあるが、冷たいもので軽くて上昇性をもったものはひとつもない。さらに、ものの消滅は、それがその反対物へと変容することではなく、その正反対のものによって消滅して行くのである。ところで、水だけが火を消滅させうるのに対して、空気は火の本質存在を支え、これを変化させることで受容する。

一五　大気の上方において空気は火の質をもったアイテールに接触するとともに接触されてもいる以上、空気がアイテールと対立するとは考えられず、よって火と正反対の力をもつのは空気ではなく水である。

一六　さらに、世界には空気が冷たく湿っている場所もあれば、乾燥していて暑い場所もある。これに対して、水はその湿り気のゆえに火の乾と、その重さゆえに火の軽さと、そしてその冷たさのゆえに火の熱さとつねに対立している。火は崩壊し分解するのに対して、水はその接着性と保持力を有している。

一七　これまでに検討してきた、冷の本質存在として空気あるいは火を主張する議論は、この本質存在を土に帰する主張にも用いられうるだろう。なぜなら、土は、あらゆる点において火的存在であるアイテールと対立関係にあるからである。じっさい、火は軽く、動きやすく、熱く、明るいのに対して、土は重く、動きにくく、本来が冷たくて暗いのである。

一八　重いこと、安定していること、濃密であること、不変であることは、冷に固有の力で、空気とは無関係な性質であり、水以上に土と関わりのある性質である。さらに冷たいものは固く、ものを硬化させる。

一九　ちょうど、火によりあらゆるものは炎上し、風により気化し、水により液化するように、どのような力も、それが優勢となる場合には、自らが圧倒するものを変容させてそれ自身へと変化させることを本性としてもっている。冷はそれが制圧するものを凝結させ本源的に冷たいものへと変える。土は最もよく凝結したものであり、最も冷たい。そして本性的に最も冷たいものが本源的に最も冷たい。

二〇　このことの証拠として、われわれは、冬には地面から離れた高いところへ、夏は低い部分へと移動することが挙げられる。これは土が本源的にかつ本性的に冷たいことをわれわれが認識しているから。冬場には熱をもっている海岸付近で生活し、夏には土由来の冷気を求め陸地へと向かうのも同様である。

二一　さらに、医者たちによれば、土はものを収斂させ冷たくする性質をもっており、そうした効能のために薬として用いられる。空気はしばしば燃え上がり輝くのに対して、土はまったくかあるいはほとんど燃えない。土（大地）はそれが占めている場から動かず、本質存在の点で不変であるために、その静止性と凝固性のゆえに古人はヘスティア（竈）と呼んだが、それは適切であった。そして土の紐帯が冷である。

二二　結果として、古人が土の質のものと天空の質のものとが相互に混じり合うことがないと考えていたのは、それぞれのものの占める場の違いに基づいてのことではなく、それぞれの相互に対立する力の点での差異に基づいてのことであった。つまり、後者の神的で永遠の自然本性は熱く明るく俊敏で軽いのに対して、前者の死者や地下のものたちの自然本性は暗く冷たく動きが緩慢である。

二三　しかし、おそらく多様なそして対立する諸見解を比較して、もっともらしさの点で甲乙をつけることができないなら、不明確なことがらについては同意を与えるよりむしろ判断を保留することが哲学的態度だと考え、独断論に別れを告げるべきである。

本作品は比較的短編であり、自然哲学的にも学説誌的にも評価されるべき点を含んでいないという理由で、単なる修辞的訓練のための習作と見なされることもあるが、その一方で、この時代のアカデメイア派の認識論的な特徴を示す記録として重要性をもつものと見ることもできる。

本作品の構造は、大きく三つの部分に分けることができよう。最初の七つの節は、冷の原理がそもそも何であるかという基本的な問いをめぐる議論のための言わば地ならしとなる予備的考察と言ってよい。そこにおいて、冷が熱の欠如状態であるという仮定を、経験に基づく一連の議論により排除する。つまり、純粋な欠如状態は変化や受動的状態を対象において引き起こすことはなく、程度の違いもなく、感覚によって知覚されえないのに対して、明らかに冷は対象に変化を生起させ、熱と共存することによりさまざまな程度の違いを有し、知覚されて、快不快の感覚を生み出すのである。冷は、熱と同じく固有の原理と源泉を有する、現に存在する自然本性であり力であり、まさに本質存在同士が対立するように熱と対立する。冷が単なる熱の欠如や否定であるなら、季節から冬を、風から北風を排除することになろう、と皮肉交じりにプルタルコスは言う。そして、冷が単に熱の否定であるという仮定を排除するとともに、アナクシメネスが考えたように、冷は、変容から帰結する素材の単なる共通の受動的状態であるわけではなく、基本要素のうちのひとつがもつ特定の性質であり、それゆえにそれらのいずれかに帰着させることができるものであることを確認する。

八節から一六節までは、冷の原理、自然本性をめぐる議論となる。ただしプルタルコスは、原因に関する哲学的認識が感覚的対象からさらに知性的対象へと向かうべきものであるといったんは主張しながらも、冷の原理に関する当の議論では、その対象を感覚的な要素の領域に限定し、そのいずれかへと冷の原理を帰着させることができるかどうかを、既存の説を提示しつつ問うかたちをとっている点に留意すべきである（後で見るように、そこには彼の一定の認識論的な態度が反映されているように思われる）。すなわち、冷の原理を空気に帰するストア派の説と、水に帰するエンペドクレスおよびストラトンの説である。プルタルコスは明らかに厳密なバランスを考えて九―一二節の四節を「空気」説に、一三―一六節の四節を「水」説にそれぞれ充てており、これら八節が著作全体の中間部分を占めている。たしかに、「水」説の解説においてストア派の独断論に対するプルタルコスの嫌悪感を見て取ることはできようが、基本的には、いずれの説の提示部分においても、プルタルコスがそれぞれの説を自らの立場から直接的に論駁してはいないことに気づかれるだろう。むしろ彼は、たとえば、九四九Fで「説得力のある根拠に基づくものなのです」と評しているようにそれぞれの説を、それを支持する一連の論拠を挙げながらあくまでも真実らしさをもったものとして提示している。

この中間部分に続いて、これと対称をなすかたちで終わりの七節（一七―二三節）が配置されている。この部分は、「空気」説と「水」説の議論を踏まえて、むしろ冷の本質存在を土とする説を「真実らしく、またもっともらしい議論」（九五二D）としてプルタルコス自身が提示するものである。これを結論部と考えれば、本作品の全体は、議論の展開が十分に計算された、きわめて均斉のとれた構造を与えられていると言える。それは、始めと終わりの「ファウォリヌスよ」という呼格の使用によって際立たせられている。

ただし、この計算された議論展開をもつ本作品は、単なる修辞的訓練のための習作以上の意味をもっている。最後の二三節でプルタルコスは、冷の本質存在に関して、対立する「空気」説も「水」説も、そして自らが提示した「土」説も、それぞれを支持する根拠が圧倒的に他よりも優れているわけではなく、もっともらしさの点で優劣をつけがたいのであれば、いずれかの説に同意を与えるよりむしろこの問題について判断を保留することが哲学的態度であり、独断論に別れを告げよ、と勧告している。文字どおりに解するなら、これはプルタルコスの根本的な懐疑主義の表明であり、彼がアカデメイア派の懐疑主義に大きなシンパシーを感じていたことの明確な証左のひとつであるように思われる。本作品の重要性をこの点に認め、この箇所を彼の懐疑主義の標準的典拠とする研究者は多い。

しかし、はたしてプルタルコスはここで冷の本質存在に関して最終的な判断保留の道をとっており、何ら積極的な認識論的主張を示していないのだろうか。あらためて考慮しなくてはならない点がある。それは、八節冒頭でプルタルコスが構造上の対称性を破るかたちで、プラトン的な「不規則な要素的三角形」を万物の本質存在とすることに賛意を示し、プラトンとデモクリトスが、土や火という感覚によって捉えられるものをもって原因探究を終わりにせず、知性的な原理に到達したことを評価している点である。プルタルコスは「感覚によって捉えられるもののほうこそ先に検討するのがよりよい」（九四八Ｃ）と述べて、感覚的対象のなかに冷の本質存在を措定するエンペドクレス、ストラトン、そしてストア派の説を提示する。そのうえで彼は、そのような説の各々いずれもが、そしてプルタルコス自身の「土」説も含めて、蓋然性の点で相互に他より優れても劣ってもいないなら、当該問題に関して判断を保留すべきであると締めくくっているのである。この判断保留は、冷の本質存在を感覚的対象のカテゴリーのなかで探究していった場合の認識論的態度なのである。逆に言えば、非感覚的・知性的対象のカテゴリーにおいてその原理を探究して真理に到達する余地は残されているということである。そして先の要素的三角形への言及は、まさにそのことを示唆しているのである。プルタルコスは感覚的世界の認識に関するかぎりで懐疑主義者であっても、非感覚的対象については真理が知られえないままであると考えてはいなかったであろう。状態変化の直近の原因（つまり本源的原因から最遠の原因）を考察すれば満足する医者や農夫や笛吹きと異なり、哲学者はむしろそのような原因を起点とし本源的原因に関わる真実を探究しなくてはならない、ということばは急進的な懐疑主義者の対極にあることばと思われるのである。プルタルコスは、より高次の真理の存在を要請することにより、現象の自然的原因を対象とする探究の相対性や暫定性を強調しているとも言えよう。

『水と火ではどちらが有益か』（*Πότερον ὕδωρ ἢ πῦρ χρησιμώτερον*　*Aquane an ignis sit utilior*）

本作品のタイトルであるが、後四世紀のランプリアスのカタログでは *Πότερον χρησιμώτερον πῦρ ἢ ὕδωρ*（『火と水ではどちらが有益か』）と表記されているが、ほとんどの写本では *Πότερον ὕδωρ ἢ πῦρ χρησιμώτερον*（『水と火ではどちらが有益か』）とあり、伝統的なラテン語タイトルもそれにそったものとなっており、本訳書もこれに従った。なお、一七七八年のライスケ以降のほとんどの校訂本では底本も含めてこれに前置詞を付した『水と火ではどちらが有益かについて（*Περὶ τοῦ πότερον ὕδωρ ἢ πῦρ χρησιμώτερον*）』という表題を採用するようになっている。なお、本作品にはランプリアスのカタログで第二百六番、プラヌデスで第二十番、ステファヌス版で第六十二番という番号が付されている。

自然学的な問題を扱った本作品は全一三節からなる小品で、人称代名詞や小詞の使い方、逸話や引用の挿入の仕方などから、もともと口頭で語られたものを書写・更訂した作品である可能性が指摘されている（Nuzzo, pp. 185-191）。ステファヌス版以来この小品は、『モラリア』においては伝統的に『冷の原理について』と並べて配置されてきているが、ツィーグラーは、『冷の原理について』を自然科学的著作群に算入しているのに対して本作品は弁論集の著作群に算入している。かつてサンドバックは、用いられている韻律定型や語彙、そして議論における不合理性などから、本作品がプルタルコスの真正著作のいかなるものにも――どの時代のどのような性格のものであれ――類似しておらず、思考の混乱と著者の無能を露呈していて、真正のものではありえないとした（Sandbach, pp. 198-201）。しかし、真正性を疑わせる根拠とされた文体や使用語彙に関する彼の評価には異論もあり、むしろ、多くの研究者は本作品をプルタルコスの若い時代に書かれたものと断定している（Nuzzo, p. 178）。ただし、その真正性を認める場合であっても、曖昧さを含んだ衒学的で大仰な若書きであるとして、これに低い評価しか与えない者も少なくない。

たしかに、本作品はプルタルコス——彼を著者と見なすとして——の若い頃に書かれた修辞的訓練のための習作という側面をもっていることは否定できず、ツィーグラーの分類に端的に見られるとおり、『冷の原理について』でのような自然学的な議論の深まりをそこに見いだすことは困難である。しかし、その一方でプルタルコスが注意深くこの論考に対称的で均衡のとれた構成を与えようとしていることは明らかである。

著者は序としての第一節で、火と水の有益性をめぐって見解の対立があることを、詩人とストア派の主張を例にとって確認した後で、いずれが優位に立つものなのかを確定するために、火と水それぞれを擁護する見解の具体的な吟味検討へと向かう。そしてまず二―七節までの六節で水の優位性を支持する論拠が、八―一三節の六節では逆に火の優位性を支持する論拠が提示される。その場合の優位性も、一般的なそれではなく、具体的な有用性を示すことで主張されており、また、それぞれの論拠は、全体として対立点が明瞭になるような仕方で示されている。いずれの擁護論も、神話的挿話や過去の哲学者のことばを援用しつつも、主に日常的な経験に基づいて根拠づけられている。文学上の権威（ピンダロスおよびヘシオドス）への参照で始まり哲学の権威（プラトン）への参照で終わっていることが、作品に一定のまとまりを与えている。

本作品を評価しない側からは、第一節で二詩人を「水擁護派」、ストア派を「火擁護派」としながら、それぞれを支持する証人の数は同じであるとすることが手続きとして散漫であるとか、七節における、海を水に代わるものではなく水に並ぶものとしての第五の要素とする見解がほかに類例のない不合理な主張であり、また、ヘラクレイトスからの引用の仕方が強引すぎて杜撰であるとか、あるいはまた、八節の「帰納推論」がまったく帰納推論となっていないとか、諸感覚器官が最大限に分けもっているものが最も有益だと主張する一三節ではプラトンを引用して知識をひけらかしながらも思考の混乱が見られる、といった酷評がなされている。しかし、これらは批評としてはいささか厳しすぎるものであり、弁論に必要な一定の技巧と明瞭さを本作品に見て取ることはできるであろうし、そもそもこの若書きの小論が修辞的訓練といった性格をもっていて、特定の洗練された教養のある聴衆に向けられたものではなく、あくまでも一般の聴衆を想定したものであるとすれば、それに対して厳密な自然哲学的議論に基づく有効な説得技術といったものを求めることは過大な要求であろうし、円熟期の著作にふさわしい思索の深まりを期待することも妥当ではないだろう。

簡単にそれぞれの擁護論の対立点をまとめると次のようになろう。

(1) 水の擁護…水はあらゆる場合にどのようなひとにとっても有用で、必要としないときはない。しかし、火は時としてひとを圧倒するので、ひとは熱を避けることがある（九五五F）。

火の擁護…火はあらゆるものをその本質的なあり方において保持し、その固有の本質存在において保全する、不可欠のものである（九五七C）。

(2) 水の擁護…死とは湿り気の喪失であり、だから死者も、湿り気をもたないものとしてその名で呼ばれる（九五六A）。

火の擁護…死とは熱の完全な消失である。湿り気は死者にも存してており、死体の腐敗を引き起こす（九五七E）。

(3)水の擁護…人間は火がなくてもたいてい生存してきたが、水がないとけっして生きてこられなかった（九五六A—B）。

火の擁護…人間は火なしで生存していたというのは馬鹿げており、火がないと存在することさえできない（九五八B）。

(4)水の擁護…植物や果実は熱をほとんどあるいはまったく欠いており、湿り気のおかげでそれらは芽吹き生育し実を結ぶ（九五六C—D）。

火の擁護…ちょうど、岩石や荒涼とした山肌が不毛であるように、熱をもたない土は不毛であり実りをもたらさない。植物を生み出しているのも、湿り気ではなく熱をもった湿り気である（九五七C）。

(5)水の擁護…水は自足的で、それ自体で完結した善きものである。そのため、ひとは備えがなくても公平に水の有用性に与ることができる。しかし、ひとが火の有用性をえるには経費と燃料が必要であり、豊かな人ほどその恩恵にあずかっている（九五六D）。

火の擁護…ひとにとって有用であるために、水は外部からの助けを必要とするが、火はその卓越性のゆえに自足的であり、外部からの援助を必要としない（九五八B—C）。

(6)水の擁護…水の自然本性はけっして有害でないのに対して、火はそれが激烈なものだと破壊的でありうる（九五六D—E）。

火の擁護…熱が欠如したり不足したりすると水は腐敗する。水はそのままだと有害で、火とともに用いられて初めて有益となる（九五七D、九五八A）。

（7）水の擁護…水はそれ自身から第五の要素たる海を生み出す。これは人間を結びつけ進歩と文明をもたらした（九五六F―九六七B）。

火の擁護…海が有益となりうるのは熱のおかげである。火によって技術が発見され保持されることになり、そのために人間は進歩したのであり、鍛冶と火の神のヘパイストスが技術の創始者だと考えられているのもそのゆえである（九五八A、D）。

以上三作品の訳および註、そして解説については、底本以外に次のものも参照した。

Boys-Stones, G., "Plutarch on the Probable Principle of Cold: Epistemology and the *DE PRIMO FRIGIDO*", *Classical Quarterly* 47, 1997, pp. 227-238.

Cherniss, H., "Notes on Plutarch's *DE FACIE IN ORBE LUNAE*", *Classical Philology* 46, 1951, pp. 137-158.

D'Ippolito, G., Nuzzo, G.（a cura di）, *Plutarco. L'origine del freddo. Se sia piú utile l'acqua o il fuoco*（Corpus plutarchi moralium 49）, Napoli, 2012.

Donini, P.（a cura di）, *Plutarco. Il volto della luna*（Corpus plutarchi moralium 48）, Napoli, 2011.

Flacelière, R., "Plutarque et les éclipses de lune", *Revue des Études Anciennes* 53, 1951, pp. 203-221.

Lehnus, L. (a cura di), *Plutarco. Il volto della luna*. Introduzione di Dario Del Corno, Milano, 1991.

Lernould, A. (dir.), *Plutarque. Le visage qui apparaît dans le disque de la lune. De facie quae in orbe lunae apparet*. Texte grec, traduction, notes et trois études de synthèse. Introduction de Jacques Boulogne, Villeneuve d'Ascq, 2013.

Martin, H. Jr., "Plutarch's *De facie*: the Recapitulations and the Lost Beginning", *Greek, Roman, and Byzantin Studies* 15, 1974, pp. 73-88.

Prickard, A. O., *Plutarch. On the Face in the Moon*, Winchester / London, 1911.

Sambursky, S., *The Physical World of the Greeks*, tr. from the Hebrew by M. Dagut, Princeton, 1956.

Sandbach, F. H., "Rhythm and Authenticity in Plutarch's *Moralia*", *Classical Quarterly* 33, 1939, pp. 194-203.

Schultz, H., "Zu Plutarchs Moralia", *Hermes* 46, 1911, pp. 632-633.

Weise, Ch., Vogel, M. (Hgg.), *Plutarch. Moralia*, Bd 2, Wiesbaden, 2012.

Ziegler, K. *s.v.* «Plutarchos» in *Paulys Realencyclopädie der classischen Altertumswissenschaft*, XXI-1, Stuttgart, 1951.

（三浦　要）

『陸棲動物と水棲動物ではどちらがより賢いか（*Πότερα τῶν ζώων φρονιμώτερα τὰ χερσαῖα ἢ τὰ ἔνυδρα*

De sollertia animalium）』

この作品の内容からも、その他の現存する証言からも確たることは判明していないが、諸学者がある程度の推測を行なっている。

舞台設定と執筆年代

この作品は、ランプリアスのカタログの第百四十七番にあたる。舞台設定や執筆年代に関しては、本作品

対話が行なわれている場所に関して、Bouffartigue（p. xviii）は、本作品で与えられているいくらかの情報から、舞台はカイロネイアにあるプルタルコスの邸宅であり、そこは学生たちを収容する宿舎を備えた学園としての機能を持っていたという可能性を示唆している。まず、対話に参加している若者たちが、その出身がさまざまな遠隔地である（デルポイやメガラ、エウボイア）にもかかわらず、前日から討論会の当日にかけて同じ敷地内に居合わせているという点から、彼は、対話の舞台が学生たちを収容する施設であると推測している。また、プルタルコスの父親（アウトブロス）や、そのいとこ（アリストン）も居合わせているという点から、そこがカイロネイアのプルタルコス邸であることを推測しているのである。

本作品の執筆年代に関しては、作品のなかで、アリストティモスがローマの劇場で観劇した際にウェスパシアヌス帝（「老ウェスパシアヌス」）が臨席していたと語っている（九七四A）のが重要な証拠となっている。たとえば、Jones（1966, p. 71）は、「老ウェスパシアヌス」（在位、六九―七九年）という表現は、彼の後継者であるティトゥス・フラウィウス・ウェスパシアヌス（在位、七九―八一年）と区別するためのものであるから、執筆年代の上限はティトゥスの死後の八一年ではないかとしている。他方、プルタルコスは一二五年には確実に死んでいるため、執筆年代の下限は一二五年ということになる（Sekunda, p. 217）。

また、対話の設定上の年代に関しては、アリストティモスが若者であるので、この観劇の経験からそれほど時間が経っていないだろうという推測、さらには、プルタルコスがこの頃すでに教師として活躍していたという作品中の示唆（九六四D）を勘案して、Bouffartigue（p. xx）は、設定年代を八〇―八五年と想定している。同様にPuech（p. 4837）は、プルタルコスがすでに教師であったこと、しかし、まだ彼の父親が生きていたということから、八〇―九〇年と想定している。

登場人物

登場人物に関しても、不確定的ではあるが、諸学者がさまざまに推測を行なっている。彼らは皆、デルポイやその周辺の都市の名家の出身だったようである。世代的には、アウトブロスが最年長のグループに属し、プルタルコス、オプタトス、ソクラロスがそれに続く世代であり、そして、プルタルコスの弟子にあたるアリストティモスやパイディモスらの若者たちは、さらに若い世代だと考えられる。

アウトブロス――プルタルコスの父親。『エロス談義』にも登場している。

ソクラロス――カイロネイア市民で、プルタルコスの友人（九六四D）であり、『食卓歓談集』にも登場している。プルタルコスと同様に、ルキウス・メストリウス・フロルスの仲介によって名誉ローマ市民となり、ルキオス・メストリオス・ソクラロスと名乗った。以前は『エロス談義』に登場するソクラロスも同一人物だと考えられていたが、Ziegler の問題提起以降、本対話篇のソクラロスと『エロス談義』のソクラロスが同一人物であるのかどうかが活発に論じられている（cf. Puech, pp. 4879-4883）。現在では通常は、後者はティトラ出身の同名異人だと考えられているようである（cf. Babut）。

アリストティモス――プルタルコスの弟子であった彼については、デルポイの碑文や硬貨から多くのことが知られている。プルタルコスと同様に、彼がデルポイでアポロンの神官を務めたことが、ハドリアヌス帝の像の台座部分の碑文から明らかとなっている。デルポイは当時、このギリシア好きの皇帝のおかげで活気を取り戻したのであり、アリストティモス自身も皇帝と特別な関係を持っていたようである。一二五年に、デルポイのアテナ・プロナイアの神域に前述の皇帝像を建立し、また、皇帝の愛人として寵愛を受けた青年アンティノウスの死後には、皇帝の命によって彼の像を（アポロンの聖域の外にではあるが）建立した（cf. Puech, pp. 4837-4839）。

パイディモス――プルタルコスの弟子であるようだが、彼のことについては何も分かっていない。

オプタトス――デルポイのさまざまな碑文から、M・パクウィオス・オプタトス（*M. Πακούιος Ὀπτᾶτος*）という人物がこの都市の評議員やアルコーンを務めていたこと、また彼がトラヤヌス帝（在位、九八―一一七年）とハドリアヌス帝（在位、一一七―一三八年）の治世において活躍したことが分かっている。しかし、本作品九六五Cにおいて、アウトブロスがソクラロスに向かって、オプタトスのことを「われわれと同世代（ἡλικιώτης）」と呼んでいることから、多くの解釈者によって、本作品のオプタトスは上記の碑文のオプタトスの父親ではないかと推測されている（cf. Puech, pp. 4864-4865; Jones, 1972, pp. 263-265）。

ヘラクレオン――『神託の衰微について』に登場。プルタルコス（やその兄ランプリアス）と同年代か。

セリフが与えられている登場人物は以上であるが、その他にも、討論会に臨席していることが示唆される者として、エウビオトス、アリストン、アイアキデス、ニカンドロス、ピロストラートスの名前が挙げられている（八節）。

作品の構成

この作品は対話篇形式で書かれているが、議論の構成としては、第一部（一―七節）と第二部（八―三七節）に大別される。第一部においては、アウトブロスとソクラロスのあいだの対話が、第二部においては、アリストティモスとパイディモスのあいだの対話が描写される。

第一部（一―七節）

（1）導入部（一―二節）

「陸棲動物と水棲動物のどちらが賢いか」という討論が提案されるきっかけとなった前日の経緯が語られる。また、討論の参加者たちが到着する前に、前日に確認された論点（すべての動物が何らかの理性を持つ）をもう一度詳しく検討することがソクラロスによって提案される。

（2）動物は理性を持つのか（三―七節）

ソクラロスがストア派の立場を代弁して、動物は理性や徳性を持たないと論じ、アウトブロスがそれに反論する。

動物が理性を持つかどうか（三節）

動物が徳性を持つかどうか（四―五節）

動物が徳性を持つことから帰結する倫理的含意（六―七節）

第二部（八―三七節）

（3）移行部（八節）

討論の参加者たちが到着し、オプタトスが討論の裁定者に指名される。

（4）陸棲動物の知性（九―二四節）

陸棲動物が水棲動物よりも優れた知性を持っているということが、アリストティモスによって、さまざまな逸話を通じて論じられる。

(5) 水棲動物の知性(二五―三六節)

水棲動物が陸棲動物に劣らず優れた知性を持っているということが、パイディモスによって、さまざまな逸話を通じて論じられる。

結論部(三七節)

(6) すべての動物が理性・知性を持つ

陸棲動物と水棲動物のどちらがより優れた知性を持つのかという問題には決着がつけられず、むしろ「動物から理性や知性を剝奪しようとする者たちに対して」、すべての動物が理性・知性を持つことがソクラロスによって結論付けられる。

内容解説――プルタルコスの動物擁護論(1)

この作品において、プルタルコスは動物が理性を持つことを論じ、ストア派の「動物は理性を持たないため、人間の配慮に値しない」という主張を批判している。同様に、現代の動物倫理の論争においても動物の理性・知性の有無は重要な争点となっている。たとえば、現代の契約主義者は、「理性的行為者」となるための条件として一定の知的能力を要求し、「人間以外の動物はわれわれ人間と道徳的な契約関係を結ぶだけ

(1) 以下の議論は二〇一七年十月に開催された関西哲学会第七十回大会での発表の一部に基づく。

の知的能力を持たないため、人間の道徳的配慮の対象とはなりえない」と主張する。

しかし、プルタルコスの動物擁護論は、現代の視点から見ると、きわめて独特とも思える見解を含んでいることも確かである。すなわち、プルタルコスの議論では動物の徳性が強調されており、動物が協調性、勇敢さ、正義、節制などの徳を発揮する逸話が紹介されるが、言語能力はあまり言及されていない。他方で現代の論争では、言語能力などの知的能力の有無が争点となることが多く、動物の徳性や性格的特徴の有無が論じられることは少ない。以下においては、おもに本作品の第一部におけるプルタルコスの動物擁護論を分析し、それがストア派の議論や現代の動物倫理との関係においてどのような意義を持つのかを考察したい。

「程度の差」からの議論

では、第一部における議論を見てみよう。アウトブロスとソクラロスの議論は実質的には三節から七節にかけて行なわれており、先述の「作品の構成」で見たとおり、議論はおおまかに「動物が理性を持つかどうか」（三節）、「動物が徳性を持つかどうか」（四―五節）、「動物が徳性を持つことから帰結する倫理的含意」（六―七節）に大別される。このうち、以下ではとくに二番目と三番目の議論（以下、第二議論と第三議論）を分析しよう。

第二議論は、ソクラロスによる次のような批判によって開始される――「理性は徳を目的として生じたのですが、動物たちがその徳を気にかけているようにはまったく見えず、また、徳に向けての成長もなければ、徳を欲求することもないのですから、徳という目的に到達することができない動物たちに、自然が徳の端緒

（アルケー）を与えたなどということがどのようなことなのか、私にはまったく分かりません」。

このような批判に対して、アウトブロスはまず、

(2a)「子孫に対する情愛は、われわれの協調性や正義の端緒（アルケー）である[1]」

とストア派が定めていることを確認する。次に、一般的な観察的事実として、

(2b)「動物たちのあいだにそのような情愛が強く満ち溢れている」

ことを指摘する。そして、これらの前提から、

(2c) 動物たちが少なくとも正義の端緒を有している

という結論を導き出している。そして、これに続けて、この結論からさらなる含意を導き出すために、以下のような諸点をアウトブロスは確認していく。

・人間たちのあいだにも徳の優劣が存在すること

・動物たちが完全な徳に到達していないことは、理性の欠如としてではなく、理性の矮小さや弱さとして理解されるべきであること

・これから行なわれる、陸棲動物と水棲動物のどちらが賢いかという討論自体が、動物のあいだに徳の優

(1) ストア派のオイケイオーシス論においては、人間は自己に対する配慮を徐々に外部へと拡張させ、最終的には全人類へと配慮の対象を拡張させるとされている。補註B参照。

劣が存在することを示していること
・サルは美しさを持っていないので醜くさえない（美醜の尺度において悪しき位置にさえいない）、あるいは、陸ガメは素早さを持たないので鈍間《のろま》でさえない（遅速の尺度において悪しき位置にさえいない）と主張することは馬鹿げている。したがって、動物が理性を正しく用いていないという理由で、だから動物は理性を少しも持たない（理性の尺度において悪しき位置にさえいない）と主張することは同じくらい馬鹿げていること
・われわれは、ヒツジがイヌよりも愚かだと言うことはあるが、ある野菜が別の野菜よりも愚かであるとは言わないこと
・狂ったイヌがいることに議論の余地はないが、狂ったイヌは、本来持っていた理性がかき乱された状態にあるということ

そして、これらのさまざまな補助的な論点はすべて、同じ含意を指し示すよう、アウトブロスによって意図されているように思われる。すなわち、

(2d) 動物の理性の弱さは、その理性の完全な欠如を意味せず、むしろ、程度の差はあれ彼らが理性や徳性を有しているということを積極的に意味する

という論点である。

第二議論からの以上のような結論を受けて、第三議論でソクラロスは、ストア派やペリパトス派が用いるという次のような議論を導入する。これは、われわれが動物に配慮する、しない、という二つの選択肢のどちらをとっても困難に陥るというジレンマの形式をとる。まず、われわれは動物に配慮しないというじっさいに人間が採用している選択肢から議論は進められる。

(3a) われわれは動物に配慮しない

しかし、一般的な前提として、

(3b) 理性を持つものに配慮しないことは正義に反する

しかし、第二議論から、

(3c) すべての動物は理性を持つ

これらの前提から、

(3d) われわれの動物に対する行為は正義に反している

という結論が導き出される。他方で、仮に、

(3e) われわれは動物に配慮する

という選択肢をとった場合はどうだろうか。この選択肢からはただちに、

(3f) 人間の文明的な生活は破壊され、人間たち自身が獣のような生活を強いられる

という結論が引き出されている。したがって、動物に配慮しない場合には、不正義という困難が、配慮する場合には、文明の破壊という困難が生じるのである。

このようなジレンマに対するストア派の対応は、議論のなかでは明確に言及されてはいないものの、第一の角（3a）—（3d）の議論のうち（3c）の前提を容認しないというものであるだろう。[1] これに対して、アウトブロスは、再び、ある意味では「程度の差」に着目した、是々非々の対応をとることによる解決策を提案する。それは「動物たちから理性を奪うことなく、かつ、動物を適正に利用する者たちの正義を救う」のだという。すなわち、「一方で社会性がなく単に有害な動物を罰したり殺したりし、他方でおとなしく人間に友好的な動物を手なずけたり、個々の動物が本性的に適している仕事の共同作業者とするのは不正ではない」という提案を行なうのである。これは、動物を一律に理性を持たないもの、またしたがって、正義とは関わりを持たないものとして切り捨てるというストア派の対応とはまったく異なり、動物の性質には程度の差があるという当たり前の事実に着目し、それぞれの動物に対して異なる対応をするという現実的な解決策である。これは、先ほどのジレンマが暗に前提していた、われわれはすべての動物を利用し殺すことを容認するのか、あるいは、一切の動物の利用を禁じるのか、という乱暴な二者択一を拒絶し、ジレンマの構造そのものを破壊するのである。

さて、以上のように、プルタルコスが動物の倫理的な扱いに関する議論において、「程度の差」を、さまざまな局面で（つまり、理性や徳性一般、動物の理性や徳性、動物に対する扱い、などで）重視しているのに対して、ストア派はそれらを認めていない。とくに、ストア派が徳に程度の差を認めないという教説を保持していたことはよく知られている。たとえば、プルタルコスの証言によれば、ストア派は徳の進歩について次のように語ったという。

海中で水面から一ペーキュス下にいる者だって、五〇〇オルギュイア下に沈んでいる者に劣らず溺れるが、それと同じように、徳の近くにいる人も、徳から遠く離れている人に劣らず悪の中にあるのだ。また、盲目の人は、ほどなく視力を取り戻そうかという場合であっても、やはり盲目であるように、徳において進歩しつつある人も、徳を手に収めるまでは愚かで悪しき人間のままであるのだ。

（『共通観念について』一〇六三A、戸塚訳）

また、ストア派はいわゆる「諸徳の統一性（unity of virtues）」を主張していたことがよく知られており、これもまたプルタルコスが批判していた（『倫理的徳について』四四〇E―四四一B参照）。したがって、プルタルコスは、徳のあり方に程度の差を認めないストア派の見解を一般的に批判していたが、動物の道徳的な扱いをめぐる論争においても、彼のその一般的な論点を適用していたのである。

さらにもう一つの「程度の差」

さて、これまでの分析によって、プルタルコスの動物擁護論においては「程度の差」に訴える議論が大きな役割を果たしていることが確認された。すなわち、第一に、理性や徳性には程度の差が認められ、動物は

（1）じっさいには議論のなかでソクラロスは、人間同士のあいだでは正義が成立しているが、動物たちのあいだには正義が成立しないこと、人間に対して正しい行ないをすることができない動物たちに対しては人間が不正をすることはできない（何をしても不正ではない）、と語り、ジレンマの解決を図っている。

完全な理性あるいは徳性を備えていないとしても、ある程度はそれらを持つことができると論じられていた。次に、第一部の第三議論で提起されたジレンマに対する解決策として、動物に対する扱いも一律ではなく、動物の性質に応じて、多様な対応がありうることが提案されていた。ここで最後にもう一つ、動物の扱いに関して、プルタルコスが本作品以外の著作において、上記のものとは別の基準による、「程度の差」を示唆していることを指摘しておきたい。以下の箇所を見てもらいたい。

だが、実際のところ、酒の席や遊びの中で、あるいは体育場でたまたま出会った、他国人や血のつながらない人間の過ちは、気軽に気持ちよく我慢するというのに、自分の兄弟に対しては、腹を立て、容赦しようとしない人間がいるとしたら、君はなんと言うことだろう。ある者などは、野生むき出しの犬や馬を育てているし、また、多くの者は、山猫や家猫や猿やライオンなどを育て、可愛がっているというのに、兄弟の怒りとか無知とか野心には耐えられないでいるし、さらに、他の人々などは、妾や娼婦のために家や土地を登記するくせに、家を建てる敷地や土地の片隅をめぐって兄弟と取っ組み合いを演ずるし……

（『兄弟愛について』四八二B—C、戸塚訳）

そもそも生命あるものを、履物や道具のように使うべきではない。さんざん使って擦り切れたからといって、捨ててしまうのはよろしくない。ほかに理由がないにしても、博愛の精神を養うために、こういう事柄に関して温和、かつ情け深い心を抱く習慣をつけるべきである。少なくともこの私は、働き手だった牛を、もう年だからといって手放したりはしない。ましてや（μή τί γε）、年をとった人間を、その人が育った所や、慣れ親しんだ生活という、言わばその人の祖国とも言える所から、わずかばかりの金のために引き離すとか、売り手にとって役に立たないものなら買い手にとっても役に立つはずがないものを売るとか、そういうことはしたくない。

（『大カトー伝』五、柳沼訳。強調は中村）

これらの議論が示唆するのは、プルタルコスはたとえ動物の道徳的な身分を擁護していたとしても、動物たちを人間と同程度に配慮すべきであるとは考えていなかったということである。また、配慮を傾斜させる基準は自分との親近さ、自分との関係性であるように思われる。これは現代において、ピーター・シンガーやジェイムズ・レイチェルズなどの道徳的個体主義者たちが、いわゆる「種差別」に抗して、種族の違いを一切（あるいはほとんど）無視して、おもに感覚性（sentience）や自意識の有無という基準によって動物の扱いを判断するのとは対照的である。

シンガーの倫理理論は基本的に「利益の平等な配慮の原理」に基づいているが、これは要するに身内主義の拒絶である。すなわち、自分と同種族であるというだけの理由で人間の利益を他の動物の利益よりも重視したり、自分の家族や友人であるというだけの理由でそれらの人々の利益をそうでない人々の利益よりも重視することを認めないのである。[1] 他方で、プルタルコスの倫理学はおおむね身内主義的であり、上で引用し

（1）シンガーは母親が自らの子供を特別に思う気持ちなど、近縁性・親近性の意義を認めていないわけではない（e.g. Singer, 1993, ch. 5）。しかし、彼の議論においては、そのような近縁性の意義はあくまでも功利的な観点から（たとえば母親が各自、自分の子供をケアするのは長期的に見れば効率の上で有益であるというふうに）評価されているにすぎないだろう。彼は、「種差別」という批判を堅持しているかぎりは（e.g. Singer, 2015, ch. 13, p. 139 ff.）、われわれが同種族というだけの理由で人間を他の動物よりも配慮することを、究極的には容認しないだろう。

た『兄弟愛について』という作品も、そのタイトルが示すとおり、身内をそれ以外の人々よりも配慮するという姿勢に貫かれている。上の引用箇所でも、兄弟よりも他国人や血のつながらない人々、あるいは動物を大切にすることをプルタルコスが非難しているのは、すべての人々や生物を同等に扱うべきと主張するためではなく、明らかに、兄弟を他人や動物よりも大切にすべきと積極的に主張するためである。また『大カトー伝』より引用された、上記の一節でプルタルコスは、カトーが長年世話になった奴隷や家畜を老齢で使い物にならなくなったからといって冷酷に売り払ってしまったことを厳しく批判している。ここでは、主人と奴隷との、また、人間と家畜との、長年の関係性がとくに考慮されるべきであるという見解、それに加えて、人間である奴隷と家畜のあいだにも何らかの配慮の差をつけるべきであるという見解が示唆されているように思われる。そのような意味において、プルタルコスの倫理学は、身内主義的な傾向を強く持ち、しかも、自分と配慮の対象との関係性を考慮する（つまり身近さを判定する）際にも、血縁や種族、付き合いの長さなど、さまざまな点をカウントするのである。プルタルコスが、その身内主義的な傾向にもかかわらず、大々的に動物擁護論を展開しえたのは、彼が（ストア派とは異なり）動物をも身内と見なしうるという見解を受け入れていたからに他ならないだろう。そしておそらく、この見解の導出には、動物がわれわれ人間と理性を共有するという議論が一役買っているはずである。

さて、以上のことから分かることは、プルタルコスはその「程度の差」からの議論に基づいた動物擁護論を展開した結果、ストア派のように全面的に動物を道徳の枠内から切り捨てる立場でもなく、逆に、シンガーらのように感覚性に基づいて一律に（人間と同程度に）動物を配慮するべきだと論じる過激な見解でもない、比較的現実的で穏当な立場を導き出しているということである(1)。

参考文献

Babut, D., “À propos des enfants et d’un ami de Plutarque: essai de solution pour deux énigmes”, *Revue des Études Grecques* 94, 1981, pp. 47-62.

Bouffartigue, J., *Plutarque: Œuvres Morales Tome XIV*, Paris, 2012.

Helmbold, W. C., *Plutarch’s Moralia* XII（Loeb Classical Library）, London / Cambridge, Mass., 1957.

Jones, C. P., “Towards a Chronology of Plutarch’s Works”, *The Journal of Roman Studies* 56, 1966, pp. 61-74.

———, “Two Friends of Plutarch”, *Bulletin de Correspondance Hellénique* 96, 1972, pp. 263-267.

Midgley, M., *Animals and Why They Matter*, The University of Georgia Press, 1983.

Puech, B., “Prosopographie des amis de Plutarque”, *Aufstieg und Niedergang der Römischen Welt* 2. 33. 6, 1992, pp. 4831-4893.

（1）現代において、プルタルコスに近い（?）、中道路線を採る論者としてはメアリー・ミッジリーが挙げられる。彼女は、身近さ（nearness）あるいは近縁性（kinship）という原理がわれわれの道徳の中に確かに実在する重要な要因であることを認めつつも、それを唯一あるいは最高の要因であるとは見なすべきではない、と主張する（Midgley, p. 21）。

Rachels, J., *Created from Animals: The Moral Implications of Darwinism*, Oxford: Oxford University Press, 1990（ジェームズ・レイチェルズ（著）、古牧徳生／次田憲和（訳）『ダーウィンと道徳的個体主義――人間はそんなにえらいのか』晃洋書房、二〇一〇年）.

Sekunda, N. V., "The Kylloi and Eubiotoi of Hypata During the Imperial Period", *Zeitschrift für Papyrologie und Epigraphik* 118, 1997, pp. 207-226.

Singer, P., *Animal Liberation*, Harper Collins, 1975（ピーター・シンガー（著）、戸田清（訳）『動物の解放』改訂版、人文書院、二〇一一年）.

――, *How Are We to Live ?: Ethics of an Age of Self-interest*, Text Publishing, 1993（ピーター・シンガー（著）、山内友三郎（監訳）『私たちはどう生きるべきか――私益の時代の倫理』ちくま学芸文庫、二〇一三年）.

――, *The Most Good You Can Do: How Effective Altruism Is Changing Ideas About Living Ethically*, Yale University Press, 2015（ピーター・シンガー（著）、関美和（訳）『あなたが世界のためにできるたったひとつのこと――〈効果的な利他主義〉のすすめ』ＮＨＫ出版、二〇一五年）.

Ziegler, K., «Plutarchos» in Pauly-Wissowa-Kroll, *Real-Encyclopädie der classischen Altertumswissenschaft*, XXI-1, 1951, pp. 665-696.

（中村　健）

『もの言えぬ動物が理性を用いることについて（*Περὶ τοῦ τὰ ἄλογα λόγῳ χρῆσθαι*　*Bruta ratione uti*）』

いわゆるランプリアスのカタログには、本対話篇を指すために伝えられたものと正確には一致しないが、それの起こりうる変形を示しているのかもしれない二つのタイトルが登場する。ひとつは第百二十七番の『理性なき（アロゴス）動物について、詩的作品（*Περὶ ζῴων ἀλόγων, ποιητικός*）』であり、そこでの「詩的な」という奇妙な呼称はひょっとすると、本作品の空想的な性格に関連しているのかもしれない。もうひとつは第百三十五番の『動物は理性（ロゴス）を持つか否か（*Εἰ λόγον ἔχει τὰ ζῷα*）』である。いずれにせよ、この不確かさが本作品の真作である信憑性を弱めることはなく、それの文学的な特徴からのみならず、言語的および文体的な側面からも、その点は広く承認されている。

本作品の執筆年代に関しては、客観的な言及が存在せず、研究者のあいだでもさまざまな意見が対立している。その著述は疑いなく、文学的手腕についても、議論のうちに含まれる哲学的教説についても、確かな習熟を示している。とは言え、プルタルコスは彼のより典型的な傾向からすれば異質な手本に範を求めているところからして、いまだ円熟期の長大な対話篇の基礎をなす複雑な構造を組み立てるまでには至っていないように思われる。そこで、われわれの印象に信を置くべきだとすれば、この際、才気や表現のはつらつとした軽快さと相まって、その内容の楽しげなみずみずしさは強調に価する。かくして本作品は、プルタルコスがすでに自らの文学的な適性を自覚しながらも、いまだ実験的な手法に頼っていた時期、つまり、およそ後七〇年頃に帰されることとなる。

ここで、全体の概要を各節ごとに見ておこう。

一　キルケはオデュッセウスに、彼女が野獣の姿へ変えたギリシア人たちのうちの一人と会って、人間の生の状態が野獣のそれより好ましいのか否かについて確かめるため、彼と論じ合うことを承諾する。

二　キルケがオデュッセウスの対話相手に選んだグリュロスは、ブタに変えられたギリシア人であり、自己紹介がてら、早くもその英雄に「野獣の生のほうが人間のそれよりよい」という持論の正しさについて彼を説得できるだろうとほのめかす。

三　野獣の魂は人間のそれと比較して、本性的な仕方で、徳性の産出によりよく傾向づけられている。

四　野獣は人間と比較にならぬほど勇気がある。彼らの戦いに伴うのは勇敢さと力強さだけで、人間の用いる術策や欺瞞は伴わないし、隷属よりも死を選ぶ。野獣において、力強さと勇気は自然の賜物である。その証拠に、雌も雄に劣らず勇敢であるとして、いくつかの有名な事例が示される。人間に関しては事情が異なる。彼らにおいては、実のところ、勇敢さとはより少ない害悪を選ぶよう仕向ける打算の結果にすぎず、したがってそれはむしろ、分別ある臆病さと呼ばれうるものである。この主張も、事例を挙げて説明される。

五　グリュロスは節制の議論へと移り、野獣は人間より節度があることを実証する。

六　節制についての長い演説が、この徳性の定義や欲望の区分を伴いながら続けられる。野獣のほうが人間よりもよく自らの欲望を制御し、余計な欲望から逃れている。

七　自然的だが不可避的でない欲望に関しては、味覚や嗅覚についても、性的関係についても、野獣は人間よりはるかに素朴で穏健である。グリュロスは、人間のあいだで立証される性的な淫奔さや自然に反した関係について多くの事例を挙げる。

八　食物に対するもののような、不可避的な欲望に関しても、野獣ははるかにより節度があり、自然に適った仕方で養われていて、特別な美味を求めたりしない。

九　野獣は人間よりもよく医術を知っている。その証拠に、彼らは教わらずとも、自分たちの傷病のための療法を見出すことができる。彼らはまた、人間たちが単なる楽しみのため自分たちに仕込むことを習得することができるし、同時に、技術を教え合うこともできる。

一〇　したがって、野獣は理性的な能力に欠けているわけではない。彼らにおいて思慮の程度は相異なるが、この点に関する相異は人間同士のあいだほど大きくない。ここに至って、もし野獣が神についての観念を持たないとすれば、その彼らにどうして理性が賦与されえようかと尋ねるオデュッセウスに対し、グリュロスは意地の悪い問いをもって応え、そこで写本上、本作品のテクストは終わっている。

直接対話の形式を持つこの小品は、文体の軽妙さとパロディ風な発想の機知に溢れており、主題に関しても、構成上の進行の点でも、プルタルコスの作物に類例を見ないものである。実際、その登場人物や状況は文献によって支持される神話的伝承に属しつつも、その議論は逆説的な発言に基づきながら、不条理のうちに含まれる真理を明らかにしようという趣向に独自な狙いが置かれている。こうした設定の特異性は、この小品を一系統の影響や典拠のなかに組み入れたり、文学上の一分野の枠内に収めることを、ことのほか困難にしている。近年の研究において潮流となっている仮説は、本作品をいわゆる「メニッポス流諷刺詩」の先例と関連づけており、その起源は前三世紀前半に生きたキュニコス派の哲学者、ガダラのメニッポスにまで遡る。それとは別に、構造面での非凡な形式に注ぎ込まれた、ソフィスト流弁論術からの有力な影響を認めようとする人びともいる。いずれにせよ、本対話篇のうちには、プルタルコスに通例の反ストア派的な観点からなる、哲学上の論争に関する典型的な動機が表われている。ただし、それとエピクロスの教説との関係を見定めることは、エピクロス派的な題材と同じくらい反エピクロス派的な傾向が混在しているため、さほど容易でない。だが全体として、その議論の調子は、プルタルコスの特徴をなす折衷主義を介して間接的に、またとりわけ文学的な企図に合致した論述へと調整されながらも、キュニコス派の理論や表現法からの影響を明らかにしている。

その題材は、ホメロス『オデュッセイア』(第十歌一三五—三九九行)の有名な逸話から採られており、そのなかで魔女のキルケははじめ、オデュッセウスの仲間たちをブタに変えるが、その後、英雄の懇願に負けて彼らを魔法から解いてやる。しかしこの発端はプルタルコスの手により、完全に自由かつ独立な仕方で展開させられている。本対話篇においては、オデュッセウスの仲間たちによる人間の姿への再転化は、すでに起こっているものと推測される。だが魔女は、群れのなかにいる他のギリシア人たちをも人間の状態に戻してやってほしいというオデュッセウスの無分別な願いに異を唱え、彼らにその気があるか確かめるため、彼らの一人と論じ合うよう彼を促す。オデュッセウスの対話相手は、その名前も彼の現状を象徴しており、グリュロスとは（歴史上の人物からも確認されるにせよ）ブタの「ブーブー鳴く（グリュゼイン）」という擬声語になぞらえられたものである。そこでキルケはグリュロスに言語の能力を返してやり、それを用いて彼はオデュッセウスに、理性や徳性でも生き方でも、動物のほうが彼ら人間よりまさっていることを証明する。

世間一般の評価に関するグリュロスの緻密な論駁を導いているのは、野獣の魂は徳性へ向かうために命令も教育も必要とせず、なぜならそれを自発的に所有するからだ、という主張である。すべての動物は、雄と同じくらい雌も、本性的に勇気があり、性交や食物においても節度がある。そのうえ、彼らは過剰な快楽や性的倒錯、謂われなき残忍さなど、要するに、人類の独占物であるあらゆる悪徳を免れている。動物の理性は彼らに、自分たちの生命や安全のために必要な活動を選択し、実行することを教える。また彼らは人間から、自分たちの本性には無縁な技術を学びもする。動物の世界には、素質や能力の点で種のあいだに相異があるものの、それは人間でも、個々人のあいだにすら生じることなのである。相手の容赦ない論法に圧倒されて、オデュッセウスは彼に、苦しまぎれの返答でしか対抗することができない。しまいにオデュッセウスは、自分で決定的だと考える議論に訴えて、神の観念を知らぬ存在に理性を賦与することの不条理さを告発する。しかしグリュロスは、彼の攻撃を皮肉めいた冗談で制し、そこで対話は閉じられる。

本作品の写本伝承は、次の『肉食について』においてほど頻繁でも深刻でもないにせよ、いくらかの改悪や脱文を示している。またこちらの場合でも、一部の研究者は、結末が欠落しており、そこにはさらなる討論の議題が見出されたかもしれないと推測している。だが、グリュロスによる最後の台詞での辛辣な皮肉を、オデュッセウスが決定的な敗北を喫し、対話の技法においてそれほどまでに手強い相手とのさらなる論争を英雄が断念したことの目印とする見方も排除されない。こうした唐突で予期せぬ結末こそは、プルタルコスが全面的にグリュロスの見解を採用している対話篇の無遠慮な切り口に、うまく適合するかもしれない。

最後に、本作品の邦題について一言しておきたい。その原題は「アロゴスなものたちがロゴスを用いることについて」である。「アロゴス」は「ロゴスを欠く」という意味だが、それぞれの「ロゴス」に同じ訳語を代入すれば、一見、救いがたい形容矛盾を犯すことになる。あえてそうすることで逆説的な組み合わせの妙を狙ったもの、と好意的に解釈される余地もあろうが(1)、悪くすれば、ただの愚昧な直訳という印象を与えかねない。その一方、「アロゴス」にはそれ自体で「動物」や「野獣」を意味する用法もあって、こちらにしても「ロゴス」の原義から派生したものであるにせよ、差し当たりこの訳語を採用しておけば、少なくとも表面上の矛盾は避けられる(2)。

しかしながら、本作品を一読すればただちに気づかれるとおり、冒頭近くでオデュッセウスがキルケに、彼女が動物の姿に変えた者たちをふたたび人間へ戻してやってくれるよう頼んだのに対し、彼女が彼に、自分でその者たちの意向を確かめればよいと応えたとき、彼が彼女から馬鹿にされていると感じたのは、彼にとって動物とはまさに「ロゴスの遣り取り」(九八六B)の能力を欠くものと思われていたからである。そして、そうした理解がオデュッセウス一人の偏見でなく、またここでの「ロゴス」が「言語」を意味しているということも明らかだろう。逆に言えば、動物が「言語」としての「ロゴス」を用いないことは、その始まりから前提にされているわけである(3)。

他方、キルケによる魔法の力を借りてようやく「ロゴス」を取り戻したブタのグリュロスは、それにもかかわらず、末尾近くでオデュッセウスに、すべての動物が本性的に「ロゴス」に与るのだと力説している(九九二C—D)。「ロゴス」を持たぬものが「ロゴス」を持つ——原題に認められる矛盾が繰り返された形だが、ここで読者が別段、違和感を覚えることがないのは、後者の「ロゴス」が「言語」と異なる意味で自然に了解されるからだろう。そしてこちらにはやはり、より広い含意を持つ「理性」の訳語を充てておくのが適当と思われる。

以上が、本作品に「もの言えぬ動物が理性を用いることについて」という邦題を付した所以である。

(1) たとえば、Waterfield による英題は *On the Use of Reason by 'Irrational' Animals* である。

(2) たとえば、伝統的なラテン語タイトルは *Bruta animalia ratione uti* であり、また Helmbold による英題は *Beast are rational* である。

(3) もっとも、プルタルコスも次の『肉食について』九九四Eでは、動物に「言語」としての「ロゴス」を認めるかのような発言を行なっている。ただし、そこで主張されているのは、先の『陸棲動物と水棲動物ではどちらがより賢いか』九七二F—九七三Eに見られるような、「内的ロゴス」が備わりながらも「発話されるロゴス」を欠く動物がいる、ということではなく、たとえ動物に「内的ロゴス」のみならず「発話されるロゴス」までもが備わっていたところで、人間とのあいだでの意思の疎通には障害が横たわり、その原因は人間の側にある、ということだろう。

『肉食について（Περὶ σαρκοφαγίας　*De esu carnium*）』

本作品の名のもとには二本の掌篇が伝えられており、第二部冒頭の言葉はそれらを同一の機会へ結びつけるように思われるものの、それぞれは独立的だと見なされている。それらは実際、連続する二日間に行なわれた一対の「弁論（ロゴイ）」を再現している。第一部のテクストのうちにも、二日前に遡る、関連した主題についての議論に対する類似の言及が見出されるが（九九六A）、そちらに関するその他の痕跡はどこにも存在しない。したがって、プルタルコスはこの議題に対し一連の弁論を費やしたと想像はされるが、こうした時間的な枠組みも創作上の擬装でしかない可能性は排除されない。

とは言え、本作品の来歴や本来の形式についてはいかなる確証も、その弁論の不安定な状態のために妨げられている。どちらの著作も末尾が脱文によって中断されており、それらがどこまで続いていたのかも、失われた部分はどのような内容だったのかも、推測の提示すらままならない。後三世紀に生きた新プラトン主義者ポルピュリオスによる論攷『肉食の禁忌について』には、動物の肉の食用に反対する長い一節が、プルタルコスへの明瞭な帰属とともに報告されている（第三巻第十八章三―第二十章六）。しかし研究者は、そのくだりが本作品に属するものであったことを否認し、それをプルタルコスの失われた著作断片のなかへと分類する傾向にある（「断片」一九三（Sandbach））。脱文はそれ以外にもテクストの現存する部分に頻出し、しかもそのテクストはおびただしい改悪の結果、変形してしまっている。これらの損傷は概して、写本伝承の継起に帰されうるが、いくつかの場合について近年の研究者は、本作品の死後の刊行に備えるため、プルタルコスによって未発表のまま残された資料や覚え書きを寄せ集めて繋ぎ合わせた、編纂者の不器用な干渉にその原因を求めてきた（とくに、九九四B―Dのくだりを参照）。

こうした仮説は、『肉食について』というタイトルがランプリアスのカタログのうちに見当たらないという事実からも決定的な裏づけは得ておらず、なぜならこの目録には、それ以外にも現存する一七の作品が漏れているからである。それでもなおその仮説は、議論が途切れていたり、時おり繰り返されていたりするように見える場合に、両著作の不完全性にせよ、全体的な構造のうちに認められる欠陥にせよを弁護するのには有効であろう。他方において、本作品の文体は典型的にプルタルコス風であり、この著者の個性に帰されるものとは、紛れもない熱意と、その信念の高い道徳性である。

本作品の来歴が復元されるのに越したことはないにせよ、それの形式的な類型学は、『肉食について』を「モラリア」のうちでも弁論術的な性格の演説を含む分野に位置づけている。この方式には、表現の生き生きとした主観的な調子や、論争的な言及の頻出、文学上の引用への規則的な参照、比喩的な描写の洗練などが関わっている。結論として、テクストからは執筆年代に関する何の手掛かりも得られないものの、研究者はほぼ満場一致で本作品の執筆を、若きプルタルコスが学校教育による修辞学の領域において商売道具を身につけ、自身の文学的な活動を開始した時期、つまり、後一世紀の六十年代末から七十年代初めのあいだに帰している。

ではこちらも、全体の概要を各節ごとに見てみよう。

第一部

一　探究されるべきは、後になって肉食を忌避したピュタゴラスよりむしろ、最初にそれを開始した人間のほうである。

二　原初の人間が肉食を開始した原因は、困窮や欠乏にあったのか？　たとえそうでも、現在の人間はその豊かさにかかわらず、充分な恵みをもたらす大地を不当に非難して、流血をやめようとしない。人間は猛獣以上に残忍であり、彼らによる殺戮は生存のためだが、人間によるそれは賞味のため。

三　人間は自己防衛のために猛獣を食べることなく、無害で従順な動物を殺害する。

四　人間は美徳や理知を示す動物から、生命を剝奪する。富者の食卓の光景のおぞましさと、無駄に殺される動物たち。死んだ動物は辞退しながらも、生きている動物は放免しない人びと。

五　肉食が人間にとって本性的な習慣でないことは、解剖学上、武器を用いず自力で動物を殺害することの困難さや、それがまだ生きているうちに食べることへの嫌悪感、死体に対する調味や調理の必要性などからして明らかである。肉食が身体に及ぼす悪影響。

六　タコを生のまま食べようとしたディオゲネスの逸話。肉食は魂をも、飽満や暴食によって鈍重にする。

七　動物愛護は、人間愛を養うためにも有益である。（この説を語り出すことに躊躇しつつ）エンペドクレスによれば、魂は殺戮と肉食とカンニバリズムの罪に対する罰として、死すべき身体のうちに拘束されている。

アレゴリーとしてのザグレウス神話。

第二部

一　すでに習慣となった肉食を一掃することは困難だが、肉食を行なうにしても、贅沢のためでなく飢えからであり、動物を殺すにしても、彼らを苦しめることなく憐れみながらであるべき。食用動物を殺害する方法の残酷さ。

二　肉食の慣行は、栄養や欠乏や必要からでなく、飽食や乱暴や贅沢のためである。肉食に随伴する悪徳の系列と、リュクルゴスが命じた簡素な生き方の不文律。

三　そのために生命が奪われるような食事は贅沢すぎであり、魂の価値はそんなに小さくない。動物もまた感覚や表象や理知に与る。ピュタゴラスやエンペドクレスの教説は、人間をより情け深くする。

四　僭主による大量殺戮の手順と同様、最初は有害な猛獣が、その後に鳥や魚が食べられた。野獣から家畜へと進んだ末、それがついには殺人や戦争をもたらした。もし輪廻転生説が証明されたならば、流血や肉食の習慣は廃されるだろう。

五　しかし輪廻転生説は、たとえそれが完全に証明されずとも、その疑いだけで充分、用心に価する。誤認による同族殺しの恐れ。

六　肉食に対するストア派の態度は不整合である。

七　人間にとって、動物に対する正義は存在しないのか？

本作品の中心的な主題は肉の食用に反対する論争であり、プルタルコスによる熱弁は核となる二つの考えをめぐって配置されている。(a)この種の食生活は自然の必要から人間に負わされているわけでなく、そのことは、肉食動物が獲物を殺し食べるために用いる器官を人間の身体は所有していないという事実から明らかである。そのうえ、肉食は身体と精神とに有害な結果をもたらし、なぜならそれは、身体を不健康な気質で充たし、精神を過度な満腹によって鈍くするからである。人間はこの食事を、それ以外の食糧資源の不足のゆえに強いられるわけでなく、むしろそれを誘発しているのは、放埓さに対してや、まがい物で不自然な味覚の満足に対する堕落した傾向なのである。(b)食用になる動物の虐殺は徹底的に不正な行為であり、それは彼らの無垢と優美さを損ない、彼らに残酷な苦しみを被らせる。食欲の快楽のためだけに生き物の命を冒瀆することは、いかなる人間性の原理にも反しており、それゆえ菜食主義を課する教説は、肉食が本性的な必然だと主張する哲学の学派よりも教育的なのである。

肉に基づく食生活の正当性を擁護するのはとりわけストア派であるため、プルタルコス研究者はストア主義に対する彼の一貫した敵意という見方に立ち返り、とにかくも、より一般的で高尚ぶった性質の議論との個人的な不一致とする案を再評価している。その対極に位置するのがオルペウス教やピュタゴラス主義の根本的な掟で、それは肉を断つことを課し、そうした禁制を輪廻、すなわち魂が別の存在形態に生まれ変わるという説に関連づけていた。プルタルコスはそうした仮説が十全に証明されるとは見なしていないが（九九八D）、それでもなお、その仮説は本当に彼の論争に有利となる強力な議論を提供しうるかもしれない、という疑いだけで充分なのである。肉を食べる人は、まさに自分がかつて愛した人の体によって養われることの恐れを、いかにして免れえようか？

この『肉食について』は、先の『もの言えぬ動物が理性を用いることについて』とも併せて、それが醸し出す雰囲気や議論の内容などから、わが国の読者に宮沢賢治『ビヂテリアン大祭』の古代ギリシア版といった印象を与えるかもしれない（ちなみにプルタルコス自身は、少なくとも後年は厳格な菜食主義者でなかったようである（「同情派」から「予防派」への宗旨替えか？）。『健康のしるべ』一三一E—一三二A参照）。あるいはまた、いささか逆説的ながら、「人間は生きるために野獣を殺して食べなければならない、その罪の意識から神々への動物供犠や動物霊をなだめる祭りを種々発展させた」とするヴァルター・ブルケルト『ホモ・ネカーンス』の発想の、遠い先祖になっているという見方もできようか。

以上二作品の訳と註、および解説の作成に当たっては、底本以外に次のものも参照した。

Goodwin, W. W.（corr. and rev.）, *Plutarch's Morals: Translated from the Greek by Several Hands* V, with an introduction by R. W. Emerson, Boston, 1874.

Helmbold, W. C., *Plutarch's Moralia* XII（Loeb Classical Library）, London / Cambridge, Mass., 1957.

Indelli, G., *Plutarco. Le bestie sono esseri razionali*（Corpus plutarchi moralium 22）, Napoli, 1995.

Inglese, L. e Santese, G., *Plutarco. Il cibarsi di carne* (Corpus plutarchi moralium 31), Napoli, 1999.

Linforth, I. M., *The Arts of Orpheus*, Berkeley / Los Angeles, 1941.

Magini, D. (tr.), *Plutarco. Del mangiare carne – Trattati sugli animali*, a cura di D. Del Corno, Milano, 2001.

Newmyer, S. T., *Animals, Rights and Reason in Plutarch and Modern Ethics*, Abingdon / New York, 2006.

————, *Animals in Greek and Roman Thought: A Sourcebook*, Abingdon / New York, 2011.

Russell, D., *Plutarch: Selected Essays and Dialogues* (World's Classics), Oxford / New York, 1993.

Sandbach, F. H., "Some Textual Notes on Plutarch's *Moralia*", *Classical Quarterly* 35, 1941, pp. 110-118.

Waterfield, R. (tr.), *Plutarch: Essays* (Penguin Classics), introduced and annoted by I. Kidd, London, 1992.

(和田利博)

訳者略歴

三浦　要（みうら　かなめ）

金沢大学教授
1958年　山口県生まれ
1990年　京都大学大学院文学研究科博士課程研究指導認定退学
2005年　京都大学博士（文学）
2009年　十文字学園女子大学助教授、金沢大学助教授、准教授を経て現職

主な著訳書
『イリソスのほとり — 藤澤令夫先生献呈論文集』（共著、世界思想社）
『哲学の歴史』1（古代1）（共著、中央公論新社）
『パルメニデスにおける真理の探究』（京都大学学術出版会）
『ソクラテス以前哲学者断片集』第Ⅰ、Ⅱ、Ⅳ分冊（共訳、岩波書店）
プルタルコス『モラリア11』（京都大学学術出版会）
G・S・カーク他『ソクラテス以前の哲学者たち』（共訳、京都大学学術出版会）
アリストテレス『気象論』（新版『アリストテレス全集』6所収）（岩波書店）

中村　健（なかむら　たけし）

大阪体育大学専任講師
1974年　岐阜県生まれ
2005年　京都大学大学院文学研究科博士課程研究指導認定退学
2009年　京都大学博士（文学）
2011年　大阪体育大学非常勤講師を経て現職

主な著訳書
『スクリブナー思想史大事典』（共訳、丸善出版）

和田利博（わだ　としひろ）

関西大学非常勤講師
1971年　京都府生まれ
2002年　京都大学大学院文学研究科博士課程研究指導認定退学
2006年　京都大学博士（文学）

主な著訳書
D・セドレー他『古代ギリシア・ローマの哲学』（共訳、京都大学学術出版会）
『スクリブナー思想史大事典』（共訳、丸善出版）

モラリア 12　西洋古典叢書　2017 第6回配本

二〇一八年三月八日　初版第一刷発行

訳　者　三《み》浦《うら》　要《かなめ》
中《なか》村《むら》　健《たけし》
和《わ》田《だ》　利《とし》博《ひろ》

発行者　末原達郎

発行所　京都大学学術出版会
606-8315 京都市左京区吉田近衛町六九 京都大学吉田南構内
電　話　〇七五-七六一-六一八二
F A X　〇七五-七六一-六一九〇
http://www.kyoto-up.or.jp/

印刷／製本・亜細亜印刷株式会社

ISBN978-4-8140-0098-2

定価はカバーに表示してあります

3　桑山由文・井上文則訳　3500円
4　井上文則訳　3700円
セネカ　悲劇集（全2冊・完結）
1　小川正廣・高橋宏幸・大西英文・小林　標訳　3800円
2　岩崎　務・大西英文・宮城徳也・竹中康雄・木村健治訳　4000円
トログス／ユスティヌス抄録　地中海世界史　合阪　學訳　4000円
プラウトゥス／テレンティウス　ローマ喜劇集（全5冊・完結）
1　木村健治・宮城徳也・五之治昌比呂・小川正廣・竹中康雄訳　4500円
2　山下太郎・岩谷　智・小川正廣・五之治昌比呂・岩崎　務訳　4200円
3　木村健治・岩谷　智・竹中康雄・山澤孝至訳　4700円
4　高橋宏幸・小林　標・上村健二・宮城徳也・藤谷道夫訳　4700円
5　木村健治・城江良和・谷栄一郎・高橋宏幸・上村健二・山下太郎訳　4900円
リウィウス　ローマ建国以来の歴史（全14冊）
1　岩谷　智訳　3100円
2　岩谷　智訳　4000円
3　毛利　晶訳　3100円
4　毛利　晶訳　3400円
5　安井　萠訳　2900円
9　吉村忠典・小池和子訳　3100円

5　丸橋　裕訳　3700円
6　戸塚七郎訳　3400円
7　田中龍山訳　3700円
8　松本仁助訳　4200円
9　伊藤照夫訳　3400円
10　伊藤照夫訳　2800円
11　三浦　要訳　2800円
13　戸塚七郎訳　3400円
14　戸塚七郎訳　3000円

プルタルコス／ヘラクレイトス　古代ホメロス論集　内田次信訳　3800円
プロコピオス　秘史　和田　廣訳　3400円
ヘシオドス　全作品　中務哲郎訳　4600円
ポリュビオス　歴史（全4冊・完結）

1　城江良和訳　3700円
2　城江良和訳　3900円
3　城江良和訳　4700円
4　城江良和訳　4300円

マルクス・アウレリウス　自省録　水地宗明訳　3200円
リバニオス　書簡集（全3冊）

1　田中　創訳　5000円

リュシアス　弁論集　細井敦子・桜井万里子・安部素子訳　4200円
ルキアノス　全集（全8冊）

3　食客　丹下和彦訳　3400円
4　偽預言者アレクサンドロス　内田次信・戸高和弘・渡辺浩司訳　3500円

ギリシア詞華集（全4冊・完結）

1　沓掛良彦訳　4700円
2　沓掛良彦訳　4700円
3　沓掛良彦訳　5500円
4　沓掛良彦訳　4900円

【ローマ古典篇】

アウルス・ゲッリウス　アッティカの夜（全2冊）

1　大西英文訳　4000円

ウェルギリウス　アエネーイス　岡　道男・高橋宏幸訳　4900円
ウェルギリウス　牧歌／農耕詩　小川正廣訳　2800円
ウェレイユス　パテルクルス　ローマ世界の歴史　西田卓生・高橋宏幸訳　2800円
オウィディウス　悲しみの歌／黒海からの手紙　木村健治訳　3800円
クインティリアヌス　弁論家の教育（全5冊）

1　森谷宇一・戸高和弘・渡辺浩司・伊達立晶訳　2800円
2　森谷宇一・戸高和弘・渡辺浩司・伊達立晶訳　3500円
3　森谷宇一・戸高和弘・吉田俊一郎訳　3500円
4　森谷宇一・戸高和弘・伊達立晶・吉田俊一郎訳　3400円

クルティウス・ルフス　アレクサンドロス大王伝　谷栄一郎・上村健二訳　4200円
スパルティアヌス他　ローマ皇帝群像（全4冊・完結）

1　南川高志訳　3000円
2　桑山由文・井上文則・南川高志訳　3400円

1　内山勝利訳　3200 円
セクストス・エンペイリコス　学者たちへの論駁（全 3 冊・完結）
1　金山弥平・金山万里子訳　3600 円
2　金山弥平・金山万里子訳　4400 円
3　金山弥平・金山万里子訳　4600 円
セクストス・エンペイリコス　ピュロン主義哲学の概要　金山弥平・金山万里子訳　3800 円
ゼノン他／クリュシッポス　初期ストア派断片集（全 5 冊・完結）
1　中川純男訳　3600 円
2　水落健治・山口義久訳　4800 円
3　山口義久訳　4200 円
4　中川純男・山口義久訳　3500 円
5　中川純男・山口義久訳　3500 円
ディオニュシオス／デメトリオス　修辞学論集　木曽明子・戸高和弘・渡辺浩司訳　4600 円
ディオン・クリュソストモス　弁論集（全 6 冊）
1　王政論　内田次信訳　3200 円
2　トロイア陥落せず　内田次信訳　3300 円
テオグニス他　エレゲイア詩集　西村賀子訳　3800 円
テオクリトス　牧歌　古澤ゆう子訳　3000 円
テオプラストス　植物誌（全 3 冊）
1　小川洋子訳　4700 円
2　小川洋子訳　5000 円
デモステネス　弁論集（全 7 冊）
1　加来彰俊・北嶋美雪・杉山晃太郎・田中美知太郎・北野雅弘訳　5000 円
2　木曽明子訳　4500 円
3　北嶋美雪・木曽明子・杉山晃太郎訳　3600 円
4　木曽明子・杉山晃太郎訳　3600 円
トゥキュディデス　歴史（全 2 冊・完結）
1　藤縄謙三訳　4200 円
2　城江良和訳　4400 円
ピロストラトス　テュアナのアポロニオス伝（全 2 冊）
1　秦　剛平訳　3700 円
ピロストラトス／エウナピオス　哲学者・ソフィスト列伝　戸塚七郎・金子佳司訳　3700 円
ピンダロス　祝勝歌集／断片選　内田次信訳　4400 円
フィロン　フラックスへの反論／ガイウスへの使節　秦　剛平訳　3200 円
プラトン　エウテュデモス／クレイトポン　朴　一功訳　2800 円
プラトン　饗宴／パイドン　朴　一功訳　4300 円
プラトン　ピレボス　山田道夫訳　3200 円
プルタルコス　英雄伝（全 6 冊）
1　柳沼重剛訳　3900 円
2　柳沼重剛訳　3800 円
3　柳沼重剛訳　3900 円
4　城江良和訳　4600 円
プルタルコス　モラリア（全 14 冊）
1　瀬口昌久訳　3400 円
2　瀬口昌久訳　3300 円
3　松本仁助訳　3700 円

西洋古典叢書　既刊全126冊（税別）

【ギリシア古典篇】

アイスキネス　弁論集　木曾明子訳　4200円
アキレウス・タティオス　レウキッペとクレイトポン　中谷彩一郎訳　3100円
アテナイオス　食卓の賢人たち（全5冊・完結）
　1　柳沼重剛訳　3800円
　2　柳沼重剛訳　3800円
　3　柳沼重剛訳　4000円
　4　柳沼重剛訳　3800円
　5　柳沼重剛訳　4000円
アラトス／ニカンドロス／オッピアノス　ギリシア教訓叙事詩集　伊藤照夫訳　4300円
アリストクセノス／プトレマイオス　古代音楽論集　山本建郎訳　3600円
アリストテレス　政治学　牛田徳子訳　4200円
アリストテレス　生成と消滅について　池田康男訳　3100円
アリストテレス　魂について　中畑正志訳　3200円
アリストテレス　天について　池田康男訳　3000円
アリストテレス　動物部分論他　坂下浩司訳　4500円
アリストテレス　トピカ　池田康男訳　3800円
アリストテレス　ニコマコス倫理学　朴　一功訳　4700円
アルクマン他　ギリシア合唱抒情詩集　丹下和彦訳　4500円
アルビノス他　プラトン哲学入門　中畑正志編　4100円
アンティポン／アンドキデス　弁論集　高畠純夫訳　3700円
イアンブリコス　ピタゴラス的生き方　水地宗明訳　3600円
イソクラテス　弁論集（全2冊・完結）
　1　小池澄夫訳　3200円
　2　小池澄夫訳　3600円
エウセビオス　コンスタンティヌスの生涯　秦　剛平訳　3700円
エウリピデス　悲劇全集（全5冊・完結）
　1　丹下和彦訳　4200円
　2　丹下和彦訳　4200円
　3　丹下和彦訳　4600円
　4　丹下和彦訳　4800円
　5　丹下和彦訳　4100円
ガレノス　解剖学論集　坂井建雄・池田黎太郎・澤井　直訳　3100円
ガレノス　自然の機能について　種山恭子訳　3000円
ガレノス　身体諸部分の用途について（全4冊）
　1　坂井建雄・池田黎太郎・澤井　直訳　2800円
ガレノス　ヒッポクラテスとプラトンの学説（全2冊）
　1　内山勝利・木原志乃訳　3200円
クセノポン　キュロスの教育　松本仁助訳　3600円
クセノポン　ギリシア史（全2冊・完結）
　1　根本英世訳　2800円
　2　根本英世訳　3000円
クセノポン　小品集　松本仁助訳　3200円
クセノポン　ソクラテス言行録（全2冊）